LEONARD COHEN

莱昂纳德·科恩

——众人皆晓

（美国）哈维·库布尼克/著
白　姗/译

海南出版社
HAINAN PUBLISHING HOUSE

LEONARD COHEN: EVERYBODY KNOWS

版权合同登记号：图字：30-2016-032 号

图书在版编目（CIP）数据

莱昂纳德·科恩：众人皆晓 /（美）哈维·库布尼克 (Harvey Kubernik) 著；白姗译 . -- 海口：海南出版社，2016.12

书名原文：LEONARD COHEN: EVERYBODY KNOWS
ISBN 978-7-5443-6832-2

Ⅰ．①莱… Ⅱ．①哈… ②白… Ⅲ．①莱昂纳德·科恩－生平事迹 Ⅳ．① K837.115.76

中国版本图书馆 CIP 数据核字 (2016) 第 259522 号

莱昂纳德·科恩：众人皆晓

作　　者：（美国）哈维·库布尼克 (Harvey Kubernik)
译　　者：白　姗
监　　制：冉子健
策划编辑：张宏伟
责任编辑：孙　芳
责任印制：杨　程
印刷装订：三河市祥达印刷包装有限公司
读者服务：蔡爱霞
海南出版社　出版发行
地址：海口市金盘开发区建设三横路 2 号
邮编：570216
电话：0898-66830929
E-mail：hnbook@263.net
经销：全国新华书店经销
出版日期：2016 年 12 月第 1 版　2016 年 12 月第 1 次印刷
开　　本：787mm × 1092mm　1/16
印　　张：14.25
字　　数：160 千
书　　号：ISBN 978-7-5443-6832-2
定　　价：88.00 元

目　录

CONTENTS

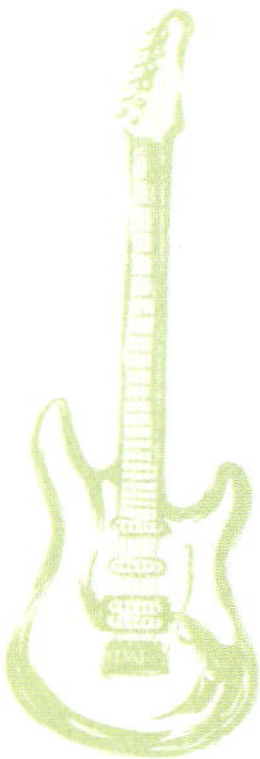

◆ 对科恩创作产生深远影响的西班牙诗人，戏剧家费德里科·加西亚·洛尔迦（1898-1936），摄于1919年。

“艺术家，尤其是诗人，总能最好地诠释无政府主义这个词的含义。他只能留心听从于发自内心的三种强有力的声音：带有不祥预感的死亡之音，以及来自爱与艺术的声响。”

——费德里科·加西亚·洛尔迦[1]于1933年

[1] 费德里科·加西亚·洛尔迦（1898-1936），西班牙诗人及戏剧家，曾参加并组织马德里知识分子反法西斯联盟，后在西班牙被法西斯分子枪决。创造了一种独特的全新诗歌形式，易于吟唱。曾对世界诗坛产生巨大影响。

◆ 加拿大诗人，歌手，莱昂纳德·科恩，摄于 1974 年。

“我学过英国诗歌，对他们的作品很了解，也效仿过那样的风格，但我一直没能从中找到一种声音。直至我在阅读洛尔迦的作品——即便只是他作品的译本中，发现了那种声音的存在。这种声音不是我能去复制模仿的，我也不敢那么做。但是他让我得以发现了这种声音，找到了这个声音的存在，找到了这个本体，一个未加修饰，在挣扎中保留自我存在的本体。”

——莱昂纳德·科恩于 2011 年

◆ 科恩肖像，手握希腊忘忧珠。波拉顿摄于 2006 年。

引　言

1968 年 1 月的某个夜晚，加州帕萨迪那的一家教堂里正在直播的“地下电台”KPPC（FM106.7）[1] 的节目中出现了一个我前所未闻的独特嗓音。我和半导体收音机远在西好莱坞。它只能勉强收到点儿微弱的信号，不过，到了后半夜会好些。当时的 DJ 不是 B·米歇尔·瑞德就是查尔斯·拉奎达拉[2]，正在音乐声背景中介绍着“这是来自加拿大的莱昂纳德·科恩演唱的《苏珊》（*Suzanne*），是这位由哥伦比亚唱片公司推出的诗人所带来的处女秀”紧接着，他像爵士乐的电台 DJ 们那样陈述了一遍唱片模板编号[3]，接着播放了整张唱片。那是种有点吓人，像哀怨挽歌一般的呻吟，风格介乎于《美妙神奇之旅》（*Magical Mystery Tour*）[4] 中那种极端理想主义和飞鸟乐队的《比昨日年轻》（*Younger Than Yesterday*）之间。[5]

第二天，在费尔法克斯高中乔治·斯克曼先生的英语课上，莱昂纳德又出现了一次。斯克曼先生虽然崇拜海明威，但并没有像学校里其他的老师那样讨厌摇滚乐。他夏天兼职在道奇体育场为棒球比赛做领座员。1966 年，披头士在那里开了倒数第二场演唱会，斯克曼被分配去“保护”乐队成员免受狂热粉丝的追赶，护送他们从场地中心撤到伊利森公园。

那学期，我们的学期论文题目是现当代文学。在某些“时髦”的孩子把零花钱花到鲍勃·迪伦身上的时候，我已经有了一个更酷的发现：一位来自北面边界的沉思者。而且我们班有一半同学都姓科恩，其中几个还声称有血缘关系，这说起来其实很可笑，因为要是这样的话，那所有德系犹太人都能和科恩家族沾亲带故了。斯克曼先生对我冒险的选择赞赏有加，将莱昂纳德的名字写在了黑板上我的名字旁边。

下课铃响后，我快速冲到美尔罗斯大街上艾伦的唱片店里买下了那张专辑。我父母没法抱怨——这可是我的家庭作业！后来我论文得了 C，上面的评语说让我对遣词造句多加注意——比喻和隐喻这种新名词理解起来还真是困难。但这之后，我就被深深吸引，好像急待征召入伍归于科恩长官旗下的小兵。

我怎么能想到，多年之后，在我的新闻职业生涯中，竟然可以在当年教室窗外望到的坎特熟食店里，与他对坐？我还坐在他家的餐桌前，进行过电话采访，甚至跟他第一张专辑的策划和参与者交谈，与传说中哥伦比亚唱片公司的老板——当年签下他的约翰·哈蒙德握手。谁又能想到我竟然可以在好莱坞的金星录音棚[6] 采访科恩和菲尔·斯派克特[7] 合作的《情圣之死》（*Death*

[1] 1967-1971 年期间，加州帕萨迪这家叫 KPPC 的电台是整个美国地下电台中的佼佼者，以推崇多元文化，历史性和实验性相结合的自由音乐而著称。

[2] 查尔斯·拉奎达拉，知名电台 DJ，在波士顿地区 WBCN 电台主持的一档叫“大床垫”的节目连续播放了 30 年之久。

[3] 唱片模板是指用于复制唱片的电镀留声机唱片。

[4] 英国披头士乐队发行于 1967 年节礼日的专辑。

[5] 飞鸟乐队是活跃于美国 60 年代的一支五人摇滚组合，热衷民谣，《比昨日年轻》是他们发表的第四张专辑，也是尝试各种全新类型的一个里程碑式作品。

[6] 1950-1984 年间，坐落于洛杉矶的金星录音棚，一直都是世界上影响力最大的商业顶尖录音棚。

[7] 菲尔·斯派克特，20 世纪 60 年代以特殊录音技术崛起流行音乐界，曾先后与著名的披头士及摇滚女王蒂娜·特纳合作。

of Ladies Man)[1]专辑的录制，甚至还为其中的几首歌贡献了掌声的音效？

莱昂纳德鼓励我继续在音乐新闻和诗歌界中发展。70年代中期，一个令人难忘的夜晚，我们去西好莱坞的游吟诗人酒吧，看艾伦·金斯伯格[2]的表演。我坚持在这个圈子待下去了。2006年，还帮金斯伯格发行的第一张唱片，写了封套上的专辑注解，这张《祈祷》（Kaddish）最先由大西洋公司出品，杰瑞·维克斯勒监制。88岁的威克斯勒接到我打去佛罗里达的电话谈论这位还未被大众发现的宝石时，非常开心。"嘿！孩子，你联系的下一个怪老头（原文依地语AlterKaker）是谁？莱昂纳德·科恩吗？那家伙现在还在工作，干得很不错呢。"

单曲《众人皆晓》（Everybody Knows）让我开始探寻莱昂纳德众多作品的含义及重要性。这本书并非是他的个人独白，而是一个社会关系构建出的成果，其中包含了与众多同他职业生涯和个人生活息息相关的人物的对话——比如乐队成员、出品人、策划、电台DJ、学者、电影制片、作者、摄影师，以及他的上一位自传作家和那些消息灵通的科恩迷与粉丝（狂热粉丝）们。——他们这辈子都在思考回忆科恩在自己生命中所塑造的角色和带来的影响。莱昂纳德在自己的领域有着惠特曼式的风格，他是矛盾的混合体，各种多面性都酝酿于此，蓄势待发。

我希望可以在他极致光鲜而又绝对孤独的公众生活中，补充一些背景，澄清一些事实。莱昂纳德是个拥有单纯天赋，身怀抱负的西部乡村歌手，却好似号角般召唤出几代人信徒似的追随，将他所有的话语都视为德尔菲的神谕一般。[3]

这本书既无法给他下定义，也不是什么百科，我们瞬息万变的主角注定了这本书的特性如此。如果非要说的话，那就是来自多方的声音为我们寻找飘忽的难以定位的莱昂纳德指出了一个颇为可信的方向。

他将这种不确定性转化为个人的座右铭——从身处之地的变动到诗歌风格的转变和放荡不羁的人生。他的朋友和同事们给出的评价足以说明"我们听他的歌，与他共事，感觉已经足够了解了……直到有天发现，根本没有。"在书中我还强调了西海岸在莱昂纳德的生命中和所处时代的重要性。很多人都惊讶于这个四处游历，欧洲味道十足的人物竟在70年代后期在洛杉矶安家。他的家乡可是蒙特利尔，更何况彼时美国文学的中心地带还是东海岸，莱昂纳德社交圈子里也总是出现些穿着花呢大衣，像是常青藤联盟校友那种人。就算他没手抓长滑板，也足以让自己看起来像是个地道的加州追梦人。不过，当然除此以外他还有很多优秀的身份：诗人、作家、作曲家、歌手、吉他手、旅行者、佛教徒、犹太人、思想家、治疗师……

我试图通过这些生动精彩的图片构建出他生命的全貌。精力充沛的他即将步入自己的第九个十年。我希望你可以从这些能说会道的参与者与我坦诚对话的鲜活内容中找到趣味所在。他们既是为了纠正过往的记录，用我老师和著名心灵导师拉姆·达斯[4]的话说，也是为了表达对其化身的尊重。

80岁的莱昂纳德·科恩依旧活跃着，是个出专辑，做表演的出色艺术家。总是穿着精致剪裁的优雅西装，高贵的头上顶着迷人的浅顶软呢帽。我觉得他从来都没有花时间去刻意表现，就自然的展现出一种"酷老头"的街拍风格。莱昂纳德很早前就明白，在音乐圈这种充斥金钱骗局，毫无意义的行当里，没有什么所谓的职业信条可言，只要全身心投入日常工作中就好了。

年轻的时候，他非常自律，一直致力于找寻理想的所在。这是从他博学多才的祖父那里遗传而来的。不久他发现自己可以将这样的理想录制并在舞台上当众表演给那些跟他同样抱有追寻理想决心的观众们。就是这样的交流，这种与很多人如此亲密分享的努力，成就了我们这个故事的内核。

这种神秘的魅力很难被解释，被剖析。但当你听到，看到或者感觉到的时候，你便会不自知的明白了。

这不是关于莱昂纳德·科恩生活的历史记录。很久之前我那样尝试过，但被告知我应该少说多听，所以，这本书里的内容大多都是聆听的结果。

——哈维·库布尼克于洛杉矶加利福尼亚州

[1] 由科恩和菲尔·斯派特共同创作，是他发表的第五张录音室专辑。

[2] 艾伦·金斯伯格（1926-1977），美国著名诗人，《嚎叫》让他成为"垮掉的一代"中的领袖诗人，是越南战争期间的反战激进分子。

[3] 德尔菲神谕：即传说在3000年前希腊德尔斐神庙阿波罗神殿门前的那一句石刻铭文："认识你自己。"这句话曾引起过无数智者的深思后来被奉为"德尔斐神谕"。

[4] 拉姆·达斯，20世纪60年代是哈佛大学心理学教授，后赴印度灵修达数十年，追求人生真谛。被称为20世纪最受推崇的心灵导师。"活在当下"的理念唤醒了当代人的心灵意识。

◆ 这张标志性照片由山姆·塔塔于1973年拍摄，取景于莱昂纳德位于蒙特利尔的豪宅外，作为第四张专辑《为旧礼而备的新衣》(*New Skin for the Old Ceremony*)(1974)在某些地区发行版本的封底照片。

/ 1 /

比拟神话

“如果你生来是个犹太人，又一直被犹太式的敏感抚养长大，那当你通过自己的传统观点回望往昔，就会发现一切都在情理之中，在你自己眼中也总会显得很是友好宜人。所以，从这个意义层面来说，我认为自己是个传统主义者。”

——莱昂纳德·科恩于 1975 年

时间轴

1934
9 月 21 日：
莱昂纳德·诺曼·科恩出生于蒙特利尔维斯特蒙的皇家维多利亚医院。

与他的母亲玛莎和父亲内森以及姐姐埃丝特（生于 1930 年 1 月）一起居住在维斯特蒙贝尔蒙特大街 599 号。

1944
1 月 14 日：
父亲内森·科恩去世，时年 52 岁。

1948
9 月：
进入维斯蒙特高中上学。

1950
在学校年鉴《*VoxDucum*》[1] 上发表短篇故事：《杀或被杀》。

看到《费德里科·加西亚·洛尔迦的精选诗集》（*The Selected Poems of Federico García Lorca*）并从中得到灵感，开始自己写诗。

买了一把西班牙吉他，跟一个会演奏弗拉明戈的西班牙人学习弹奏。

母亲再婚嫁给哈利·奥斯特罗。

1951
6 月：
从维斯特蒙高中毕业时，已经是学生会主席和学校年鉴出版委员会的成员。

9 月：
升入蒙特利尔麦吉尔大学，先修的文艺概论，紧接着是数学，贸易，政治学和法律。

[1] 在 Biblio.com 的网站上，这本年鉴现在的售价是 3500 美金。

因在辩论协会的优秀表现获得博维奖章，后被选为协会主席。（入学第四年时）

1952
1 月：
被选为校园里犹太兄弟会泽塔·贝塔·陶（ζβτ）[2] 的主席。

夏天：
和泰里·戴维斯与麦克·多德曼成立了乡村和西部风格的乐队“鹿皮男孩”[3]。

1954
在麦吉尔认识了一些“蒙特利尔诗歌圈”的诗人，并和他们成了朋友。其中就包括路易斯·杜德克，F.R. 斯科特及最重要的欧文·莱顿。

3 月：
在诗歌杂志 *CIV/n* 上首次发表了一些诗歌。

1955
获得麦吉尔大学的切斯特·麦克纳登文学比赛一等奖。

10 月：
毕业于麦吉尔大学，获得学士学位。
1956
5 月：
第一本诗集《让我们比拟神话》（*Let Us Compare Mythologies*）出版，获得麦吉尔文学奖。

秋天：
进入纽约哥伦比亚大学求学，经历了第一次重度抑郁症的发作。

[2] ζβτ：Zeta·Beta·Tau 分别是希腊字母的第六，第二和第十九个字母。该兄弟会由纽约市立大学创建于 1898 年 12 月，是第一个犹太复国主义大学生联谊会。会名取自希伯来语名言“Zion be-mishpatTipadeh”的首字母，意为锡安必因公平得蒙救赎。

[3] “鹿皮男孩”：因为他们三个人每人都有一件鹿皮夹克，所以干脆就取了这么一个名字。

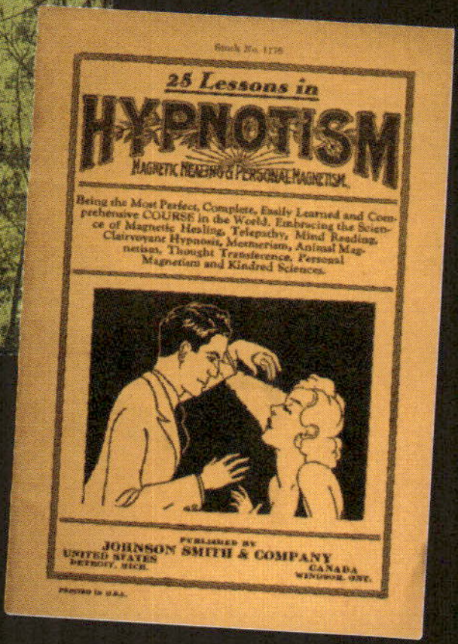

◆ 20 世纪 50 年代的蒙特利尔（左两张）《蒙特利尔六诗人》（1957）是莱昂纳德的名字在唱片封面上首次出现。（左上）《催眠术 25 课》是他少年时代买的书，至今仍能让他从中受益。（右上）12–13 页：安·约翰逊摄于 2001 年的人物像。

1957
诗歌诵读唱片《蒙特利尔六诗人》（*Six Montreal Poets*）发行，在唱片业初露头角，在其中诵读了自己 8 首诗歌。

在纽约期间，时常出入于格林威治村的俱乐部咖啡馆，观看那些顶尖作家们表演。

同样是在纽约，创办了一个为期不久的文学杂志《凤凰》。

邂逅了乔治亚娜·谢尔曼（安妮），搬入了她在曼哈顿的公寓，但因为婚姻的提及，莱昂纳德亲自终结了这段关系。

结束了在哥伦比亚的求学，重回蒙特利尔的家中。

1957–1958
他的第一部小说《麻风病人的芭蕾》（*A Ballet of Lepers*）被出版社退稿。

为了支付房租，在一个经营黄铜铸造的家族企业 W.R. 卡斯波特工作，后又去了弗里德曼服装公司。

1958
4 月 8 日：
跟爵士钢琴家穆里·凯耶以及他的乐队登上舞台“杜恩的鸟园”，边吟诵边演唱了几首他自己的作品。是跟随节拍的即兴表演风格。

夏天：
以辅导员的身份参加米什马尔夏令营，帮助有学习障碍的儿童。

"有人说，没有谁能真正离开蒙特利尔。这个城市就如同加拿大本身一样，是为了保护过往，那些在别处发生的过往。"

——莱昂纳德·科恩《至爱游戏》

大城市总是建立在大江河的附近。魁北克富饶的世界性中心蒙特利尔从强大的圣劳伦斯汲取着生命力。最勇敢的早期冒险家曾从欧洲沿着这一传说中的通道航行，探索北美内陆的潜力。20世纪初期，蒙特利尔是一个多语种通行的城市，英国、法国、意大利和东欧的文化在此交织，争先恐后地塑造着这个他们现在称之为家的新兴之地。

1934年9月21日莱昂纳德·诺曼·科恩出生于蒙特利尔市维斯特蒙区一片富裕的犹太飞地。[1] 在这个生气勃勃的旧世界（及旧约）熏陶下成长的人们，同时因现代化的喧嚣成果而变得见多识广。莱昂纳德来自一个屡见不鲜的知识分子和实业家混搭的家庭。他的曾祖父拉扎勒斯·科恩是整个家族的族长，将自己在家乡立陶宛所受的学术训练应用于一个成功的加拿大工程企业，并从政府那里获得了疏通圣劳伦斯安大略湖和魁北克之间的合同。拉扎勒斯的弟弟赫希成为蒙特利尔的首席拉比。莱昂纳德的外公所罗门·克罗尼奇·克莱恩也是一位拉比，是研究《塔木德》（*Talmud*）[2] 的知名权威。他曾经断断续续地住在科恩家里。莱昂纳德时常花费大量时间从克莱恩拉比那里吸收学习哲学知识和对典籍的见解。对于一个年轻且容易被说服的男孩来说，这样的影响是巨大的。

然而，莱昂纳德父亲的离去却是他童年生活中占据最大比例的事件。内森·科恩——专横的拉扎勒斯的孙子，用严厉的形式主义和普鲁士式的社交礼仪意识主管着自己这个小家庭。就算是去弗罗里达度假的他都会西装笔挺，皮鞋铿亮。科恩的老爹（原文为法语 père：父亲）简直就是谨慎的代名词，整个人的气质都伴随着一种恼人的忧郁感，身体也因此而羸弱。1944年，时年52岁的内森·科恩去世，为莱昂纳德之后的人生的奋斗都蒙上了一层阴影，而"悲观主义诗人"的桂冠也就此诞生。

"莱昂纳德整个童年发生的最重大的事件就是他9岁那年，父亲的逝去。它所留下的伤疤贯穿于他大量的作品当中，不过也正因此他诗人和音乐家的天赋才得以释放。如果他的父亲健在，而他没有成长于一个全是女人的家庭中——这包括宠爱他的母亲玛莎以及和他现在关系依旧很亲近的姐姐埃斯特——那他可能就不会在当前的路上如此沉溺地走下去。"

——西尔维娅·西蒙斯，于2014年

作为一个犹太孝子，莱昂纳德一直致力于满足母亲玛莎在学业和文化艺术方面对他的要求。上钢琴课，在高中乐团演奏单簧管，成为戏剧社的主席并加入学生会。所有这些不但丰富了他的履历也增加了母亲的自豪感。除此以外他还追求很多个人爱好，在期刊和诗歌中表达着自己对青春期的困惑。14岁那年，他发现了伟大的西班牙诗人和戏剧家费德里科·加西亚·洛尔迦，此人日后为他带来了文学方面最持久的影响。大概也是在那个时候，他开始玩尤克里里和吉他。他的第一位吉他老师是个演奏弗拉明戈的西班牙人，是莱昂纳德在家附近的公园里偶遇的。那个可悲的年轻人只教授了三节

[1] 本国境内隶属于另一国的一块领土。
[2] 塔木德是一本流传三千三百多年的羊皮卷，犹太教口传律法的汇编合集，其为仅次于《圣经》的典籍。

"我第一次写作是在 9 岁的时候。我父亲去世了，我写了点随笔，把它们缝进父亲的领结，埋在花园中长有三色堇的地方，他总喜欢在上衣翻领里插上一朵。这件事在我脑海中起了很好的作用，所以我就坚持写了下去。"

——莱昂纳德·科恩，于 1972 年

◆ 与父亲内森肖像的合影，于 2003 年。

课，就（不知为什么）自杀了。

除此以外，莱昂纳德还对一些稍显黑暗的消遣表现出兴趣，这其中就涉猎了催眠与魔法。也许他沉迷于控制他人的想法时正处于他倍感无力的人生阶段，也许他看到了一个超越生活日常的方式，可以让他用自己的每一根汗毛抵抗焦虑的状态。这个青少年时期的癖好为他日后在世界各地观众的面前表演增添了一抹亮色。

西尔维娅·西蒙斯：莱昂纳德·科恩是个很不错的魔术师。年少时代沉迷于烟雾和镜子的他从来都没有真正放下过那些爱好。孩提时代的他一直是个厉害的业余魔术师——都是小把戏。孩子们都沉迷于魔术，当时魔术道具算是很流行的玩具。不过，他并没有止步于此。十多岁的时候，无论他对什么学科感兴趣，都会深入学习或上课，从诗歌到斋戒再到弹吉他。他有一本关于催眠方面的书，开始逐章学习，最知名的事件便是催眠了自己那只叫“同志”的狗。他还尝试催眠过家里的女佣。就在她恍惚的时候，他给出了脱衣服的指令——这事儿后来还被写进了他的第一部小说《至爱游戏》中。真正吸引我的是在他档案馆里找到的那本《催眠术25课》（*25 Lessons in Hypnotism*）的后续章节，教人如何通过放慢声音，放低声调，调整语气来催眠一整个屋子的人。这个迷人的能力是莱昂纳德·科恩音乐和人格的重要组成。（2014）

那时候莱昂纳德在韦斯特蒙高中上学，是个放荡不羁的小混混，充斥着对艺术风情的追求。资产阶级家庭对他的期待——上大学，然后继承家族企业——让他恼怒不已。他申请麦吉尔大学后被录取，这个魁北克地区最优秀的英语大学，长久以来都是加拿大法律界、医学界和贸易商界精英的培养地。莱昂纳德满怀傲慢的轻视，上起了综合艺术知识的课程——“用以回馈我对家庭和社会欠下的旧账。”多年后，他接受《加拿大周六之夜》杂志的采访时，如是说道。

桑德拉·德瓦：多年以来，麦吉尔大学一直都是世界顶尖名校，在加拿大是多伦多大学以外的最大学府。非常传统，非常英式，也非常有WASP[1]的范儿，当然，40年代犹太人还是占了很大的比例。对于一个聪明的男孩来说，考入麦吉尔大学很重要。莱昂纳德上大学的时候，已经进入50年代，所以一切变得没有之前那么夸张。（2014）

就算莱昂纳德没有优秀到出现在校长的名单之首，课外活动所带来的荣誉也足以为他带来很大的竞争力。除了成为所在兄弟会的主席以外，他还活跃于辩论社团。（入学头一年就荣获重量级的博维奖章，并代表麦吉尔大学参与很多国内和国际的辩论大赛。在犹太学生社团，他和朋友罗伯特·赫肖恩胡闹着参与了一些戏剧的表演。他还成立了一个特色的乡村兼西部风格三人组合“鹿皮男孩”，吊起他现场表演胃口的同时提高着他

[1] 即White Anglo-Saxon Protestant：新教徒的盎格鲁撒克逊裔美国人，现在泛指信奉新教的欧裔美国人。

◆ 右图：在麦吉尔大学莱昂纳德参与辩论，参加戏剧和音乐的演出。
◆ 左图：1957年他回到大学辩论社拜访。

◆ 左图：鹿皮男孩，于 1952 年（跪着的是莱昂纳德）。
◆ 右图：他跟朋友们在蒙特利尔的小酒馆，背后的墙上写着他著名的诗歌“玛丽塔 / 请找到我 / 我已年近而立。”

不太娴熟的吉他演奏。

从表面上看，莱昂纳德在麦吉尔大学的日子是在为通往体面的中产阶级铺就大道，是为了他完美的命运。不过，他生性叛逆，偶然会显现些偏离轨道的才华。一个令人敬畏，教化于他的文学教师对此颇加赏识。这位休·迈克伦南[1]开设的创意写作课将詹姆斯·乔伊斯啰嗦的意识流风格介绍给学生们，也同样给莱昂纳德的写作带来深远影响。诗人路易斯·杜德克指导莱昂纳德在杂志 *CIV/N* 出版了第一部作品，这是受伊兹拉·庞德[2]启发所创办的文学期刊。莱昂纳德还凭借诗歌《麻雀》（*The Sparrow*）获得了学校校报《麦吉尔日报》资助的奖项。来自外界的关注给他提供了动力，使他成为蒙特利尔地区繁荣发展的诗歌圈子中常常出现的活跃分子。而作为加拿大文学知识分子煽动中心地带的多伦多也被蒙特利尔所取代。

这些人中，欧文·莱顿是让莱昂纳德最痴迷的崇拜对象。他的诗歌中充满了狂热者的愤怒，像是一个希伯来的约翰·布朗。[3]作品中不容妥协，性爱、政治和宗教混杂在一起，酝酿出的辛辣让人激动不已，对于那些年轻的门徒来说简直无法抗拒。莱顿像是巫师、先知和表演者，吟诵出口的诗歌好似咒语一般，抑扬顿挫的节奏让观众们渴望着与他一同沉浸在隐喻的深渊。莱昂纳德迅速将他视为自己牢靠的伙伴，与他一起参加会议，共同诵读，为了行动起来而蓄势待发。

莱昂纳德·科恩：早期我通过阅读洛尔迦和布莱希特的诗歌，以及与当时蒙特利尔兴致勃勃的其他作家互通有无来培养自己、成为一名诗人。这其中，E.J. 普拉特对我影响巨大，罗宾逊·杰弗斯的诗歌也尤为重要。

你可能会因为一些很私人的原因写一首歌或诗，但有些时候，会需要更深层次的别类呐喊。很多人觉得生活安适，需要一些渠道回望过去或想要得到某些对未来的指引。历史和遗迹都是让你可以触摸过去的方法。这些很重要，是因为在且仅在那个时刻，一个人才能在内心感到更多的平静舒适。（1975）

“叶芝的父亲曾说，诗歌是孤独的人所进行的社交活动。我们都会找寻脱离自我隔离的桥梁。对于作家来说，是文字，但对于橱柜制造商来说，就是最终展示的书桌成品。我不认为写作这个行为本身有多么重要。这是男人或女人将自己的作品置于挚爱脚下的作为，我们做的一切都是为了爱。”

——莱昂纳德·科恩于 1997 年

桑德拉·德瓦：麦吉尔英语系对于科恩来说意义

[1] 休·迈克伦南，加拿大小说家，以现实生活为主，具有浓厚的地方色彩，是麦吉尔大学的英文教授。
[2] 伊兹拉·庞德，美国诗人、翻译家、评论家，“意象派”诗歌代表人物。
[3] 约翰·布朗（1800-1859），领导美国人民群众用武装斗争，消灭黑人奴隶制的人道主义斗士。被评为影响美国一百位人物第 78 名。

非凡。弗兰克 [F.R]·斯科特 [1] 是个瘦弱精明的人。路易斯·杜德克一直受教于莱昂内尔·特里林，[2] 自知知识在社会中存在的意义。欧文·莱顿经历了很艰难的一段时间，才得到公众的认可，他决心以诗人的姿态反对资产阶级，并勇敢无畏，享受其中。（2014）

西尔维娅·西蒙斯：对他（莱昂纳德）影响最大的加拿大作家应该是欧文·莱顿，他比莱昂纳德岁数大很多——莱昂纳德好像有不少岁数大的忘年交——但并没有出现什么像父亲一般的特点。我曾经跟莱顿的遗孀，另一位作家阿维娃聊过天，她坚信，莱顿从来没把自己当做莱昂纳德的导师，莱昂纳德也没那么想过。他们彼此间是平等的。欧文·莱顿是个非常有趣的犹太人，住在一个跟科恩大家族相比档次低很多的邻区，不过从某个角度来看，是莱昂纳德一直想要成为的那种人。莱昂纳德一直努力让自己扮演更为贫民化的角色，想与自己的家族区分开来。不是关系上的疏远，而是生活方式和体系上的划分。莱顿没有他那么害羞，尤其在性的方面，直言不讳，比莱昂纳德爱出风头。诗歌的风格是那种毫无责任心，让旁人难堪，却又有点童言无忌的类型。莱昂纳德深深沉迷于此。跟杜德克一样，他总罩着莱昂纳德，在成为舞台表演诗人方面，做了领路人。（2014）

埃拉·纳达尔 [3]：在当前的加拿大诗歌现场表演上，莱昂纳德绝对跟随了欧文·莱顿的脚步。为什么这么说呢，因为他也是个穿着皮夹克，绝对酷炫的年轻诗人！（2013）

莱昂纳德在麦吉尔求学的经历可以归纳为各类文学奖项的大丰收：因创意写作荣获切斯特·麦克那登文学比赛大奖，后来又获了彼得森纪念文学奖。对法律学习本来就不是很认真的他在 1995 年毕业，作家之路充满了不确定性，前景痛苦。但木已成舟，《让我们比拟神话》（*Let Us Compare Mythologies*）是他第一部诗歌合集，写于青少年时期到 20 岁之间，弗蕾达·格特曼——他重要的初恋女友为书配了插画，诗集于 1956 年 5 月出版，成为麦吉尔大学诗歌系列的首卷作品。首印量很快售罄。

露丝·R·怀斯：我是 1954 年遇到莱昂纳德的。那时候我还是“欧洲文学伟大著作”课程的学生，那是麦吉尔大学唯一一个可以满足我精神生活理念的本科课程。

我确信是路易斯（杜德克）把他介绍给我的，他当时决定用莱昂纳德·科恩的诗歌作品开创麦吉尔大学诗歌系列，而且希望，能在作者本人还未毕业的时候就出版这部作品。

我自荐成为杜德克销售团队的领队，跑去距离最近的沃尔沃斯超市买了几本收据，并且用非常快的速度卖出两百多本样书去。《麦吉尔日报》专题编辑的工作让我有机会认识很多学生和老师，所以，光是卖给熟人就已经足够完成分给我的任务量了。不过，无论如何，莱昂纳德·科恩的名字本身就已经是个卖点了。（1995）

埃拉·纳达尔：《让我们比拟神话》是个有点奇怪，努力创作的早期作品。非常浪漫，而且一看就是处女作。除了暗恋和不断的自我反省以外，这作品本身并不是很严谨，是次有些微妙的尝试，不过为之后几部作品——《情圣之死》（*Death of a Lady's Man*）、《奴隶的能量》（*The Energy of Slaves*）和《怜悯之书》（*Book of Mercy*）中更为露骨的主题做了铺垫。（2013）

尽管有青春的躁动，《让我们比拟神话》中所涉及到的一些主题却贯穿了莱昂纳德整个职业生涯——这其中有犹太教，政治和社会动荡，也包括自我实现、自我献祭以及最难以逃脱的，情欲万有引力一般的吸引和爱与死亡之间的纠葛 [4]。

[1] F.R. 斯科特（1899–1985），加拿大诗人，知识产权与宪法专家，曾两度获得加拿大文学最高奖项，麦吉尔大学的法学教授，蒙特利尔诗歌圈成员之一。

[2] 莱昂为尔·特里林（1905–1975），又名屈瑞林，20 世纪美国著名社会文化批评家与文学家，美国哥伦比亚大学著名教授，“纽约知识分子”群体的重要成员。

[3] 埃拉·纳达尔，美国加拿大裔传记作家、文学评论家，詹姆斯·乔伊斯研究学者，在英属哥伦比亚大学的特聘教授。

[4] 原文是希腊语 Eros and Thanatos，意味爱欲与死欲，同性欲与杀人欲（Libido and Mortido），生存本能与死亡本能（Life Instinct and Death Instinct）一样，是精神分析法中有名的对立词组。表现了人积极欲望和消极欲望的冲突。

◆ 1957 年夏：科恩和他的女朋友安妮・谢尔曼（前文提到的乔治娅娜・谢尔曼）以及欧文、阿维娃・莱顿夫妻二人在魁北克劳伦森度假。

“我总是游荡在边缘地带。我喜欢他们聚在一起的地方，但这些放荡不羁的文化人从来没真正接受过我，因为总感觉我是来自完全不同的另一条轨道。我实在是太中产阶级了，压根没有资格坐在这些颓废派咖啡馆正中的座位上。或许是因为我这些定制西装？”

——莱昂纳德·科恩于 1996 年

跟古往今来无数有抱负的艺术家一样，莱昂纳德也不得不屈服于“大苹果”（纽约）的诱惑。洛尔迦和杜德克都曾就读的哥伦比亚大学为他提供了一个读研究生的地方，让他无论在学术方面还是在战后行家中的地位都有所提高。突然之间，蒙特利尔的地位出现了绝望的倒退。冉冉升起的纽约诗坛在召唤着他，莱昂纳德想要成为他们中的一员。

埃拉·纳达尔：哥伦比亚只不过是次消遣，让他可以有机会探索纽约，感受些许那里的节奏，不过他并没有融入其中，产生火花。（2013）

1956 年末，莱昂纳德到纽约没多久，加拿大广播公司就邀请他和另外五位诗人——路易斯·杜德克，A·M·克莱因，欧文·莱顿，F·R·斯科特以及 J·M·史密斯——一同录制了一张诵读专辑《蒙特利尔六诗人》。他阅读了几首《让我们比拟神话》中的诗。该专辑由美国厂牌“民谣路”于 1957 年出品。

直至 20 世纪 50 年代后期，时髦的波西米亚风格已经彻底在纽约扎根。抽象表现派作家——波洛克、德·库宁、罗斯科——都成为视觉艺术方面闪亮的明星。沿着 52 号街，在所有的业余教堂中都可以听到正在全力呼应着的，傲慢自大又节奏感十足的宗教式咆哮乐。[1] 此外，还有垮掉的一代——凯鲁亚克、柯尔索、金斯伯格[2] 和威廉·巴勒斯[3]（这些读起来像是萧条的法律公司的名字），掌控着整个文坛，拥有着最后的发言权。莱昂纳德在这些人群中自由穿梭，渴望体验这些流转于贫民阶层的能量。尽管依然保持着谨慎的态度，但加拿大式的端正操行让他窒息，来自北方的这些异端矛盾夹杂着无政府主义的混乱在这片达摩流浪者[4] 的地盘流淌。

罗伯特·英乔迪：1956 年莱昂纳德·科恩在纽约的一家爵士俱乐部听到杰克·凯鲁亚克诵读。凯鲁亚克当时 34 岁，《在路上》还没出版。诵读结束，莱昂纳德去艾伦·金斯伯格的公寓参加派对，看见躺在客厅桌子下面的凯鲁亚克正在“佯装着欣赏爵士乐”。55 年后，科恩回首当日情景时说，就在那一刻，他觉得自己确认在垮掉的一代中找到了反对正流派的态度。尽管“他们从来没有真正接受过科恩”。

历史学家道格拉斯·布林克林描述凯鲁亚克的时候曾这样写到：“他激励了整整一代人，在平庸的生活中找寻神圣，在自我中找寻上帝，并从街边每一块玻璃瓶的碎片中发现美的存在”假设这是真的，当然我相信这是，那么凯鲁亚克就是可以在海藻中都能发现英雄存在的那种人。而莱昂纳德·科恩则是让那些有才华的人真正绽放的“金童诗人”，他作为彼此之间的联系，成就着他人，他对于凯鲁亚克和金斯伯格就好像是雪莱之于华兹华斯和布莱克。

科恩曾跟我们说，是精致而傲慢的洛尔迦给了他写作时所要找寻的声音，是那个天使般的自杀的弗拉明戈演奏者让他学会了写歌。但接受这两样馈赠的能力和真

---

[1] 一种反叛性的爵士乐，吵杂喧闹，英文原名是 bebop，结合传统奥尔良爵士乐和摇摆乐，在创作概念上加以创新。

[2] 杰克·凯鲁亚克，美国作家，代表作《在路上》；艾伦·金斯伯格，美国诗人，代表作《嚎叫》。

[3] 威廉·巴勒斯，美国作家，代表作《裸体午餐》。

[4] 凯鲁亚克 1958 年创作的一部重要小说也叫《达摩流浪者》，描写一个没有悟性的佛教追随者，进行近乎专业禅修的故事。

◆ 上图："像安德烈·纪德般久经世故的"威廉·巴特勒正在教导着"全美年轻人心目中最诚挚的托马斯·沃尔夫"杰克·凯鲁亚克。艾伦·金斯伯格在自己纽约公寓的客厅里拍摄（并写下了描述），于1953年。

◆ 右图：他回到加拿大，参加1963年的培育诗歌大会。从左至右分别是欧文·莱顿、弥尔顿·威尔逊、莱昂纳德、埃里·曼德尔和阿维娃·莱顿。

正的内容则是垮掉的一代提供给他的。

科恩对救赎与罪恶的描写比凯鲁亚克的更为色情，对异性恋的关注也超于金斯伯格的作品。但他们都反映出战后产生的同样的渴望，即超越思想上的划分，为那些垮掉的被抛弃者，神圣的呆子，被遗弃的天使和迷人的失败者欢呼。（2013）

跟很多他这一代的中产阶级犹太男孩一样，莱昂纳德将大学生活视为自己探索渴望已久的性爱与感情的机会。当他成熟到想要跟某人有更深层次的情感关联时，便在乔治亚娜·谢尔曼的身上发现了诱人之处。这个在哥伦比亚与他短暂邂逅的黑发美女竟在之后的数年占据了科恩的心扉和脑海。安娜——他总这么叫她，更年长些，比莱昂纳德更投入于这段感情。她是个坚强、敏感、热情并极富同情心的人。尽管恋情持续时间并不长，却给莱昂纳德留下了永久的印记。包括《尘世香盒》（*The Spice-Box of Earth*）与《至爱游戏》在内的很多他的诗歌和散文作品中，都可以看到安娜的身影。

1957年夏天，莱昂纳德回到蒙特利尔，花了两年时间抑制自己的创作本能。他将时间划分为在家族企业工作和进一步深化文学抱负两部分。最终，与麦吉尔的导师之一F·S·斯科特的对话帮助他加强了追求艺术的决心。

桑德拉·德瓦：科恩很难做出决定，他感觉到一股力量拉扯着他继续家族制衣企业。他并不知道自己是否能够成为一名成功的诗人。但弗兰克坦诚的鼓励他去追求梦想。科恩跟我说："弗兰克给了我失败的勇气。"当你年轻，对未来不自信的时候，弗兰克是那种会给你所需要保障的人，"上帝，我到底该干什么？"（2014）

莱昂纳德又重新回到欧文·莱顿的圈子，通过随着爵士嘻哈乐的伴奏，生动的诵读自己的最新作品，来打动他的那些朋友。辞藻与音乐在他身边旋转，跃身为宗教式创作歌手只是时间问题。

/ 2 /

为美人远道而来

◆ 同照片前景中的玛丽安一起骑驴。

时光飞逝，我们浪费了太多的时间思考是否有勇气做这个，干那个。我们应该去飞跃，去尝试，去抓住机会。

——莱昂纳德·科恩约 1960 年

时间轴 ▲

1959 年
春天：收到加拿大艺术委员会的一笔拨款，资助他参加了一次欧洲的写作之旅。

12 月：
旅行去伦敦。

1960 年
1 月－3 月：
完成了另一部小说的手稿，初命名《近在咫尺的美人》（*Beauty at Close Quarters*）。

3 月：
为了暖和一些的气候，先是去了耶路撒冷，继而旅行到希腊一个叫伊兹拉的岛屿，和岛上一些外国作家和艺术家社群成员成了朋友。邂逅并爱上了玛丽安·依伦。

9 月：
在伊兹拉岛上买了一座房子。

10 月：
驱车带着玛丽安和她的儿子小阿克塞尔去奥斯陆，帮她结束了与挪威作家阿克塞尔·詹森的婚姻，并为了赚更多的钱又重返蒙特利尔——再次向加拿大艺术委员会提交申请，还与欧文·莱顿共同撰写了一部电视剧剧本。没过多久，玛丽安和小阿克塞尔就来蒙特利尔找他。

1961 年
3 月－4 月：
造访古巴，在猪湾事件[1]发生后没多久就离开了（4 月 17 日）。

5 月：
《近在咫尺的美人》被出版社退稿后，莱昂纳德在多伦多的出版商麦克米兰 & 斯图尔特出版了他的第二部诗集《尘世香盒》。

8 月：
加拿大艺术委员会批准了他的申请，莱昂纳德又回到伊兹拉岛。

1962 年
3 月：
回到伦敦，重新修改《近在咫尺的美人》。
（最终改名为《至爱游戏》）

7 月：
回到伊兹拉岛，他的母亲来这里拜访、小住了一个月。

1962 年－1965 年
往返于蒙特利尔和伊兹拉岛。开始嗑药的生活，其中包含大麻、哈希、致幻剂和冰毒。

[1] 在美国中情局的直接策划和指挥下，1400 名古巴流亡分子在猪湾登陆，突袭古巴，企图推翻卡斯特罗政府。

1963 年

9 月

于英国出版了《至爱游戏》。

（直到 1964 年才在美国出版，而加拿大则等到了 1970 年）

12 月

在一次蒙特利尔犹太人研讨会上，他的演讲《孤独与历史》（Loneliness and History）中，对犹太人社区将商业活动看得比精神世界更为重要的指责引发了一次全国性的讨论。

冬天：

邂逅舞者苏珊・维达尔，激发出他创作《苏珊》的灵感。

1964 年

秋天：

第三本诗集《给希特勒的花》（*Flowers for Hitler*）出版，《至爱游戏》荣获“魁北克文学奖”。

冬天：

回到伊兹拉岛，创作《美丽失败者》（*Beautiful Losers*），之后精疲力尽的他，因过度药物依赖和禁食而被送入医院，靠输液补充蛋白质。

1965 年

卧病在床，住院治疗之后长时间处于幻觉的状态，思绪开始在音乐领域疯长开来。

由唐・欧文和唐纳德・布瑞坦为加拿大国家电影局拍摄的一部长达 45 分钟的纪录片《各位来宾：莱昂纳德・科恩先生》（*Ladies and Gentlemen … Mr. Leonard Cohen*）发行。

1966 年

春天：

《美丽失败者》出版，为他蒙特利尔的朋友德里克・梅电影短片《天使》（*Angel*）写了器乐曲。第四本诗集《天堂寄生者》（*Parasites of Heaven*）出版。

◆ 左图：1960 年的伊兹拉岛。同玛丽安・依伦，以及她的儿子小阿克塞尔，还有另外一个朋友在家。

◆ 右图：同作家乔治・约翰斯顿、夏米安・克利夫特以及他们的二儿子杰森，还有玛丽安在沙滩上。

"我是通过莱昂纳德的诗歌和散文创作认识他的，不是音乐。他的音乐起初并没有特别引人注目，当然了，后来这一切发生了戏剧性的转变。"

——埃拉·纳达尔于 2013 年

1959 年早期，莱昂纳德获得一笔加拿大委员会审批的资金，让他可以完成去欧洲的首次旅行。12 月，他抵达伦敦，开始着手创作那本后来成为他第一部出版物的小说《至爱游戏》。在完成初稿，取名为《近在咫尺的美人》后，他转而完成第二部诗集《尘世香盒》的最后编辑工作。很显然，英国潮湿的空气让他文思泉涌。（还激发他从博柏利买了件蓝色雨衣，这雨衣甚至在后来成就了一首传世经典。）

不过，终日青灰色的天空还是让心情付出了代价。阳光是必须的滋养品。希腊的岛屿们用那些闪闪发光的田园诗诱惑着莱昂纳德，因为有很多伦敦的居民在他之前体验了这一切。1960 年 4 月，他飞往耶路撒冷，花了几天时间体味这个神圣的城市，紧接着辗转到雅典，航行到了伊兹拉岛。正是在这里，这个迎风而立，一切都被粉刷成白色的爱琴海南部地区，他找到了属于自己的北方。

西尔维娅·西蒙斯： 莱昂纳德总是在追求纪律性的生活。除了他在圣安东尼奥山的禅院里清修，随时都可能出家做和尚的那段日子以外，这也许是他过得最有规律的一段时光了。在这个简单的生活环境中，他制定了一套日常作息，很早起床，下海游泳，回家写作，在港口吃顿漫长的午餐，回家继续写作。他学了一些希腊语，而且多年来，一直在口袋里装着他的希腊忘忧珠。

同样是在希腊，他遇到了玛丽安·依伦，一个挪威的模特，带着她与即将离婚的作家丈夫生的儿子。无论是生活还是创作，玛丽安对于莱昂纳德都非常重要。不仅仅因为那首有名的歌[1]，这还是他感情生活中持续时间最长，意义最为深远的一段。（2014）

伊兹拉岛，一个散发着荷马史诗式炽热和光亮的地方，为莱昂纳德的创作、沉思以及寻找心灵上的救助提供了一个神话般的背景设置。一笔来自他刚刚去世的祖母遗留下来的一千五百美金，让他得以在小岛上买一所自己的房子。三层楼，粉刷成了白色，虽然窄小，并不是很讨喜，但依旧为他游荡的灵魂带来了实质的影响。

带着他那个已经准备就绪的好利获得牌打印机，莱昂纳德沉浸在创作当中。同样让他沉沦的是那段在莱昂纳德·科恩人生中占有显著地位的神秘恋情。玛丽安·依伦，一个二十多岁，挪威出身的女子迅速捕获了莱昂纳德流浪的心。她当时正和另一位作家，阿克塞尔·詹森以及他们的儿子小阿克塞尔生活在一起。但没过多久就注意到了他迷人的存在，并很快搬进了这位诗人清苦的房子里。沉稳优雅的莱昂纳德让他们之间的关系自然发展，而玛丽安所带来的母爱般的照料也让他的心灵空间可以腾出足够位置用于写作。不过随着时间的流逝，他们之间的关系还是成熟到完全转变成了爱情。

[1]《再会，玛丽安（*So long, Marianne*）》。

“他的朋友说，莱昂纳德在伊兹拉岛度过了人生中很长的一段时间。他热爱那里简单的生活，在那个坐落于山上的小小的白色房子里，没水没电。”

——西尔维娅·西蒙斯于 2014 年

60 年代早期的希腊，生活成本惊人的廉价。所以不难想象，一大堆作家、音乐家和艺术家都发现，相比于有损尊严的生活在老鼠四窜的地方，爱琴海上的岛屿是个绝佳的诱人选择。像艾伦·金斯伯格和格雷戈里·柯尔索[1]这种垮掉派的堕落分子，和作家约翰·诺尔斯以及澳大利亚人乔治·约翰斯顿——将这个白色的欲望之城里发生的故事编入了自己那个大胆的小说作品《接近太阳》(*Closer to the Sun*)中——总是不定期肩并肩地在一起感受电影带来的辉煌：比如碧姬·芭铎[2]、玛丽娜·墨蔻莉[3]和安东尼·帕金斯。[4]在伊兹拉岛期间，莱昂纳德认识了同为诗人的斯蒂夫·桑菲尔德，诗歌《我见你坐在希腊床垫上》(*I See You on a Greek Mattress*)写的就是他。1969 年，桑菲尔德的婚礼上，莱昂纳德第一次遇到了禅师佐佐木承周[5]，他后来成为莱昂纳德最为信任的精神向导、老师和知己。

这是段夜晚较之白天更甚的疯狂岁月，莱昂纳德用尽一切尝试着各种大麻和毒品。精神世界开始在边缘处煎熬，表面看似幸福的家庭生活已经敲响了警钟。像是早期那些不够谨慎的轻率抱负一般，莱昂纳德在无情的烈日下徘徊，濒临崩溃。

◆ 在伊兹拉岛上简朴粉白的住房。

[1] 格雷戈里·柯尔索，美国垮掉派优秀诗人，与凯鲁亚克、金斯伯格等齐名的垮掉派文学运动开创者

[2] 碧姬·芭铎，五六十年代，电影史上除了美国玛丽莲·梦露以外的另一位名满天下的性感尤物，是披头士四人的偶像，人称“性感小猫”。

[3] 玛丽娜·墨蔻莉，生于希腊雅典的她不仅是演员，还是制片人和导演，1960 年的《痴汉艳娃》曾为她带来第三十三届奥斯卡的最佳女主角提名。

[4] 安东尼·帕金斯，美国电影、话剧演员，代表作是希区柯克的《精神病患者》，1953 年开始从事演绎生涯的他因为 1960 年饰演精神病一举成名后，事业便遭到了致命打击，无论出演什么角色，都无法说服观众他不是一个精神病人。

[5] 佐佐木承周，1962 年从日本搬往美国洛杉矶，开始向数以千计的美国人传播佛教，先后开设了多家禅修院，尽管 2010 年涉嫌性丑闻，但包括受害者在内的所有人依旧认为他是个值得尊敬的人。莱昂纳德等多位好莱坞明星都是他的学员。

"我到希腊的时候，有生以来第一次感觉到温暖。我记得当时在阳光下躺了几周的时间——就在一块大石头上，什么都不做——感觉这么多年因加拿大冬季所带来的骨头里的冰冷都被融化掉了。"

——莱昂纳德·科恩于 1985 年

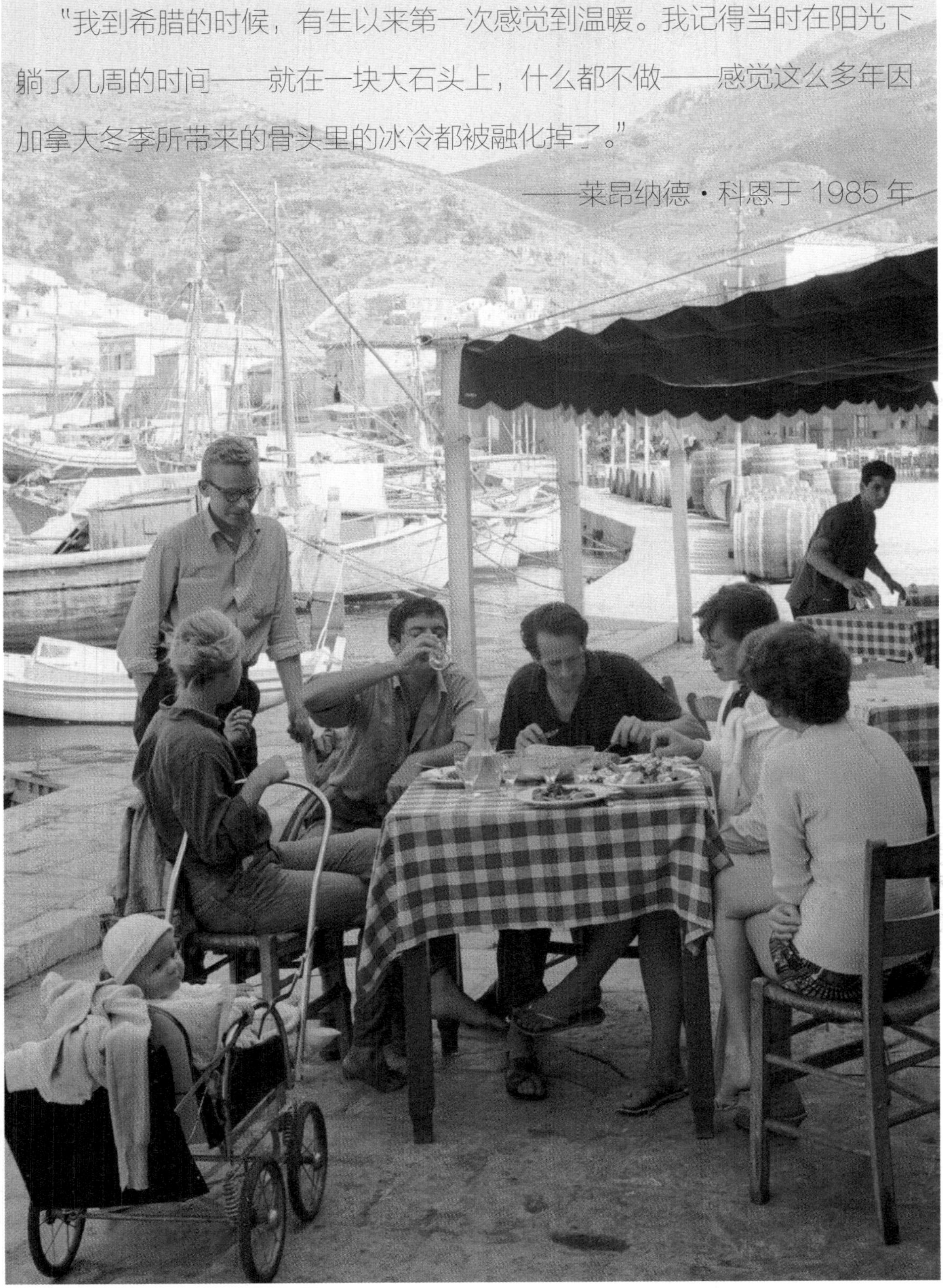

◆ 同玛丽安，她的丈夫阿克塞尔·詹森（站），乔治·约翰斯顿，夏米安·克利夫特一同在海湾的饭馆吃饭。摄于伊兹拉岛，1960 年。

◆ 给朋友查尔斯·哈克斯托（最左边）和夏米安·克利夫特（右）弹吉他。摄于伊兹拉岛，1960 年。

◆《至爱游戏》后续出现了一些负面评论（1963），莱昂纳德说那些评论人是“那些在自己本来擅长的艺术领域失败后不高兴的家伙们”。

尽管他经常处于嗑药的状态，并且总将自己与读者之间的距离拉得很远，莱昂纳德的文学生涯还是茁壮成长起来。1961 年 5 月，多伦多一家有名望的出版社麦克米兰 & 斯图尔特出版了他的《尘世香盒》，出乎意外的广受赞誉。蒙特利尔的弄潮儿们对他们家乡的浪子推出的最新杰作尖叫连连喜出外望。有一位评论家甚至宣称他取代了欧文·莱顿的地位，成为了新一任加拿大最杰出的诗人。公众对此似乎也持相同意见，这部诗集也很快成为畅销书。这一切成功带来的眩晕过后，莱昂纳德回到加拿大，感受了一番大家的敬意，便匆匆回到伊兹拉岛。即使来自家乡簇拥的爱戴也在与爱琴海感官的引诱下对比出了苍白无力。

埃拉·纳达尔：杰克·麦克米兰在早期是抱着冒险赌一把的心情出版他的作品的。莱昂纳德一直缠着他，尽管因为莱昂纳德拖稿的频发（有时甚至拖个几年时间）使两人之间并不总是亲密无间，轻声细语。但麦克米兰是最先支持他的那个人，而且他的出版社有几个非常优秀的编辑能真正读懂了解他。他们同样知晓这个跟加拿大文坛相去甚远（总是混迹于希腊和日后洛杉矶的圈子里），有些与众不同的局外人，身上依旧有能吸引很多读者的地方。（2013）

塞尔维亚·西蒙斯：这部成熟精美的《尘世香盒》是关于性和上帝，神圣和亵渎的作品。这些经常出现在莱昂纳德·科恩作品中的元素以后很有可能也少不了。显然当时这部作品出版的阶段，他过得尤其疯狂。那时莱昂纳德恳求玛丽安搬到蒙特利尔与他同住，但紧接着却抛下她径直去了古巴，其后社会主义革命结束，他又返回庆祝自己新书的出版。没多久，莱昂纳德便让自己涉身一次非凡的冒险。一个苏格兰诗人因为给自己年轻的女友海洛因而即将面临纽约的审判，莱昂纳德不但将他救下，还给他提供了栖身之所。（2014）

1961 年 3 月，莱昂纳德本应该全神贯注为即将出版的《尘世香盒》做准备，却启程去了古巴——正值无畏的菲德尔·卡斯特罗面对美国政府的欺侮进行反击，猪湾事件也将一触即发。就像是从格雷厄姆·格林[1]的消遣小说中走出来的人物一样，我们这位身处哈瓦那的先生，在最大的阴谋马上就要开始之前，用加拿大委员会的资助金开启了去往宜人加勒比海的旅行。莱昂纳德被诗意的幻想控制着，为了那些废旧古老的迷人庄园，无孔不入的蒜香鸡（原文为西班牙语）香气，和那些催促着街角皮条客的姑娘们（原文为西班牙语）。时处西班牙内战时期，他可能一直想让自己成为在加泰罗尼亚地区年轻版本的乔治·奥威尔。不过，很快他便意识到，他的古巴逃出之旅需要一个脱身策略……事不宜迟！

就好像电影《逃出德黑兰》（*Argo*）里的场景一般，当莱昂纳德正在国际出境处焦急的等待登机时，被配备武装的安保人员带进一个审问区。因安保一个偶然的分神，他幸运的即时抓起自己的包，趁他们不注意，悄然溜开。在飞机上找了个座位，就这么喘着粗气跑到了文学颓废的西边。很显然，上帝确实眷顾着傻瓜、儿童和那些明目张胆的幼稚家伙。

在轻触国际关系之后，莱昂纳德还是回到了更加安全的对写作的追求上。他在伦敦起草的小说《至爱游戏》于 1963 年在英国出版，美国的上市时间则是在 1964 年左右。直到麦克米兰 & 斯图尔特出版公司 1970 年出版之前，它一直是加拿大进口商品里的抢手货。

内容紧凑，风格神秘，语言讽刺，让这部小说拥有了一批不算多但极其热情的拥趸。莱昂纳德的出版商对此书是否适于出版曾抱有犹疑的态度。他通过躲在艺术冲动本身傲慢的天性背后来予以反击——是这些文字选择了我，他声明着，不是我选择了它们。

斯蒂芬·马克思博士：1948 年夏季，莱昂纳德在

[1] 格雷厄姆·格林，原军情六处官员，战后创作大量间谍小说。是英国著名作家，剧作家，文学评论家。

安大略北部泰马加密湖的瓦比肯营地度过。

60年代，他上研究生的时候，我对他犹太式的有才智的性爱描写倍感亲切，也对能将所有欲望转变成美的能力钦佩不已。

1970年，我的妻子简和我在那个夏令营做辅导员，作为哥伦比亚大学政治斗争的难民，我们正在北上和西去的路上。

我曾经在那里教学，她是在那里读的比较文学的本科。当时，我们已经是他第一张专辑《莱昂纳德的歌》（*Songs of Leonard Cohen*）的粉丝了，营地里有人带我们去看他用小刀在床板上刻下的留言——如果我没记错的话，是"莱尼·科恩到此一睡。"

这事儿令人兴奋不已，但不及我看到《至爱游戏》时的心情。1973年，我在温哥华，为了教文学导论的课程，而找寻加拿大小说，在这本书的后面一部分，主要就讲述了一个发生在营地的场景，准确无误地描写了我们营地的那些停船码头、大食堂和蚊子们。（2013）

埃拉·纳达尔：跟初稿相比，重写的版本更加有力度，有活力，不过《至爱游戏》还是一部教育小说。[1] 故事很传统，讲述了一个少年过度到男人的故事。（2013）

《给希特勒的花》是继《至爱游戏》之后，于1964年出版的一本新诗集。莱昂纳德清楚地知道，这个煽动性的标题（原来本想取名为《鸦片与希特勒》）很有可能会刺激到读者和那些文学评论家，或许还会引来更多对作品价值本身细致入微的审视。他做好了付出这些代价的准备，在当下流行音乐名人（披头士乐队才刚刚出道）的黎明时代，变身成一个坏男孩。可事实上，这部作品在很大程度上收获了好评，也重新定义了莱昂纳德的形象。

塞尔维亚·西蒙斯：在创作科恩自传的时候，当我写到《给希特勒的花》这部作品时，第一个想到的就是赛日·甘斯布[2] 和他的专辑《环绕地下室的摇滚》（*Rock Around the Bunker*）。

两个都是很羞涩的男人，但并不怕挑衅威权。我曾经跟莱昂纳德在麦吉尔的一位密友阿诺德·斯坦伯格交流过。据他回忆，莱昂纳德并没有公开反抗过。这对于他来说更像是很私人且内在的事情。不过，可能由于在加拿大成为明星诗人的事儿激励了他，让他能通过更多的别样人格或带着面具来公开挑战他的出版商。他似乎对于自己是加拿大诗歌界金童诗人的头衔倍感焦虑，很希望可以拥有更为广泛和普遍的观众。（2014）

莱昂纳德出现在加拿大诗歌界前沿的场景被电影人唐·欧文和唐纳德·布瑞坦的作品《各位来宾，莱昂纳德·科恩先生》记录下来。这个项目是加拿大国家电影局委托资助拍摄的。本来影片是为了记录四个文学大咖在四所大学里巡演的，其中还包括欧文·莱顿。但影片剪辑后，却变成了以莱昂纳德的个人崛起为焦点。他摆着那副"嘻哈到根本不应该待在这间屋子里"的姿态。蓬乱的头发和黑色的皮夹克，以及一脸假装的冷漠。1965年，在纽波特音乐节电子舞台上，他偶

[1] Bildungsroman 源于德国文学，是传统小说的一种类型，主要以描述主人公的成长教育过程为主题。

[2] 赛日·甘斯布，法国流行音乐史上的重要人物，兼具了歌手、作曲家、诗人、导演等身份于一身。1991年去世时，法国为他降半旗默哀。

◆ 1965 年纪录片《各位来宾，莱昂纳德·科恩先生》经过重新构思和编辑后将莱昂纳德放到了聚光灯下。

遇了鲍勃·迪伦。在当时那个年代，他可谓是新兴潮流中，歌词创作领域神一般的人物。当时拍摄下的很多莱昂纳德的粉丝专注的神情，尤其是年轻女听众做出反应时的镜头，简直是无价的。她们的表情，就好像专注地聆听着每一个他所发出来的双元音一般。在之后的几年里，莱昂纳德会因为严重怯场而躲在舞台后面，这个磨磨蹭蹭不情愿的明星，总是要重新再次出现在舞台中央，直面音乐的响起。不过，在这里，在这个小演讲台上，他从容不迫地站在上面，居高临下，控制着自己的声音和内容，以求达到最佳效果，换句话说……简直是天生的料。

埃拉·纳达尔：这既是历史资料也是宣传推广。莱昂纳德一直明白宣传的价值，只要他能应付。是的，都不需要他去控场，只要做到应付就行。这部电影对莱昂纳德·科恩早期生活的记录令人惊喜。无论是它真实的院线风格还是它本身的内容都很重要，这部作品是由一个能跟他产生共鸣的导演创作的。(2013)

塞尔维娅·西蒙斯：他非常有娱乐性。点抓的很准，而且有种单口相声的效果。这部电影给我的印象就像是给一个他即将成为的那种流行音乐家所拍的专题广告片。他几乎是在实践，排练，将自己塑造成一个流行明星。他就像是在跟自己的形象以及那些看不见的观众玩游戏。运用的幽默，讽刺也不乏智慧。在浴室的镜子上，他写下“买者自负”让人知晓其中骗局般的元素。甚至可以说，他在把玩所谓“名人”的这个头衔，不过，显然他是很享受其中的。(2014)

成为加拿大文人当中的知名焦点其实是喜忧参半的。一方面，他超脱的姿态，点缀着礼貌性的幽默诙谐，使他的魅力倍增，甚至延伸到提升了整个加拿大诗歌圈的魅力，他们当前的状态还是挺需要有些提升的。可另一方面，因为新的创作性的见解越来越深刻，直接导致了书籍销量的萎缩，知名度可不是一份看起来漂亮的版税报告的替代品。

1966 年春天，他致敬乔伊斯的一本历史类小说——《美丽失败者》出版，莱昂纳德直面着这个令人犹疑不决的窘境。这本书将加拿大历史、宗教、哲学等方面的内容以枯燥的方式结合在一起，用一种紧迫感和快节奏的诱导，通过口语化的表达方式，将每一个他曾经感兴趣的方面都概括着探讨了一遍。任何试图概括小说主要内容的尝试都会剥夺读者近距离地深入了解这部作品时所得到的独特快感。莱昂纳德将这部作品视为自己创作的巅峰，但书评人显然回敬了一连串几乎毫无限制的抨击。出版社也苦于久久见不到投资以后该有的丝毫收益。

多伦多用格外的蔑视迎接了这次莱昂纳德文学方面的成就。他在家乡的最大对手罗伯特·福尔福德在《多伦多每日星报》上发表评论说：“这是加拿大出版的所有作品中最令人作呕的一本。”“我才读了莱昂纳德·科恩的新小说《美丽失败者》，思想都需要被清洗。”多伦多电报上，格拉迪斯·泰勒如是说。《环球邮报》则将《美丽失败者》描述为“言语上的自慰。”(值得注意的是，本书后来被评为加拿大近代文学史上最重要的作品之一，卖出了几百万本。)

“《美丽失败者》在60年代将加拿大文学彻底颠覆。它包含了历史，忏悔，宗教，性，大量的性。完全映射出在不稳定时期，魁北克地区叛逆性的生活。莱昂纳德并没有，大概也是不能再写出这样一部杰作了。这作品现在看来依旧铿锵有力。”

——埃拉·纳达尔于2013年

对于一个穷苦诗人来说，除了加入摇滚乐团唱歌以外，还能有什么更能在流行文化中演绎叛逆。

因此，被过多药物和当作家带来的过多压力搞得疲惫不堪的莱昂纳德，转向了音乐——作为一种解脱、宽慰，甚至还没准可以发展成不错的职业生涯。他总声明自己不会唱歌，但显然他有那种嗓音……就像齐默曼[1]先生一样，那个狡猾家伙从明尼苏达的希宾镇反叛而来，获得了文化界所有人的关注。好吧，其实两个人都备受关注也是可以实现的。

桑德拉·德瓦：1966年1月，弗兰克（斯科特）办了一个大派对，（路易斯）杜德克和科恩都去了。莱昂纳德在派对上演奏了鲍勃·迪伦的专辑。就在那个时候，他说自己要成为“加拿大的鲍勃·迪伦”。作为我们俩共同要出版的主角，莱尼否认了这事儿。但我认为这一定是真的，因为弗兰克和路易斯为我写的那本书都分别跟我聊过这事儿。（2014）

1966年，莱昂纳德为他蒙特利尔的朋友德里克·梅的电影短片《天使》写了器乐曲。紧接着出版了第四部诗集《天堂寄生者》，成了之后他很多歌曲的创作蓝本，其中包括《苏珊》和《雪崩》（*Avalanche*）。《苏珊》几乎算的上是一部纪实作品，描写了他和年轻舞者苏珊·维达尔在60年代初期的短暂恋情。他们沿着蒙特利尔大街劳伦斯河畔漫步畅谈，踢踏的脚步声转化成为莱昂纳德标志性成名曲的神圣字眼。

那年夏天，莱昂纳德接到加拿大广播电视公司邀请，让他主持一档时事与艺术电视节目。但他决定拒绝他们的提议。

1966年9月底，莱昂纳德计划前往田纳西州的纳什维尔，开启自己乡村音乐的生涯。他从老朋友罗伯特·赫肖恩那里借了些钱，以便去美国，专注写歌，在镇上传播自己的那些调调。

可赫肖恩建议他先去纽约停留一下，见一个同样来自加拿大的家伙——一位叫玛丽·马丁的音乐经理。

◆ “当过去的一切依旧残存在我体内，我如何开始新生？”《美丽失败者》（1966）

[1] 鲍勃·迪伦的原名，罗伯特·艾伦·齐默曼。

“自我 15 岁开始，就一直生活在流离的状态下。我跟披头族[1]有不少相似之处，但与嬉皮士们共同点似乎更多，可能我是比他们再更甚的那类人吧。”

——莱昂纳德·科恩于 1968 年

[1] Beatnik 用于描述“垮掉的一代”的参与者，是赫博·卡恩在《旧金山编年史》中首次发明使用，初为贬义，后来成为一类人的代名词。他们带着贝雷帽，蓄着山羊胡，总是奇装异服，言行怪僻。

◆ 在一家纽约餐馆里，大约是 1968 年。

加拿大人在纽约

/ 3 /

"我来到纽约，我住在别处的时候，听说在切尔西旅馆，我可能会遇到我的同类。所以我就去了。那地方又大又疯狂。有太多可写的东西了。"

—莱昂纳德·科恩于 1986 年

时间轴

1966

夏天：

前往纽约，本打算带着追寻乡村音乐的梦想直接到纳什维尔，刚巧赶上鲍勃·迪伦、琼·贝兹、朱迪·柯林斯等人带来的民谣热潮。于是决定留在纽约，接连住在那些廉价旅馆里。

秋天：

通过加拿大音乐经理玛丽·马丁结识朱迪·柯林斯，为她演唱了《苏珊》、《陌生人的歌》（*The Stranger Song*）和《带妆彩排闹剧》（*Dress Rehearsal Rag*）。

11 月：

朱迪·柯林斯的专辑《在我的生命中》（*in my life*）发行，包括了她演绎的《苏珊》和《带妆彩排闹剧》。

1967

冬天：

回到蒙特利尔短暂呆了一阵后，重回纽约，认识了娄·里德[1]（《美丽失败者》的拥趸），妮可和安迪·沃霍尔。[2] 自此断断续续地出现在了这个行当里。

爱上妮可，尽管两个人曾经亲密无间，但妮可并没有回应过他的求爱。

这个时期，妮可成了他很多歌曲创作的缪斯女神。其中包括《接受这渴望》（*Take This Longing*）和《圣女贞德》（*Joan Of Arc*）。

搬入切尔西旅馆。这里的常住居民有像吉米·亨德里克斯[3]、詹尼斯·乔普林[4]、鲍勃·迪伦以及派蒂·史密斯[5]这样的音乐家。

为哥伦比亚王牌制作人，A&R 部门[6]的约翰·哈蒙德表演了几首歌，令其印象深刻。

2 月 22 日：

在纽约东村[7]的"村庄"戏院（后来是菲尔莫东部）为一场慈善音乐会献出了自己的首次公开演出。因为紧张和调音问题，《苏珊》才唱了一半就下场了。不过，后来在朱迪·柯林斯的陪伴下重返舞台，完成了这次表演。

4 月 26 日：

与哥伦比亚签订了第一张专辑的合约，所以打算重返伊兹拉岛完成另一本新书的计划不得不搁置。

5–11 月：

录制首张专辑，本来是约翰·哈蒙德担任制作人，但从十月份开始，由约翰·西蒙斯接手。

夏天：

玛丽安和阿克塞尔来纽约找他，住在曼哈顿，位于切尔西旅馆另一端的一个公寓内。

7 月 16 日：

在新港民谣音乐节演出，在那里认识了琼妮·米切尔[8]，同她在事业上的合作和恋爱关系一直持续到 1968 年底。

7 月 22 日：

在 67 年蒙特利尔世博会的青年舞台上，完成了在家乡的第一次演出。

8 月 13 日：

在多伦多附近的蝴蝶百合民谣音乐节上演出。

10 月：

朱迪·柯林斯的专辑《野花》（*Wild flower*）发行。里面包含了三首她翻唱版本的莱昂纳德的作品《仁慈的姐妹》（*Sisters Of Mercy*）《牧师》（*Priests*）以及《嘿，不该那样说再见》（*Hey, That's No Way To Say Goodbye*）。

11 月：

在唐·欧文的长篇电视剧《摇奖游戏》中出镜，并演唱了歌曲《陌生人的歌》。

12 月 27 日：

首张专辑《莱昂纳德·科恩的歌》发行。

---

[1] 娄·里德，著名歌手，音乐家，制作人，摄影师。美国人，与约翰·凯尔一起组成地下丝绒乐队。

[2] 安迪·沃霍尔，对波普艺术影响最大的艺术家，同时还是电影制片人，作家，摇滚乐作曲者，出版商。为地下丝绒乐队的第一张专辑《地下丝绒与妮可》担任了制作人。

[3] 吉米·亨德里克斯，著名的美国吉他演奏家，歌手和作曲人，被公认为是摇滚音乐史中最伟大的电吉他演奏者。

[4] 詹尼斯·乔普林，60 年代的迷幻女歌手，被称为最伟大的白人摇滚女歌手和伟大的布鲁斯歌手。

[5] 派蒂·史密斯，美国创作歌手和诗人，将垮掉派诗歌表演和车库乐队摇滚结合在一起，因此被誉为"朋克摇滚桂冠诗人"和"朋克教母"。

[6] A&R 部门：Artist and repertoire（艺人与艺人节目培养），唱片公司的一个部门，负责发掘、训练歌手或艺人，可以说是唱片公司和歌手之间的代理人。

[7] 曾作为纽约市波西米亚风和先锋艺术中心，现在是少有的几个前卫音乐爱好者与都市潮流先锋的基地之一，被誉为朋克精神的朝圣地。

[8] 琼妮·米切尔，加拿大有着重要影响力的传奇音乐家，画家，诗人，视觉艺术家和社会观察者，在音乐方面对麦当娜、普林斯·内尔森和艾尔顿·约翰都有着深远影响。

HOTEL
CHELSEA

"尽管我的书口碑都还不错，尤其在加拿大，书评都很好，但我依旧没法以此为生。在事后看来，通过成为一名歌手来解决经济问题的做法绝对是高水平的傻瓜才能想出来的办法。反正我会一直弹吉他，也会一直唱。"

——莱昂纳德·科恩于 1986 年

时机掌握的非常精准。1966 年 7 月底，迪伦从纽约伍德斯托克的边远地区骑着他的摩托车侥幸生还归来后，进入了自我强加的孤独状态的迷宫之中。对声誉的狂热让他的面容抽干得仿佛尸体一般。太多次飞行，太过量的药物，还有那些强行要求进入他私人的玩乐场所、犹如摄魂怪一般的大量粉丝折磨着他。是时候帮他脱离困境了。

流行文化厌恶真空期的到来。对于高深莫测，神经质般的犹太式词作歌手，和非传统音色风格的渴求市场已经建立。这个位置需要一个拥有一系列独特才华的人来填补：一种傲慢与天真混合的亲切感，一种既能满足观众也可以得到其他艺术家认可的敏锐的知性，还有一种令人陶醉的"另类"——非常理想的包含于一个来自遥远的、闪闪发光的海岸边的游牧者身上——传达着异国情调，情色以及浪漫。这一切的起点源于纽约的格林威治村[1]，那个时髦的世界主义者们聚集的波西米亚飞地。

1966 年秋天，莱昂纳德·科恩抵达纽约宾夕法尼亚车站，在他标志性的蓝雨衣下显得鲜艳夺目。以利益条件从他的朋友罗伯特·赫肖恩那里借来钱后，他打算在纳什维尔找寻自己的音乐未来。对于莱昂纳德来说，在哥谭镇[2]的这次短暂停留将会被证明是一次启示，这个奇怪而触手可及的水果[3]乡村乐园将会拦截住他追寻西部乡村音乐的目标。

来自欧洲的浪荡女孩，日耳曼血统的高冷姑娘，切尔西旅馆——这一切为我们所描绘出的，便是那个沿着二十三街腐朽的最后阵地，正在为一群天使与恶魔尽着地主之谊。这是拥有瓦尔普吉斯之夜的[4]声音和景象的地方。莱昂纳德很快便在这个乌烟瘴气的地下世界中舒缓了皱紧的双眉。

加拿大伙伴玛丽·马丁是一位至关重要的指路明星。原来是后台大老板阿尔伯特·格罗斯曼助理的她，曾为迪伦、皮特、保罗和玛丽等人的几场重要演出担任过经理。现在，她正经营着自己开的经纪公司。音乐这一行就像是一片有鲨鱼出没的水域，她这位精明女性的存在预示着整个海洋即将发生的变化，威胁到了那些男士们，却给一群即将崛起的年轻女性注入了力量。将迪伦和多伦多当地的飞鹰乐队（后来很快就改名为"乐队"乐队）[5]放在一起演出就是她的杰作。对于那些意志坚强的女性来说非常有吸引力的莱昂纳德来找她咨询。她直接将很有影响力的歌手朱迪·柯林斯介绍给他，这是发生在曼哈顿的一次牵线。

朱迪·柯林斯：我有个在纽约的加拿大朋友，老不停跟我说（我俩关系很近），"我跟这个加拿大人一起长大，我希望你能见见他"。所以，在 1966 年，他来到我家，在我纽约的公寓里说，"我不会唱歌，也不会弹吉他，我甚至不知道这算不算是歌"。紧接着他就开始写一些东西，然后给我表演了《苏珊》。我说："唔，你可以唱歌，你也会弹一点吉他，我明儿要录这首歌。"（2010）

柯林斯说到做到。她将《苏珊》和另一首科恩的歌《带妆彩排闹剧》，翻唱后收录进了 1966 年发行的专辑《在我的生命中》里。同时，专辑中的其他创作

[1] 又称"西村"，大多住在这里的人都是作家或艺术家，美国反主流文化的大本营。1910 年前后形成，是个放荡不羁的波西米亚区，效仿巴黎左岸，是美国各种激进思想和文化潮流的发源地。

[2] 和愚人村，大苹果，不夜城，世界之都，帝国之城等一样都是纽约市的别称。

[3] 应指代的是大苹果，也就是纽约市。

[4] Walpurgisnacht 原文为德语，英译为：Walpurgis Night。原为英国土著督伊德教徒的古老节日，后改为圣瓦尔普吉斯的瞻礼日，根据一个古老的宗教传说，每年 4 月 30 日到 5 月 1 日之间的夜晚，魔鬼们和女巫们在布罗肯山山顶举行狂欢节。"瓦尔普吉斯之夜"也成为魔鬼狂欢节的代名词。

[5] 恰好是在 Bob Dylan 出车祸隐居起来的 1967 年，他们以独立艺人的姿态崛起。而在仅仅出了两张专辑之后，The Band 已经被视为当代最伟大最顶级的摇滚乐团，足以和披头士、滚石相媲美。

“跟所有我的歌一样，写《苏珊》也花了我很长时间。我先在蒙特利尔完成了大部分——后来，还是在蒙特利尔，完成了整首歌——期间间隔了大概有四五个月的时间。我写了很多很多段歌词。有时候曲调突然转向，我立刻就能找到完美的歌词段落来替代，不过这很有可能让你远离最初写这首歌时的感受。所以，还是得重头来过。这整个过程非常痛苦，因为要舍掉许多许多好东西。为了回到原点，写完三节《苏珊》耗费了我好长的时间。”

——莱昂纳德·科恩

于 1986 年

◆ 笔记本和高卢金丝烟随时备在手边。杰克·罗宾逊拍摄的肖像照，于 1967 年。

者还包括鲍勃・迪伦、列侬、麦卡特尼以及其他很多公认的知名作曲家。最先被写成诗歌的《苏珊》，灵感来源于一个莱昂纳德早在蒙特利尔的时候认识的叫苏珊・维达尔的年轻舞者。

作为莱昂纳德新的经纪人，玛丽・马丁表现得很精明干练。她为他成立了一家音乐出版公司，雇来飞鹰乐队的键盘手加斯・哈德森，为莱昂纳德的版权管理填写编排摘要谱[1]；她找到传奇哥伦比亚金牌制作人——A&R部门的约翰・哈蒙德——先锋唱片制作人，将莱昂纳德的书寄了过去，还让他去看1965年唐・欧文和唐纳德・布瑞坦拍摄的纪录片《各位来宾，莱昂纳德・科恩先生》；她甚至亲自将莱昂纳德的唱片小样（在她家浴缸里的德国老牌开盘机上录制的！）送到了这个迷惑不解的制作人手上。

◆ 朱迪・柯林斯将他的歌曲收录进自己的专辑《在我的生命中》（1966）和《野花》里（1967）。

1967年，对此印象深刻的哈蒙德约莱昂纳德见面，共进午餐，随后在当时莱昂纳德住的切尔西旅馆听他唱了几首歌。就像之前比莉・哈乐黛[2]、贝西伯爵[3]、迈尔斯・戴维斯[4]、皮特・西格[5]、艾瑞莎・弗兰克林[6]和鲍勃・迪伦一样，莱昂纳德也即将加入约翰・哈蒙德传奇的音乐图标名单之上了。

约翰・哈蒙德：呃，我听了这家伙唱歌，他的声音有催眠的效果。他演奏了吉他，没错，可是他是一个真正的诗人，非常敏感的人。我觉得他特别迷人……没有别的词可以用来形容他了！他跟我之前听过的任何声音都不一样。我一直感觉自己想要一种真正的原创作品，如果我能找到的话，毕竟全世界好像也没几个。这个年轻人坐在那里，有自己的调调。而且最重要的是，他是个真正的诗人。（1986）

斯蒂芬・马克思博士：在我看来，到1967年的时候，高雅与流行的矛盾结合体开始生根发芽，无处不在。所以，这可以说是垃圾和鲜花的组合，比如地下漫画大师罗伯特・克鲁伯[7]就像科恩一样，将神学和毛片搅合在一起。（2013）

莱昂纳德・科恩：哈蒙德非常热情友好，很正派。他带我去一个在二十三街上叫“怀特家”的地方吃午餐。这是一次令人非常愉快的午餐会面。他说，“让我们回你的酒店房间，你或许能给我演奏几首”。紧接着，他坐在椅子上，我给他表演了十多首歌。他看上去很开心，说他必须咨询下自己的同事，不过他很想跟我签一个合同。（1976）

◆ 无与伦比的哥伦比亚唱片公司下属A&R部门的约翰・哈蒙德很快就发掘了莱昂纳德的天赋。

[1] lead sheets：一个五线谱格式的文档，将一首流行歌曲里面所有的关键元素逐一列举，曲调、歌词和旋律。歌词写在五线谱下方，和弦标注在上方。

[2] 比莉・哈乐黛，美国女歌手，爵士乐坛的天后级巨星。
[3] 贝西伯爵，钢琴演奏家，因在广播电台的现场演奏被哈蒙德发掘，与其他人组成的救人爵士乐团是最为标准的摇摆爵士乐。
[4] 迈尔斯・戴维斯，人称“黑暗王子”，在纽约著名的茱莉亚学院学习，演奏小号的爵士音乐家。
[5] 皮特・西格，美国著名歌唱家，民歌复兴运动的先驱，享有“美国现代民歌之父”的称号。
[6] 艾瑞莎・弗兰克林，美国流行音乐歌手，有“灵魂第一夫人”的称号。
[7] 罗伯特・克鲁伯，另类漫画大师，《怪猫菲力兹》就是他创作的首部限制级动画片。

◆《野花》的封面人物照，由盖伊·韦伯斯特拍摄。

“1966 年，在我加拿大朋友玛丽·马丁的安排下，我见到了莱昂纳德·科恩。有天晚上他从加拿大赶过来，我听他在我家客厅里唱了几首歌。那晚他坐在沙发上，膝盖顶着吉他，唱了《苏珊》和《带妆彩排闹剧》。我被他的声线所触动，也感动于他的歌曲和整个人呈现出的状态。他的声音中存在着一些非常缥缈又很朴实的东西。只要莱昂纳德唱歌，我就开始出神。我立刻对他着了迷，我们也很快成了朋友。”

——朱迪·柯林斯于 1987 年

◆ 顶图：莱昂纳德很快在纽约正逐渐兴起的民谣界为人所熟知。图为他和咪咪·法里纳、戴夫·范·朗克、琼·贝兹、朱迪·柯林斯以及查德·米歇尔在一起玩的照片。

◆ 左图和上图：他也常去传奇的“麦克斯的堪萨斯城”酒吧，他就是在那里结识的安迪·沃霍尔（上面，戴墨镜的那个）和他的那些“工厂”[1]里的明星伙伴们。

[1] factory：安迪沃霍尔的“工厂”是他的创作基地，艺术家乌托邦的先驱。东区 47 街这所波西米亚式住处是安迪造星的地方。

◆ 沃霍尔，以及他那些明星伙伴。包括妮可（左数第二个）——那个让莱昂纳德渴望得无法呼吸的女人——和地下丝绒乐队的成员们，于1966年。娄·里德（右数第三个），莱昂纳德小说《美丽失败者》的早期拥趸。

哈蒙德首先得说服比尔·加拉格尔——哥伦比亚的执行总裁。他对让一个32岁的诗人加入公司的想法持怀疑态度。1967年是"爱之夏"年[1]，由鲜花装点的嬉皮士们在这片极乐世界嬉戏。洛杉矶、伦敦和旧金山，是纤弱的少女和王子般流行明星的天下，到处飘散着迷幻的声音。但与之相反，纽约人对整个活动喝了一个大大的倒彩，他们不信什么"爱与和平"，这是逆流而上的时刻，你要么调整状态准备好，要么就被大流吞噬。

莱昂纳德很快就被东村甲基苯丙胺[2]带来的激流，安迪·沃霍尔木然呆滞的"工厂"，伤心咖啡馆的无数个深夜以及在不堪回首的切尔西旅馆所度过的那些休整恢复的午后所吞噬。因为两首歌被收录进朱迪·柯林斯的新专辑中而深信自己已经大获成功。这已经算得上是专业写歌的了，对吧？他已经获得了被称为"真正的村民"的权利。

有一天晚上，在"麦克斯的堪萨斯城"，他被一心想要追逐名利，又喜欢跟人嬉闹的娄·里德逼到墙角——他曾大力宣扬莱昂纳德1966年出版的小说《美丽失败者》的伟大之处（很多年后，2008年，是里德引领他进入的摇滚名人堂。）——拉着他去了他的桌子，那是个很小的年轻音乐人的朋友圈，坐在其中的就有沃霍尔和那位冰冷的女神妮可——时尚模特出身的流行歌手。这就像是与"索尼和雪儿"[3]的一次会面，只不过发生在一个非常诡异的世界里。莱昂纳德当时就被欲望压得喘不过气来。唉，跟妮可之间是不会出现什么爱的火花的——试想把耸人听闻的"瓦尔基里"[4]介绍给玛莎·科恩的情景。不过，这倒是催生出了白热化的灵感——比如像《接受这渴望》和《圣女贞德》等歌曲便拥有着微妙的孤独感和丑鄙的美丽——也扩大了莱昂纳德创作的视野。

写歌是一种很私人的艺术。但在演唱会上表演，可就是直击心底黑暗的一次精神之旅了。2月22日，仍在等待哈蒙德回话的莱昂纳德被朱迪·柯林斯拉去加入了她和其他民谣歌手，像是皮特·西格、汤姆·帕克斯顿等人一起在"村庄"戏院的慈善演出。演出是由听众赞助支持的WBAI FM[5]电台主办的。

在一个有三千人的安静的聚会面前，莱昂纳德被恐惧感抓的死死地，在快速撤回到幕布后面之前，只来得及结结巴巴地唱了几段《苏珊》。柯林斯，简直是降临凡间的圣母，哄着他重返舞台，两人以二重唱的方式完成了表演。鉴于他之前在公众面前表演过无数次专业而轻松的诗歌诵读，可想而知，将这些词句唱出来的做法，所带来的那种瘫痪一样的效果对他来说影响有多重

[1] Summer of love是在1967年夏天发生的一个社会现象，约有10万来自世界各地的年轻人聚集在旧金山嬉皮区Haight-Ashbury和金门公园。"爱之夏"将嬉皮士的反传统运动推向高潮，让人们看到了"迷幻摇滚"的巅峰。
[2] 冰毒，安非他命，兴奋剂的一种。
[3] 索尼和雪儿，美国流行音乐双人组，夫妻搭档，两人都是演员，歌手。
[4] 瓦尔基里，北欧神话中的人物，引导英灵的死神，骑着骏马在天空中飞行的少女战士，司掌生育和命运。
[5] 太平洋广播网的下属频道，非商业的电台，在纽约调频FM 99.5，经常发表左翼言论，节目中偏带政治色彩，首播于1960年。

◆ 1967 年 11 月的《时尚》杂志，杰克・罗宾逊拍摄的人物像，用于“人们在谈论的东西”专栏。

大。莱昂纳德的声音一直有种后天培养的味道。尽管佐以他尖酸刻薄的机智感和传递出的面无表情，那歌声对于很多人来说已经是美味，但在他音乐生涯的早期，平淡的音调还是让他自己觉得很难入耳。

在莱昂纳德跟哈蒙德的初次会面后没多久，前任执行副总裁兼总经理克莱夫·戴维斯便取代加拉格尔当上了哥伦比亚唱片公司的新掌门人。4月份，哈蒙德收到了来自戴维斯的批准，跟莱昂纳德签订了唱片协议。

克莱夫·戴维斯：我真的只是想试试水。我工作的重心转到商业这部分有一年了。除了跟安迪·威廉姆斯、年轻的芭芭拉·史翠珊以及鲍勃·迪伦一起工作，还把多诺万[1]签到了Epic旗下[2]。我在考察。当你获得“总裁”这种头衔的时候，行动之前就得评估一下当前的状况。可以说哥伦比亚当时在古典音乐、百老汇音乐以及那些比较中庸的作品上表现突出，从米奇·米勒[3]的时代走出以后，我看到了行业的变化。

摇滚的苗头肯定已经出现——很显然披头士的时代已经来临，还有猫王。哥伦比亚旗下唯一有的跟摇滚沾边的不过就是鲍勃·迪伦。写了几首歌，被皮特、保罗、玛丽和飞鸟乐队给唱火了。我看到的是音乐领域的改变，不过一直在等那些A&R部门的员工们将这些改变带入公司，给我看到摇滚在音乐领域真正变重要的证据。

6月份（1967年）我来到蒙特雷国际流行音乐节，就在不知道应该期待什么的时候，看见了一场就发生在眼前的革命。我当时非常清楚地认识到，当代音乐正在改变。我在蒙特雷现场所签下的艺人所带来的成功给了我信心，让我相信自己有对还不错的耳朵。也让我有了相信自己直觉的自信。（2007）

哥伦比亚最初是让制作人鲍勃·约翰斯顿来监制莱昂纳德的首张专辑。但让人精疲力尽的行程表已经给他造成了很大负担：迪伦，约翰尼·卡什，以及正在制作的“西蒙和加芬克尔”[4]的经典之作《斯卡布罗集市》（*Scarborough Fair*）。他不得不谢绝这份工作。所以5月份，由约翰·哈蒙德亲自上阵的《莱昂纳德的歌》在52号街CBS录音大楼的E号录音棚正式开始录制。他为莱昂纳德带来了杰出的爵士乐贝斯手威利·拉夫，和经验丰富的迪兹·吉莱斯皮[5]、迈尔斯·戴维斯和吉尔·伊万斯，为莱昂纳德焦躁不安的吉他演奏带入些沉稳。

莱昂纳德·科恩：我第一次走进录音棚的时候，约翰·哈蒙德安排我和四五个当时轰动一时的纽约录音棚音乐人一起演奏。录的那几遍气氛都很轻松，但我一直在听那些音乐人的动静。那是我第一次跟一个完整的乐队一起表演，不知为何立刻有种倍感威胁的感觉。我实在是不知道怎么跟乐队合作演唱。我实在是不知道怎么跟一帮如此优秀如此专业，真的知道这一切如何运作的音乐人们一起合作。所以我只能转而听他们，而不是专注于我自己该干的事情上。因为他们比我做得专业太多了。

威利·拉夫保证了进度，他一直从一个和弦滑到另一个和弦，保证歌曲不停的演奏下去。我放松下来，起码我认为是，然后完成了《苏珊》、《主人之歌》（*The Master Song*）、《嘿，不该那样说再见》和《仁慈的姐妹们》。（1986）

后来哈蒙德在录制完成前，将这张专辑的制作责任托付给另一位专业制作人，约翰·西蒙。跟哈蒙德录制阶段的歌曲的版本没有一首被收录入真正发行的专辑当中，不过《储藏室》（*Store Room*）和《无忧无虑的回忆》（*Blessed Is The Memory*）曾被当做附赠曲目收录进2007年再版的专辑当中。

莱昂纳德·科恩：我的第一个制作人是约翰·哈蒙德，我当时一点规矩不懂。我们录了几首歌，紧接着他妻子病了，然后他也病了。我的制片人换成了约翰·哈蒙德推荐的约翰·西蒙。他非常棒，而且远比我当时所了解的要优秀得多。我用声音和吉他录完了专辑，偶尔会加入一些贝斯。（1976）

早在20世纪60年代，西蒙曾在前哥伦比亚的总裁高德纳·利伯森门下学习。他主要策划一些经典唱片和百老汇演出曲目，合作的杰出歌曲创作者有理查德·罗杰斯和斯蒂芬·桑德海姆。近期，他策划的作品是1966年的热单，查尔斯劳埃德四重唱组合和魁凯尔乐队的《当然，当然》（*Of Course, Of Course*），还有让他一举成名的《红色塑胶球》（*Red Rubber Ball*）。

[1] 多诺万·里奇，英国民谣歌手，曲风带有浓重的蓝调风格，1965年出道。
[2] 厂牌名称为Epic records，是哥伦比亚旗下公司，成立于1953年，设有爵士和古典乐部门。
[3] 米奇·米勒，双簧管演奏家，指挥家，唱片制作人和唱片行业的高管，在这个行业内的几乎所有方面都有所涉及，尤其是作为指挥家和A&R部门的领导，颇有建树。
[4] 西蒙和加芬克尔，美国男生双重唱组合，60年代最受欢迎男歌手之一，因《寂静之声》迅速走红。2003年获得格莱美终身成就奖。
[5] 迪兹·吉莱斯皮，英文名Dizzy，有眩晕的意思，所以又被人称为令人“眩晕的小号手”，主要音乐风格为波普爵士乐。

"我调试着话筒，莱昂纳德很安静，然后低声说'看到那面镜子没？''看见了。''我想把它放在我前面。''可以，不过你用镜子干嘛？''嗯，让我告诉你。'他身体前倾地对我耳语道，'在我演奏的时候，偶尔会迷失在音乐里，有时会出现需要按要求行事的界线，每当那种时刻，我就需要抬头看看镜子，清楚自己身处何处'。我永远也忘不了那个时刻。我可以从这次短小对话中，他的安静里看出，他的某一部分并不属于这个平凡的世界。"

——弗莱德·凯特罗于 2013 年

约翰·西蒙：蒙特雷流行音乐节过后，利伯森决定将摇滚乐添加进哥伦比亚的目录中。利伯森[1]可是所有人中，真正出类拔萃的家伙，身为古典音乐作曲家的他，风趣、温文尔雅、魅力十足。克莱夫（戴维斯）一定希望自己可以成为他。约翰·哈蒙德也算得上是个人才，总是安排一次录制，紧接着取消，一个月以后再重新安排——快把待在切尔西旅馆的莱昂纳德逼疯了。所以后来他们把他分配给了我。我们去了康涅狄格州我父母的家中（当时他们不在）找材料。莱昂纳德在我老爸的"图书馆"里待了一夜。我睡了。他没有。

我对于使用无歌词的女声替代乐器的实验性举措感到很自豪——大部分和声都来自我当时的女朋友南希·普利迪。而到了《再会，玛丽安》时，因为我们已经尝试过无词和声了，我觉得试着加些歌词也是合逻辑的一件事。

混音工程师是弗莱德·凯特罗，一个很赞的家伙。哥伦比亚当时有个类似于"等级制度"的系统（即加入公会）。你要么是一个唱片工程师，像是罗伊·海利、弗兰克·莱克和弗莱德·普劳特那种，做了大部分跟"摇滚"相关的工作。要么就是弗莱德·凯特罗这样，最先做混音工程师，这样的大概有六七个人。我第一个热单是跟弗雷德一起做的混音，是魁凯尔乐队的《红色塑胶球》。后来，才华横溢的弗莱德升职当上了唱片工程师。（2013）

弗莱德·凯特罗：哥伦比亚录音室的回音超棒。一定是你想要的。事实上，它能增加不少戏剧效果。而且，我对每个录音棚都很了解，知道钢琴，贝斯和歌手分别最适合安排到哪个地方。比如，当你做人声的录制，就像莱昂纳德那样的，我有把专门的椅子，坐在那个位置上就可以得到最正点的混响。这种事情必须都考虑在内。因为让他待在墙边或是房间正中，出来效果的差别是巨大的。连整体氛围都完全不同。我只要让他待在那个完美的点上，就会立刻知道，这就是我能得到的最自然的混响和漏音。

我们是在哥伦比亚公司最小的录音棚里完成的科恩专辑的录制。大概 20 次，最多 40 次。我走进房间。里面点着香熏或是蜡烛什么的。没有人。只有一把椅子和立在房间角落的一面镜子。一个立式梳妆镜。5 英尺高 3 英尺宽，这是什么情况？

我们在那里等着，最后莱昂纳德终于带着他的吉他进来了。哈蒙德互相介绍了一下。我走进录音棚。两个诺依曼麦克风，一个给吉他，我把角度往下调整了一下，这样就不会收音太多，收音麦克我没有立在他脸前，几乎跟吉他高度差不多了，只不过麦克本身朝上。因为这些歌手大多在演奏的时候都会脸朝下。

我最多也就跟莱昂纳德共处了几天的时间，所以一直也没机会真正了解他。嘿，他有种很阴暗的幽默感。有一次我们正在录音，进来一个工会代表，在我们正录的时候把电闸给拉掉了。每 3 小时，录音室都会有一次强制休息。不过，其中一个工会代表好像对进入哥伦比亚公司的这些新新摇滚人类有着很负面的态度，呛声到："你们这帮混蛋，简直就是疯子，干吗不给自己留点脸面？"

然后有一天，还是录音的时候，莱昂纳德过来跟我说话，声音大到确保那些工会的家伙能听见："嘿！我有个主意！""嗯，什么？""等哪天咱们录音告一段落的时候，我们把他绑架了吧，然后我们鸡奸了他……"当时那工会的家伙听见了，但是什么都没说，直到后来才对我说，"那什么情况？什么情况？你疯了吧你！你跟他……"（2013）

[1] 戈达德·利伯森，1956–1975 年间哥伦比亚唱片公司的总裁，1964 年曾担任美国唱片工会的主席。同时还是一位作曲家。

◆ 1967 年《时尚》杂志，杰克·罗宾逊拍摄的人物像。2003 年戒烟的莱昂纳德在最近的演唱会上跟观众们说，他打算 80 岁的时候重拾这个老习惯。

"他是个真正的男人，其他那些我合作过的玩儿摇滚人的都是小男孩。他是个有地位的诗人，在文字方面有真正的才华。指拨弦三连音符的风格也非常令人印象深刻，有点像某种古典乐的技术。莱昂纳德曾经说过句话，我永远都忘不掉：'品味这种事儿没什么可解释的。'"

——约翰·西蒙，2013 年

《唱出来！》(*Sing Out!*)，8月/9月，1967年

《男人》(The Man) 作者：艾伦·桑德

莱昂纳德·科恩，英俊得难以置信，身板健壮，是我们这个时代出现的坚韧而温柔的一个年轻人。或者，也可以说，他是自己所处年代的男人，我们只是进入了他的时代。

科恩在希腊的伊兹拉岛上有个家，但经常频繁去美国，重新迎接“精神上的痛苦”，每次都会带来新的歌和诗。近来，他时常游走于纽约，洛杉矶和蒙特利尔之间的各大民谣和摇滚俱乐部，去体味新的声音。4月份，在纽约州立水牛城大学，朗诵了一些诗歌和《美丽失败者》里的节选，还唱了几首他的歌。这次朗读跟他们的艺术节项目是结合在一起的。

莱昂纳德和其他任何别的现象都没有可比性。许多人毫无疑问曾试图进行过这样的比较，但得出的最好不过的结果，也是散碎的。因为科恩就算不是稀缺人才，也绝对是罕见的。显然，从辞藻运用的真正意义上，他永远都是难得的那个。他会被一群不断增加的，那些有新的认知，有寻求艺术家敏感性的拥趸们所倾听、哼唱和诵读。

《他的歌》(*His Songs*) 作者：巴菲·圣－玛丽

第一次听莱昂纳德·科恩的歌时，总觉得有什么地方很别扭。好像那声音没有根基、方向或是别的什么。不过耐心点；那感受其实来自于你自己，而不是他。旋律是“没法预测”的那种，不过重新再听一遍。当你习惯于X这段旋律后面跟着旋律Y以后——尽管这样的尝试以前没人做过，等到规律已经了然于心，显然得出的结果就变得非常独特了。

我发现，科恩的歌就像他这个人一样，既不世俗，又不会难以置信的“平凡”。大多数他的旋律都不会立刻“吸引眼球”，但你会发现，听过他的歌以后，不再仅仅满足于安格鲁－萨克逊的民谣和流行音乐运用的那些形式，而是惊人的开拓了眼界，老道起来。不过《苏珊》例外，歌曲的大部分都无可避免地出现了大量重复的音乐特色，就像某些印第安或美国印第安音乐的做法一样。我肯定科恩为此挨过批评。他可能会被人称为迷乱，漫无目的，阴郁。但，比如我，就很感谢他带我上升，远离了原本熟悉的音乐地面。从一个音到另一个音的过度让人充满好奇，完全不知道过程如何。就好像失去了对时间的记录，被释放的那个自己超出了本体。那感觉就像是从时代广场下车后竟走进了布朗克斯动物园。你不知道怎么发生的，也不知道问题出在谁身上，但你就是到了现在这个地方。

◆ 和朱迪·柯林斯一起在新港民谣音乐节的后台。于1967年7月。

1967年7月，因为朱迪·柯林斯做坚强的后盾，而重新上台演出，这一次是在全世界知名的新港音乐节上。因焦虑而发抖的他，成功地将自己的力量注入到《苏珊》的表演当中，也彻底征服了台下的观众。他的“奖励”正在后台恭候——正是那位拥有惊人天赋和野心，名叫琼尼·米切尔的加拿大创作歌手。年轻的让人惊诧，一头金发，面相迷人。米切尔吸引着莱昂纳德开始了一段长达一年的亲密恋情。这种亦师亦友充满活力的状态一直持续到热情燃尽。米切尔充分的渗透入新的音乐，新的和弦和新思想当中，使莱昂纳德只得与她的琴弦作伴。这场风波创造出了米切尔众多经典中不朽的《切尔西早晨》——但也同样提醒了我们，心碎往往是最最伟大的灵感来源。

7月底，莱昂纳德回到蒙特利尔，在1967年的世博会上表演。无论是对于他本人还是他的祖国来说，那一次都是个分水岭，将这个最端庄凝重的国家放到了国际聚光灯之下。站在青年馆报以崇拜眼神的观众前面时，他眨着眼睛，紧张反而将他更好的一面展现出来。可这是一次不祥的荣归故里。

回到纽约，重新投入到了专辑录制的工作当中。他从未与生俱来的自信心得到了飞涨。全因比以往更为可靠的柯林斯女士将他的另外三首歌收录到了秋季即将发行的专辑《野花》当中。三首歌分别是《仁慈的姐妹》《牧师》以及《嘿，不该那样说再见》。

这个闪闪发光的专辑封面由著名摄影师盖伊·韦伯斯特拍摄，《野花》这张专辑奠定了柯林斯成为同时代最具代表性的女歌手地位，而那些专辑中歌曲的创作者们也分享了那些荣耀。莱昂纳德的地位也由此得以牢固的建立起来。至于他自己的那张专辑嘛，唔，可能还需要一点额外的助力。

在莱昂纳德首张专辑亮相发布之前，作家兼音乐记者艾伦·桑德在民谣音乐杂志《唱出来！》中写下一篇评论。

从5月中旬到11月底，莱昂纳德与哈蒙德和西蒙在三家哥伦比亚的录音室中一共录了25首歌。紧接着，西蒙退出了混音阶段的工作，与莱昂纳德友好分别之后，直接去度假了。

莱昂安德·科恩：他（西蒙）把我的歌拿走，然后加工，再将录好的专辑带给我。但我觉得他的编排中有些很古怪的东西，是我不赞同的。(1976)

◆ 音乐节让科恩认识了琼尼·米歇尔，两人很快就发展出了长达一年的热恋。

“我的歌词受到了莱昂纳德的影响。自从去年在新港相遇，我们在彼此的身上看到很多自己的影子。莱昂纳德宗教式的想象源自于他主要是基督教的祖国加拿大和犹太人的出身，这一点似乎也在我身上多少体现出一些。他并不是真正去探索音乐，从根本上来说还是个文字为主的人，他很节约，多一个词都不会浪费。我感觉可以穿梭于他的作品之间，那感觉就像丝绸一般。”

——琼尼·米切尔于 1968 年

◆ 尤克里里的琴手小蒂姆[1]在 1967 年 10 月斯蒂夫·保罗的“场景”演出场表演时，莱昂纳德遇到了迷幻民谣乐队“万花筒”并邀请他们加入了自己首张专辑的制作。

[1] 小蒂姆，20 世纪 70 年代美籍英裔歌手，是尤克里里的著名琴手。代表作《蹑手蹑脚穿过郁金香花丛》。

10 月 27 日，专辑的录制基本结束，莱昂纳德去往斯蒂夫·保罗的“场景”俱乐部，这是个夜幕降临后经常被各类妖魔鬼怪光临的地鼠洞。妮可是那里的头牌，正在宣传自己的第一张个人专辑《切尔西女孩》（*Chelsea Girl*）。开场乐队是个来自西海岸的叫万花筒的乐队，这是他们在纽约的首次亮相。万花筒是个四人组合，都是弦乐类弹拨乐器的能手（成员有：克里斯·达罗、切斯特·克里尔、大卫·林德利和所罗门·菲尔德豪斯），鼓手约翰·韦迪冈为他们伴奏。他们超现实的音乐风格是从民谣，蓝草[2]，迷幻和中东音乐取材后的折中主义成果。

克里斯·达罗：我们住在艾尔伯特酒店。抵达纽约的头半个小时，因为车辆没人注意看管，遭遇了抢劫，丢了一些乐器。第二天早上，我在街上遇到弗兰克·扎帕和他的发明之母乐队。我以前就认识弗兰克，还在加州南部跟他的弟弟鲍比一起上过克莱蒙中学。弗兰克借给我们一些他的放大器和鼓什么的，这才让我们在“场景”俱乐部一周的工作得以完成。

俱乐部当时的主持人是小蒂姆，他会先公布一下当晚的演出安排，然后自己表演上一两首歌。首演之夜非常拥挤。弗兰克·扎帕和“发明之母”的成员们也到场给我们加油。当时能在东海岸表演的西海岸乐队非常少，而我们这种“长发嬉皮”绝对算得上纽约当下流行的对立面。安迪·沃霍尔、伊迪·塞吉维克[3]、奎克尔乐队[4]、议院兄弟乐队[5]、原血汗泪乐队[6]的大卫·克莱顿·托马斯以及吉姆·菲尔德也在，除此以外，还有我最喜欢的家伙们，蒙蒂摇滚爵士三世，以及带领着当时驻唱乐队的瑞克·德林格[7]。

我们演完前半场后，一个穿着黑色皮夹克拎黑色公文包的男人朝我走来。在酒吧的灯光下，我看到了这辈子见过的最苍白的一张脸。他说自己正在哥伦比亚唱片公司录专辑，非常喜欢我们乐队，不知道我们有没有兴趣加入他专辑的录制。这个男人就是莱昂纳德·科恩。当时我们并不太知道他，所以我让他去找当时也在酒吧里的我们的乐队经理聊聊。

[2] Bluegrass music，蓝草音乐，乡村音乐的另一个分支，标准风格是硬而快的节奏，和声高，声音密集，显著地强调乐器的作用。

[3] 伊迪·塞吉维克，被称为沃霍尔女郎，是 60 年代当红影星和社交名媛，担任多部安迪·沃霍尔短片的女主角。

[4] The cyrkle，活跃于 60 年代中期的一个美国摇滚乐队，成名作《红色塑胶球》。

[5] 美国骚灵乐团，作品常见于很多电影原声。新音乐浪潮的代表乐队之一。

[6] Blood, Sweat & Tears. 又被称作 BS&T。活跃时间很短，将爵士、民谣和摇滚乐融合在一起的乐队。

[7] 瑞克·德林格，美国吉他手，主唱，格莱美获奖制作人，娱乐家。

- 左图：琼·贝兹和吉米·亨德里克斯在“场景”俱乐部，于1968年8月。
- 下图：是头牌妮可将莱昂纳德吸引到俱乐部去的。
- 底图：万花筒乐队正在展示他们的那些中东乐器。

◆ 克里斯・达罗与他首演的贝斯。这是在录制《莱昂纳德的歌》那张专辑时所用的乐器。

“35 年前的专辑录制结束后，我就再也没见过莱昂纳德・科恩了。后来 2002 年的一天，我在克莱蒙市中心一个叫雅尼的本地希腊餐馆中看到了他。我说：‘你还记得我吗？’他和蔼地回答：‘当然了，你们几个拯救了我的专辑。’”

——克里斯・达罗于 2013 年

第二天，所罗门·菲尔德豪斯、大卫·林德利、切斯特·克里尔和我在他的公寓正尝试着修改一些他的新歌。他有种独特的，简单派吉他风格。他现在正处于一段艰难时刻，不知道怎么实现自己想要的专辑效果。我后来得知，他曾经找过一个制作人，约翰·哈蒙德，后来因为其生病的原因，转而与约翰·西蒙一起制作。莱昂纳德当时给我们的印象就是很难为了他的一些作曲找到对的声音。当找到一些可以解决他音乐方面需求的方法时，他看上去很是开心。（2013）

切斯特·克里尔：有天晚上，在斯蒂芬·保罗的俱乐部里，有人给了我一本莱昂纳德·科恩的诗集，让我带回酒店读一读，并说他当晚会去。那诗让我有些困惑，不过我确实记得好像比当时的演出更能吸引我。莱昂纳德有天晚上跟我们说，希望可以让我们跟他一起录制专辑，说实话，我当时真的以为那都是说说而已的空话。

一天下午，我们跟莱昂纳德做了很短的一次排练，试了他的几首歌。排练的内容类似于民谣摇滚类的，双方都发现，我们很容易就可以适应他的曲调。有些歌曲的建构在排序上有点失衡。而他好像也因为专辑的过度制作表现出非常大的压力，希望自己的风格可以与专辑更为紧密。在真正听到之前，我们都没真正明白他到底在说些什么。

第一次去的时候，我们并没有亲眼看见他的专辑制作人，不过从他和莱昂纳德通话的过程中，我们听到些零星的话语，他好像在说什么听说了一些泄露出去的消息。对于我们即将想要尝试的东西，他似乎很不高兴。而莱昂纳德跟他的沟通显然也不是很好——他有很多地方都不满意，可却不确定想要改变成什么样子，或用什么来替代。

第二次跟他录制的时候，全权掌控的制作人出现了。他慢慢地阻止着莱昂纳德试图过度激进的修改。我们的和声组合出来的东西与整张专辑风格完全不一样，现在专辑的状态就像是堆满了一切能加入的东西，挤得满满的。

总的来说，莱昂纳德似乎对于自己缺乏自主决定权这件事儿是最不开心的。（2013）

克里斯·达罗：最后，我用我20世纪50年代那把罕有的珍贵首演贝斯和1912年的吉普森的乡村音乐曼陀林参与了《再会，玛丽安》。在《老师们》里面也用了贝斯。《再会，玛丽安》中成功的秘诀之一便是缓慢的构成，整首歌大概有六分钟左右，它催眠般的重复的歌词段落穿插于整首歌中。双声吉他分别演奏了两个歌词间空白的地方，为下面即将出现的歌词创造了一个非常顺滑的过度铺垫。在整首歌大概三分钟的时候，曼陀林的声音加入进来，将整首歌上升了一个档次，加入了很多不同的音调，使得整首歌变得出乎意料。令人难忘的合唱部分每一次重复的时候，都会加重一些力度，将整首歌带向了高潮部分。《老师们》（*Teachers*）则更黑暗一点，是一首小调歌曲，用了所罗门的一个中东乐器卡兹琴；切斯特和大卫的双小提琴也为歌曲增添了一种非常异域，国际化的味道。我们再一次对一首歌找到了显而易见的有韵律的感觉，并且与这些民族化的声音完美的契合在一起。（2013）

切斯特·克里尔：几周后莱昂纳德邀请我们去他家，听他的专辑。我记得当时表现得很礼貌，而且对他能给我们这个机会参与专辑的制作表示了感谢，但心里其实一直不停地想：这张专辑是怎样的残骸，以及对于一个打算以此来尝试作为事业开端的人来说，是怎样一团壮观的乱麻。这让我想起了小蒂姆第一张过度夸张的专辑，好像这些歌更适合出现在那样的专辑里。讲实话，我真的认为他的其他任何一张专辑都会比这个优秀，比这个更能接近他真正的精神，和他所创作的东西。他的这个作品更像是专辑本身对这个行业的致敬。（2013）

感谢他们在里面加入的乐器，莱昂纳德在他的日记中这样记录着："'万花筒'拯救了我……希望我可以像他们保佑我那样保佑他们。"他在《仁慈的姐妹们》、《冬日女士》（*Winter Lady*）和《陌生人之歌》中都加入了"万花筒"的演奏，这个版本可以在罗伯特·奥特曼1971年的西部片《花村》（*McCabe & Mrs. Miller*）原声专辑中找到。

1967年12月27日，《莱昂纳德·科恩的歌》专辑的发行恰好卡在业余消遣和成熟作品之间的那个位置。这些歌曲缺了莱昂纳德同时代的另一位名家保罗·西蒙作品的技艺。而旋律则轻飘得像是胡安·米罗[1]潦草的字迹，少了些有深度的和谐感。不过，可以从中看到足够多的细节，无论是特殊的吉他伴奏还是他毫无犹疑的发声，都可以将持怀疑态度的听众们拉得更近。这位来自加拿大法语区的歌手所带来的影响力是显而易见的，与当时的雅克·布雷尔[2]和赛日·甘斯布[3]有着审美上的共通。

约翰·哈蒙德：所以，唱片发行了，销量惊人的好。我跟他（莱昂纳德）之间有过很多乐趣。他是个非常奇怪的家伙，喜欢在蒙特利尔的街道上玩儿弹球。我

[1] 胡安·米罗，与达利和毕加索齐名的20世纪超现实主义绘画大师之一，西班牙的画家，雕塑家，陶艺家和版画家。
[2] 雅克·布雷尔，比利时歌手，在法国扬名，同时还是作曲人和演员，国内最著名的代表作是西城男孩翻唱的《*season in the sun*》。
[3] 赛日·甘斯布，法国歌手，作曲家，钢琴家，电影作曲家，诗人，画家，编剧，作家，演员和导演。是法国流行音乐史上最重要的人物之一。

也很喜欢玩弹球，所以我们起初就算得上有着某种亲密的联系。他非常有文化，住在希腊的一个外岛上，当然，后来还是去了纳什维尔。他的到来在纳什维尔惊艳四座，因为他们从来没有见过任何像他这样的家伙，而且他们以后也不会再遇到了。嗯，这就是他。他从来没有销售一空的好成绩。他其实什么都没有做过，只是写了那些东西。他那时候就认识三个和弦，我现在觉得他还是就认识那三个，但这并不要紧。我唯一能做的就是不妨碍他，给他所需要的所有安慰，这种事情我还是可以做得很好的。（1986）

莱昂纳德的情绪很透明，都是因为他严格的诗意的训练所造就出来的。赋予音乐以庄严，与其说它是冷酷无情不如说是心情沉重的表达。无需说，这张专辑在全球评论界达到了试金石一般的效果。《滚石》漠然置之，但在英国，这个诗人的土地上，专辑则广受赞誉。

1968 年 2 月 17 日的那期《旋律制造者》（Melody Maker）中，卡尔·达拉斯则声明到：“我预感人们关于他的谈论将是震耳欲聋的。他的歌是很复杂的东西。没有人可以指责他低估了自己的听众。”而 1968 年 5 月那期《花花公子》上，莱昂纳德和他的专辑都获得了称赞。“他的旋律很简单，像是歌词丰富的歌谣——包括那首热门的《苏珊》在内，都是对流行民谣曲目的真正贡献。应该有更多已有建树的表演者们来抓住演绎这些优秀作品的机会。”

詹姆斯·库欣：到了 1967 年夏天，科恩的一些诗集已经在美国出版，在很多地铁的麻叶店[1]里售卖。时髦的大学教授们将他的《美丽失败者》收录到当代文学经典的课程当中。1968 年初，随着《莱昂纳德·科恩的歌》专辑的发行，我们可以听到很多他的诗歌被唱了出来，比如《苏珊》，或是一些为了歌曲，经过修改，成为歌词的诗句。

可是，别忘了，他直到 33 岁才发行了自己的首张专辑。就像 41 岁才第一次录制专辑的嚎叫野狼[2]一样，莱昂纳德·科恩不是一个监管我们的成年人，而是那个给我们许可去倾听他的大人。

威利·拉夫的贝斯为专辑的制作提供了室内爵士的风格。作为米切尔 & 拉夫二重唱组合的其中一位成员，（另一位是杜瓦科·米切尔）拉夫总是习惯于用非常少的乐器——贝斯和钢琴，呈现出一整个完整演出的做法。演奏的双方必须认真聆听彼此的一举一动，然后共同将音乐演绎出来。科恩的第一张专辑便是一次非自我为中心的合作成果典范。所有人作为一个整体创造出了一个单一的有生命的声音，而不是一个歌手在其他音乐家的帮助下，统领整部作品。

与此同时，在后“爱之夏”时期，这张安静的，具有揭示意义的专辑在迷幻的世界中生根。万花筒乐队的成员在其中几首歌中参与了表演。至此，我们基于民间的迷幻摇滚乐队和一位爵士大师共同加强了科恩想要追求的与专辑间的紧密感，也可以说是这样的感觉找到了科恩。（2013）

罗伯特·英乔迪：科恩如今在唱片店的专辑都可以堆上整整一箱子了。我们第一次听到他的歌也是从电台。莱昂纳德总是选择那些比较前卫的电台，比如萨克拉门托的 KAZAP 电台，和旧金山的 KSAN，当然还有纽约的太平洋电台，比如 WBAI，或是其他那几个在伯克利和洛杉矶的分支电台。“有些很不错的老古董还是留下了。”

科恩专辑的发行刚巧赶上唱片业的扩张。淘儿唱片连锁店[3]由罗素·所罗门在萨克拉门托创建于 1960 年，我当时就住在那里。1967 年的时候，旧金山开了淘儿唱片分店。唱片店成了大的唱片商场。除此以外，现在还有新一代的夜间电台主持和音乐记者们急于将像科恩这样的新晋重要音乐艺术家带入我们的视野。

[1] Head shop：主要售卖大麻以及烟草相关的产品，其中也包括一些重金属音乐产品，是典型的反文化消费用品零售店。

[2] Howlin' wolf：1910-1976。蓝调爵士的重量级人物，早期布鲁斯大师，生于美国南部，堪称美国历史的一部分。

[3] The tower records chain，大本营在加州的萨克拉门托，现作为一家网上音乐销售商店继续存活，自 1960 年到 2006 年，是全美知名的唱片连锁店，2006 年宣告破产后，仅剩下网上商店被并购后得以留存。

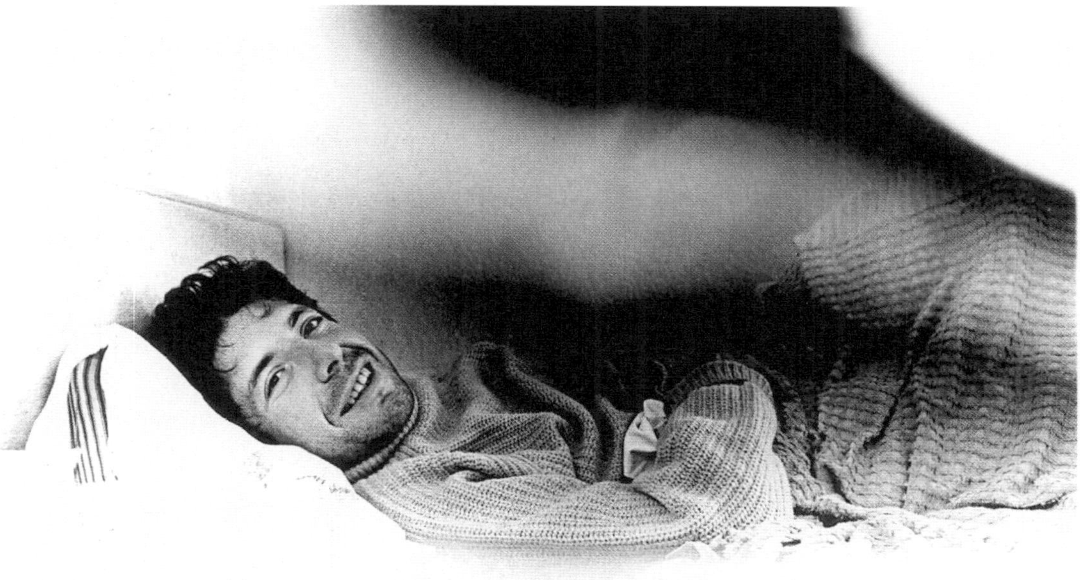

◆ “我很英俊，我很强壮，每首歌的词汇我都知道。”取自《莱昂纳德科恩的歌》（1967）中《老师们》一歌。

“我必须坚定地认为，科恩的第一张专辑绝对是佳品之一。是60年代晚期给人印象非常深刻的，男女孩之间互相调情的经典专辑。绝对可以和马尔文·盖伊的《让我们噪起来吧》[1] 相媲美。作为当了三十多年的电台主持人，我现在还能收到那些恋人们发来来自这两张专辑的点歌单。”

——詹姆斯·库欣于2013年

[1] let’ s get it on,滚石杂志历代五百强专辑中排名165，每首歌的标题都性感异常，是骚灵大师马尔文·盖伊最畅销的专辑，尽管没有什么深刻主题，但绝对算是骚灵音乐的里程碑。

在他专辑背面的那张《阿尼玛·索拉》（《孤独的灵魂》）[2] 非常地吸引人，而且出于某种原因，它好像真的在跟我和其他许多人对话。在我跟朋友的一次交谈中，我们意识到科恩似乎比其他那些玩儿摇滚的人要年长。他更像是那个等我们长大后，想要成为的人。他不缺女人，充满了神秘感，跟真正的嬉皮士们混在一起。科恩是个真正的摇滚人，而不是那种民谣乐手。

作为一个反文化的代表形象，他似乎总是徘徊于所有事物的正中心。这种宗教感和给我带来的神秘气息显得比政治还要真实。他从不会像个什么大师之类的那样说话，反而言语间总是带着他令人难以置信的幽默和讽刺。（2013）

无论怎么说，《莱昂纳德·科恩的歌》都是很符合那个时代潮流的作品。虽然没有得到那个年代应给予的感激和恩惠，可对于一个有抱负的“魔术师”来说，这次的把戏足够令人印象深刻了。

[2] 根据罗马天主教的传统，这张《阿尼玛·索拉》，又名为《孤独的灵魂》是一个在炼狱中饱受煎熬的灵魂的画像，在拉丁美洲、尼泊尔等地非常有名，是一个民间宗教形象。

◆ 1967 年 7 月，新港音乐节的后台。

"我知道诗歌是有一种技巧在内的，但如果它不能触动你，那全世界所有的技巧都是毫无意义的。我总是喜欢将诗歌视为时间给予写作之人的最终裁决。但歌就是另一回事儿了。我认为那是和语言本身旋律性的表达。有很多种方式可以将一件事儿表达得很自然，而语言本身也会为你提供一种自然的有韵律的模式，让你可以遵循其创作。一般说来，音乐和歌词是同时出现的。无论是哪种力量引导你的思绪起伏，思维枯竭，都是个未解之谜。无论我在这个小小的瞬间之外，想要表达出来的是客观上的还是主观上的东西，无论观众们为自己创造的，接收这一切讯息时所创造出来的东西是什么，全都超越了所有人的认知。"

——莱昂纳德·科恩于1975年

/ 4 /

从音乐之都到怀特岛

◆ 怀特岛音乐节。英国，1970 年 8 月。

“我过去常常会被走在大街上展示我作品的这种念头吓得目瞪口呆。我总觉得这样做，丢脸的风险实在是太大了。但在我最近一位制片人，鲍勃·约翰斯顿的帮助下，我感觉我得到了所需要的自信心。当你重新认知自我，并且得到了一些健康良好的感觉时，你会有种不知不觉地，禁锢自我的牢笼上那些铁栏杆被打开的感觉，你开始从自己的作品中听到了新的可能。”

——莱昂纳德·科恩，1975 年

时间轴

1968
6 月：
《诗选：1956-1968》（*Selected Poems 1956-1968*）出版。

夏天：
玛丽安和小阿克塞尔返回伊兹拉岛，莱昂纳德陪他们在那里住了段日子，然后去往伦敦宣传新专辑，紧接着返回了切尔西旅馆。与切尔西旅馆的另一位常客詹尼斯·乔普林一夜激情，事后还在《切尔西旅馆》（*Chelsea Hotel*）和《切尔西旅馆 2》（*Chelsea Hotel #2*）中分别有所提及。

产生了对科学教派的兴趣。

9 月：
终于到达纳什维尔，搬进一个偏僻的小屋。

9 月 -11 月：
在纳什维尔的一间小屋，与鲍勃·迪伦的知名制作人鲍勃·约翰斯顿一起录歌。

1969 年
冬天：
初次结识佐佐木承周。凭借《诗选：1956-1668》获得加拿大总督文学奖，却谢绝领奖。

春天：
在纽约的科学教教堂邂逅苏珊·埃尔罗德，发展了一段恋情。

4 月 7 日：
专辑《来自一个房间的歌》（*Songs from a Room*）发行。

6 月：
飞往意大利，与莱昂纳德·伯恩斯坦讨论为佛朗哥·泽菲雷里的电影配乐合作的事宜，但后来未果。

6 月 -7 月：
回到伊兹拉岛，苏珊与他在那里会合，随后又跟随他返回田纳西州。

秋天：
逐渐远离科学教教堂。

1970
春天：
与马蒂·马查特签订合同，直到 1988 年。马查特去世之前，一直担任科恩的经纪人。

5 月：
在欧洲进行了九天的巡演，因为在汉堡站的舞台上行纳粹礼差点造成现场的暴乱。在阿姆斯特丹演出的时候还邀请观众一同回到了他下榻的酒店。

7 月：
《闪亮的莱昂纳德·科恩》（*The Shining People of Leonard Cohen*）在巴黎首演，由加拿大温尼伯皇家芭蕾舞团演出，期间穿插了几首莱昂纳德的诗歌朗诵。

7 月 25 日：
在纽约森丘民谣音乐节的后台上见到了鲍勃·迪伦。

8 月 2 日：
在法国埃克斯城的一次即兴的音乐节上，骑着马上了舞台。

8 月 31 日：
在英国怀特岛音乐节上奉献了一场难忘的演出。正常巡演期间，还穿插着去精神病院为那里的病人表演。

"《电线上的鸟》（*Bird on the wire*）是我在希腊的时候开始创作的。因为有一段时间，我在希腊居住的那个小岛上，根本就没有电线。没有电话线，没有电话。连电都没有。然后突然有一天，他们安装上了那些电线杆，起初你并不会注意到它们。但直到看见它们真正立起来的时候，我能做的就只是站在窗前盯着这些电话线，思考着当代文明的生活又追赶上了我的脚步，看来无论如何我都无法逃脱。我无法再像我想象中那样，继续生活在这个我为自己寻找到的维持于 11 世纪的世界当中了。这就是一切的开始。"

——莱昂纳德・科恩，1992 年

1968 年初，莱昂纳德产生了模棱两可的感觉。他当初转身投靠音乐是指望着可以赚大钱，并希望自己的歌曲能做到诗歌从未做到的传播力度。现在，随着第一张专辑的发行，自己确实走上了时髦的风口，也为他在成为偶像的道路上添砖加瓦。可现在的问题是，接下来干吗呢？

5 月，琼尼・米切尔试图为此给出一个答案。她刚刚录制了自己的第一张专辑《唱给海鸥的歌》（*Song to a Seagull*），制作人是她当时的情人大卫・克罗斯比。她恳请他与莱昂纳德一起在洛杉矶录几首歌。这显然不是什么有建设性意见的配对。（在跟莱昂纳德录制的三首歌里，最终有两首都放到了莱昂纳德 2007 年重置版的第二张专辑中做了附赠曲目。）

克罗斯比自己也承认，他没有真正的能力来应对莱昂纳德这种自成一体的特殊人才，而且很显然也准备不足。不过，这段在洛杉矶的时光并不是完全毫无价值的。莱昂纳德在机场刚巧碰到了鲍勃・约翰斯顿。这位合格的专业制片人本来就是被分配制作他第一张专辑的首选。这次偶然的邂逅，在两人的关系中埋下了种子，也让约翰斯顿得以操刀莱昂纳德之后的专辑。

不过起初，伊兹拉岛曾发来过诱人的召唤。但莱昂纳德无尽的旅程安排依旧让他和玛丽安的关系逐渐走向了结束。紧接着，7 月份在伦敦，他出现在 BBC 电视台的节目当中，其中甚至包括电台主持人约翰・皮尔主持的《最高档》。《莱昂纳德・科恩的歌》这张专辑进入英国榜单前二十。再后来，他又重新回到纽约，重新涉足文人、社会名流的领域，加入到沃霍尔的花街柳巷中。这位不情不愿的摇滚明星的社交圈子可没经过什么深思熟虑。

当他的专辑宣传周期接近尾声的时候，莱昂纳德陷入了低谷，经历着创作和情感上的枯竭，或许也反映了他对于成功的深层次矛盾心理。他的美国出版商，维京出版社对于定位他"流行明星"的新地位毫无犹疑，还重新再版了他 1966 年的小说《美丽失败者》，并在不久以后，重新推出了那部诗集作品《诗选：1956–1968》。

莱昂纳德显然认为自己在纽约混迹的日子很是完美，让各种机遇在他的人生方向上扮演着决定性的角色。有天晚上，在切尔西旅馆，机遇将詹尼斯・乔普林送上了他凌乱的床，这又是一个孤寂的灵魂，在各种错误的地方寻找着爱的踪影。莱昂纳德著名的《切尔西旅馆二号》便描述了这次邂逅。这首歌后来被收录进他 1974 年的专辑《为旧礼而备的新衣》当中。

莱昂纳德・科恩：将这件事儿说出去的做法实在很轻率。我不知道当时我干吗这么做。现在回想起来，我还是惊讶于当初写了这首歌，因为有很多歌词内容是非常亲密的。不过既然我自己泄了密，好吧，这首歌确实是为她写的。（1992）

◆ “像一只鸟站在电线上，像一个醉汉混在午夜的唱诗班中。我试过，用自己的方式寻求自由。”当时伊兹拉岛安装的电线杆是这首经久不衰的歌曲灵感的来源所在。

HOTEL
CHELSEA

◆ “我清楚地记着，切尔西酒店里的你，你那么有名，是所有人传说中所向往的那个。”詹尼斯·乔普林在切尔西酒店凌乱的床上，1969 年。

◆ 金·富勒，一位鼓动者的形象，于20世纪60年代的洛杉矶。他正在1967年的“爱情集会”活动上发言。

“1968年6月，一个星期六的午后，琼尼·米切尔和朱迪·柯林斯与莱昂纳德一起站在西好莱坞的道格·韦斯顿诗人俱乐部里。琼尼即将在那里开始她的首演。

赫奇与唐娜和我的制作人好友妮可·维尼特一起在神殿唱片公司[1]任职。我从‘吟游诗人’俱乐部走过，看到莱昂纳德·科恩正从窗户向外看着我所在的后面的小巷子。他与两个姑娘在一起，那时候他还不知道我是谁。他看上去就像是个从法国南部来的小白脸。

我是从音乐贸易杂志的广告上看到了他的《苏珊》和他在哥伦比亚公司发行的那张专辑。因为我的朋友克里斯·达罗和万花筒的那帮家伙们也参与了专辑的制作，而克里斯在我们录制专辑的整个过程以及在伊利森公园的“爱情集会”活动时，一直在不停吹捧这个叫莱昂纳德的家伙。

所以当我看见他从窗户往下瞥见站在黑尼大道旁边的我时，便提议到：‘莱昂纳德，我们来个诗歌对决吧。’他说：‘好啊。’紧接着他们开始咯咯笑起来。朱迪和琼尼美得就像是她们专辑封面上的样子。

然后我们就开始你来我往的说词，结果我让他在卷心菜这个词儿上卡了壳。他实在想不出任何可以跟卷心菜押韵的词来。她们紧紧地环抱着他，大笑起来，关上了窗户。我本以为我那晚可以受邀去做客呢。不过我确实注意到了他给女人们带来的影响。”

——金·富勒于2013年

[1] Capitol records：百代音乐公司旗下品牌，2008年被母公司的金牌大风收购。

随着秋天的临近，莱昂纳德终于做好了投入新专辑制作的准备。可以在纳什维尔录歌是他长久以来的梦想，参与到乡村生活中，过上牛仔的日子，慢慢融入这个“音乐之都。”

鲍勃·约翰斯顿现在运营着整个哥伦比亚公司在纳什维尔的工作。他从不是个流于形式的管理者。对待旗下的艺人松懈得就像是操控响尾蛇的舞蛇者一般，给予他们所需的足够的空间去寻找创作的核心。约翰斯顿让他们做所有关于创作方面的决定……直到他认为有什么不应该做的决定出现为止。不过这种情况极少发生。建立信任，在如此烟雾弥漫的行业现状下，能有如此开放的空间是高级管理的关键所在，而莱昂纳德也报以了应有的回应。

鲍勃·约翰斯顿：莱昂纳德第一次到镇上来的时候，住在一个老人家的酒店里，大概住了一星期。然后我（写歌的）、乔伊（贝斯手）以及我妻子从布德罗·布兰恩特他们家租了几英亩地方，还有个坐落在小溪旁边的小房子。后来，莱昂纳德看了看这房子，逛了一圈，看到1500英亩地的时候，他说：“将来有一天，我也要有这么一所这样的房子，我可以呆在里面，想什么时候写作就什么时候写。”我直接答到：“那你何不现在就开始呢？”然后我把钥匙给了他，他搬了进来。

当我第一次去纳什维尔的时候，我把所有的破表都从哥伦比亚的录音棚拆了，将这些录音室拆掉，将所有电线都放到地板下面，然后将房间改造得跟足球场大一般。我们还在这里建了一个乒乓球厅，里面还有桌球什么的。

我再告诉你个关于给迪伦和科恩录音的事儿。我曾经把他们放到一个周围完全透明的玻璃录音棚里，当初那些木制墙面全拆了。这样所有人都能在他们周围走来走去，还能跟他们说话。我就是这目的。你不能憋在屋里录音，不见人，也不知道别的家伙演奏的情况。

其他人一般都只用一个麦克风。我会用一堆麦克风放在房间的各处，还有天花板上。这样想用多少回声就可以用多少。我希望可以让效果听起来比任何状态下的声音都好，而且我希望可以让任何想听到的人都能听到。通常情况下，我会用四个或者八个扬声器，放满房间。我放的声音越大，我听到的效果也就越好。只要是在录制或者回放的时候，我就喜欢把声音弄得超大。如果我不能从心底里感觉到我想要的东西，就不会知道自己是不是做对了。

我为莱昂纳德组建了一个录音室乐队。雇了所有那些从南方来的录样带的家伙们。其中有查理·麦考伊（口琴和吉他），我从1959年就认识的查理·丹尼尔斯（贝斯，小提琴，原声吉他），罗恩·科尼利尔斯（合音和电吉他），以及埃尔金“好老弟”福勒（贝斯，班卓琴，原声吉他）——还有我，负责键盘。（2007&2013）

查理·丹尼尔斯是个从北卡罗来纳州来的好小伙儿，也是个能用娴熟技巧轻松演奏蓝草音乐，用孤寂持续的E小调和弦令听者心碎的刻薄小提琴手。他在一群流浪摇滚歌手中混来混去，遇上了鲍勃·约翰斯顿，被邀请到纳什维尔。因为急于从长途汽车上下来，在“乡村大剧院”[1]找了个高薪的活儿，开始了规律的录音室工作。他在那里和迪伦录制专辑《纳什维尔的天际线》（*Nashville Skyline*）。先是与马蒂·罗宾斯，而后和林戈·斯塔尔[2]一同制作专辑《很多很多的蓝调》（Beaucoups of Blues）。不过事实证明，没有任何一个人带给他的挑战，以及声音上的合拍可以与这位来自蒙特利尔的男人一样押韵。

查理·丹尼尔斯：莱昂纳德·科恩和他的朋友亨利（泽梅尔）从蒙特利尔来纳什维尔的时候，是我去机场接他们的。约翰斯顿订了一间录音棚。我当时留着很长的头发和小胡子。并不知道莱昂纳德·科恩是谁。我知道他是个录过歌的艺人，到镇上来，要跟我们一起录几次音。我当时并不知道他都干了什么。我还知道他有首叫《苏珊》的歌。你并不知道当你去见一个跟你以前接触过的所有音乐家都不是同一类型的人时，应该抱有怎样的期待。你不知道他们有怎样的个性，或是他们大概是什么样子的家伙。但令人非常舒适的惊喜在于，莱昂纳德·科恩简直再平易近人不过了。他跟当时在那里的所有人的说话方式都全然不同，但却可以很好的与人交流。

当时有传言说鲍勃来纳什维尔是为了取代一个传奇制作人——唐·劳的职位，他当时可是个大人物。这个来自纽约的叫约翰斯顿的家伙一直是和“西蒙和加芬克尔”、迪伦一起工作，但现在可是莱昂纳德·科恩，一个

[1] 位于美国田纳西州纳什维尔市，素有美国乡村乐灵魂的美誉。

[2] 林戈·斯塔尔，披头士乐队的鼓手，乐队解散后依旧发展个人音乐生涯，2015年入驻摇滚名人堂，是音乐家，演员。

◆ 查理·丹尼尔斯。20 世纪 80 年代。

"我永远不会忘记，莱昂纳德·科恩刚来纳什维尔的时候，在乡下住过一段时间。还有一个叫基德·马利的老牛仔也住在镇外。我是说，这两个人可是来自完全相反的两个极端的世界啊。他们是莱昂纳德·科恩和基德·马利。可他们竟然相处的很好，还成了朋友。莱昂纳德就是有这种本事。"

——查理·丹尼尔斯，2013 年

压根没真正做过乡村音乐的歌手。不过，鲍勃在这里做的第一件事儿就是他将和马蒂·罗宾斯合作的那首歌推上了榜单之首。也因此赢得了大家对他的信任。（2013）

鲍勃·约翰斯顿：莱昂纳德和我走进哥伦比亚唱片 A 号录音棚。里面有个工作台，一个小凳子。他说："我想演奏我的歌。"我说："我们去吃点汉堡喝点啤酒吧。"然后他说："我想要演奏我的歌。"我说："那就开始吧，把那边那个按钮打开。""不，我需要你在我身边。"我说："我要去喝点啤酒。"然后我们一起走进街对面的"水晶汉堡店"，他过来，吃了几个汉堡，喝了些啤酒，然后回到录音棚。"现在你想要我干吗？"他问我道。我说："为什么不拿起你的吉他，调调音呢？"然后他看着我，我把他的吉他调好音，他坐在凳子上。我说："随便演奏些什么吧。"就这样，我放上了录音带。莱昂纳德演奏了那首《游击队员》（*The Partisan*）。曲毕，他要求听听效果。"好啊"，我回放给他听。他看着我说："我的天啊，我听上去应该是这样的吗？"然后我说："一直都是。"就这样，录好了。

我跟每一个人说的唯一的一句话就是，别停下来。如果你停止了演奏，那还不如干脆拿起行李箱，走出大门算了。别指望着还能再回来。我们大概录了十首歌。我总是问那些艺术家们"你想做什么？"只有让这些艺术家们舒服，才能得到更好的表演。迪伦，卡什，科恩都是非常棒的人，所以他们理应得到这样的对待。

科恩，以及像《电线上的鸟》这种歌哪里吸引了我？莱昂纳德·达·芬奇又是哪里吸引了你呢？莱昂纳德是我听过的最棒的歌手。迪伦是我听过的最棒的歌手。（保罗）西蒙是我听过的最棒的歌手。卡什是我听过的最棒的歌手。所有这些人都是我听过的最棒的歌手。（2013）

◆ 下图：鲍勃·约翰斯顿（左）和查理·丹尼尔斯（右）正为莱昂纳德腾出地方。
◆ 底图：鲍勃·约翰斯顿（左）和罗恩·科尼利尔斯（右）与莱昂纳德在皇家阿尔伯特大厅的舞台上表演。于 1972 年，3 月 23 日。

"现在莱昂纳德·科恩将他心里的那把吉他调好了音，准备充分。至于他打算如何演奏，我可能永远也无法知晓……不过，他的音乐就是这样。它很脆弱，'容不得别人指手画脚'。"

——查理·丹尼尔斯，2013 年

查理·丹尼尔斯：在纳什维尔，大部分录制歌曲的乡村艺术家都会带着一个样带来，他们会直接演奏样带上的内容，要么就是按照样带表演，或许可能会改一两个音，但基本上是一样的东西，所以基本就没有跨出界。科恩和迪伦是创作歌手，他们写自己的歌，不是从什么音乐出版公司出来的艺人。这让他们与别人有了很大的不同，因为他们急不来。

大概录制了包括《游击队员》在内的十首歌，有五六首都被收录进专辑《来自一个房间的歌》中，还有一首收入了专辑《爱与恨之歌》(*Songs of Love and Hate*)。(2013)

莱昂纳德·科恩：我很喜欢约翰斯顿和迪伦做的东西，我们后来成了很好的朋友。没有他的支持，我可能永远不会有足够的勇气登台演出。在巡演的时候，他负责演奏吉他、口琴和风琴。他是个非常好的朋友，也是个非常棒的支持者。我们一起为了录制专辑而努力工作，不过我并不是一直都很开心。总的来说，我还是没有找到我想要的调调。尽管里面有一些挺美好的东西。(1976)

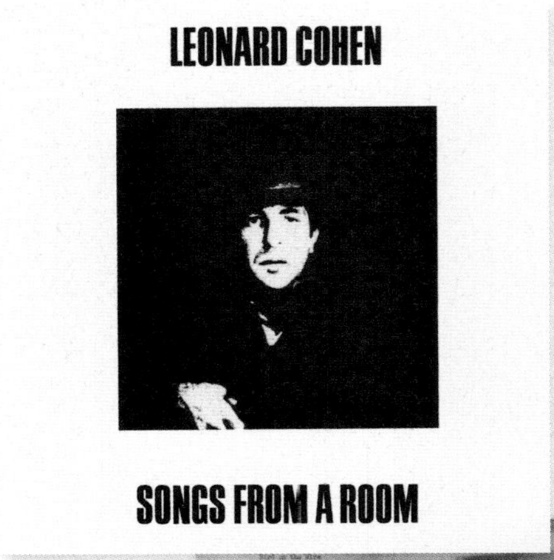

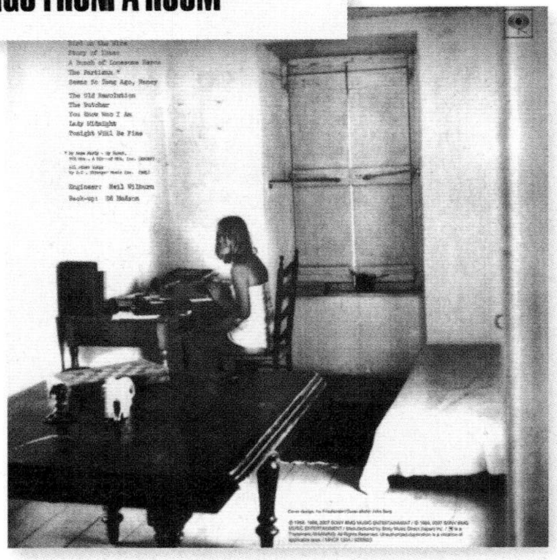

◆《来自一个房间的歌》专辑底封。上面是玛丽安在莱昂纳德伊兹拉岛房子里的照片。

肯尼斯·库伯尼克：《来自一个房间的歌》或许是莱昂纳德乡村音乐的一次尝试，乔治·琼斯[1]和汉克·威廉姆斯[2]的声音在他的耳中回荡，让这位心情抑郁的可怜白人也变得欢快起来。但莱昂纳德枯萎的内心宇宙依旧充斥着无法回避的情感，而他也在永恒孤单的重压下逐渐缴械投降。这首歌与那些传世经典的乡村音乐不同，没有为演唱的人或者听者留有任何发泄情绪的出口。没有可让人吸取的经验教训，没有给浪子、颓废之人和沉浸于悲伤的女人们救赎的机会。莱昂纳德上层阶级的身份总是不断地提醒着他。这让他作品的主题总是围绕着政治，个人的背叛，正统的审判，和彼此之间冷漠的态度。这些统统反映着他深刻的世界观。莱昂纳德的歌是令人畏缩的，对于那些容易被思想暗示的人来说，这样的吸引力犹如催眠一般。(2013)

对于很多其他人来说，莱昂纳德歌曲的魅力依旧是个谜。1969年4月，《来自一个房间的歌》发行，公告牌专辑榜单上连前五十都没进的它，成了英国榜单第二名。美国的乐评人很是吝惜于给出赞扬，不假思索地否定了这张专辑——如此残酷的重压之下，究竟裹藏的是否是颗珍珠呢？——不过英国和其他欧洲评论家倒是对这个"狂飙突进运动"[3]的圣坛表达了自己的崇拜之情。这样的表达在《唱片镜报》上关于主打曲目《电线上的鸟》尤为典型："他凄切痛苦的嗓音得到了高超的曲目编排的锦上添花。这首歌太美了，我不得不承认，我听到这首歌的时候，我哭了。"

像罗伊·罗杰斯[4]那样的打扮在田纳西州的边远地区有着其自有的魅力，但莱昂纳德无休止的心神不宁让他很快就坐上了飞往洛杉矶的飞机。1969年初，他在挚友斯蒂夫·桑菲尔德的婚礼上当伴郎。仪式在市里的一个禅修中心举行。而当时的婚礼支持是一位临

[1] 乔治·琼斯，酒吧音乐(Honky tonk)风格的代表人物，美国著名的乡村音乐歌手，1992年，入驻乡村音乐名人堂。20世纪50年代享誉美国流行乐坛，五十多年的音乐生涯让他于2012年荣获格莱美终身成就奖。

[2] 汉克·威廉姆，40年代乡村音乐节的著名乡村歌手，独特的忧郁风格奠定了他的地位。29岁因吸毒过量去世。

[3] 原文为德语：sturm und drang，其名称来源于剧作家克林格的戏剧"狂飙突进"，是指1760年代晚期到1780年代早期在德国文学和音乐创作领域的变革。是文艺形式从古典主义向浪漫主义过渡时的阶段，也可以说是幼稚时期的浪漫主义。

[4] 罗伊·罗杰斯，演员，歌手，被称为牛仔之王(king of the Cowboys)。

济宗[1]的禅师，面容很有佛性，名为佐佐木承周。莱昂纳德与他的这次短暂的相遇愉悦得令人印象深刻，而且神经也仿佛被这位精神境界的导师深深地触动。在当时，禅宗佛教成为了一面棱镜，就算没有让他得到醍醐灌顶的启示，也绝对在这世界上为他找到了一片持久的宁静。

不过，这个通往和平国度的旅程邀请，来得早了那么几年。对于这位黑暗骑士的灵魂来说，现在依旧需要在世俗中继续自己谢尔曼风格一般的远征之旅。比如拒绝接受加拿大总督文学奖这种令其他同僚作家倍感惊愕的事儿。

在他重回纽约的时候，莱昂纳德对科学教开启了一段短暂的追随。而这为他带来的最大收获便是幸运地结识并恋上了一位志同道合喜爱冒险的姑娘——迷人的苏珊·埃尔罗德。她很快成了莱昂纳德的缪斯女神，他的灵魂伴侣，他孩子的母亲。她追随他到洒满阳光的伊兹拉岛，陪他去田纳西州摇摇欲坠的小木屋，最能说明她特殊的事情便是跟他去了蒙特利尔，见了他的母亲，玛莎。

◆ 莱昂纳德在 1968 年与科学教的短暂调情之后，于 1969 年发展了一段与苏珊·埃尔罗德更为重要的恋情，她很快变成了他创作的缪斯女神。

与此同时，哥伦比亚唱片公司蠢蠢欲动地想要得到自己投资后所带来的回报——这就意味着巡演，所有流行明星的必经之路。但即便是对于旅游成瘾的人来说也是痛苦不堪的。莱昂纳德寻求鲍勃·约翰斯顿的帮助，帮他安排了乐队，组织了巡演，甚至为了帮他控制住对舞台的惧怕，设立了一个属于他自己的“舒适区域”。

鲍勃·约翰斯顿：我帮他组建了 1970 年的那个乐队，并且告诉他我会为他找世界上最好的音乐人们。然后他说：“鲍勃，我不想要世界上最好的音乐人们，我想要你的朋友们。”我说：“当然可以。”(2013)

乐队里包含了那些帮助莱昂纳德制作专辑的乐手——罗恩·科尼利尔斯、查理·丹尼尔斯、布巴·福勒以及鲍勃·约翰斯顿本人——还有伴唱歌手苏珊·马斯马诺、科尔林·汉尼和唐娜·沃什伯恩，前“爸爸妈妈乐队”[2]成员米歇尔·菲利普斯还在加利福尼亚的几场演出中担任了嘉宾。

5 月，莱昂纳德去欧洲巡演的时候，充满了挑衅的意欲。面对汉堡的观众，他嘲笑的行了纳粹礼。去阿姆斯特丹的时候，邀请所有人去他下榻的酒店，造成了一次轻微的骚乱。虽然他没有像滚石乐队那样夸张的成了醉鬼，但他和公司的家伙们也沉浸在这次狂欢的吉普赛式派对的温暖怀抱中，无意自拔了。迪伦在莱昂纳德摆出的那副“终于见到谜一般的人物”的装腔作势的招呼下，与他僵持不下，差点在众人的面前出糗。

鲍勃·约翰斯顿：在巡演的时候，有个德国的家伙差点朝莱昂纳德开枪。我们当时时间紧迫需要马上上台，我跟那家伙说：“如果你这么做了，你知道会发生什么吗？你会蹲大牢的。”然后他们说：“打电话报警！”“别，别报警，让他上这儿来。”我把他带上舞台，让他坐在了幕边的一把椅子上。就这样，他看了莱昂纳德整场演唱会。这是个真事儿。

不仅如此，莱昂纳德还说：“我想去疯人院演出。”他想去精神病院表演。“我想找一家看看。”好吧，我们在接近伦敦南部遇到的第一家疯人院演出，他们甚至不能在那里讲话。好吧，让我们好好地演一次。整件事实在是太疯狂了。我们真的在疯人院演出了，还参加了各种音乐节。我们甚至还接受了一家马戏团的预定，不过后来警察把那地方关了。(2013)

---

[1] 中国佛教禅宗南宗五家（沩仰、临济、曹洞、云门、法眼）之一。
[2] The mamas and the papas，美国 60 年代著名的民谣组合，1998 年入驻摇滚名人堂，热情奔放和谐美妙的风格让他们在正值反文化潮流和流行音乐的市场间搭起了一座桥梁。

◆ 上图和对页图：汉堡音乐厅，1970 年 5 月 4 日。在这个令人印象深刻的演唱会上，莱昂纳德因为行纳粹礼引起了一场恐慌——还邀请了一些观众上台（对页下图）。

◆ 右图："法国南部还有一个音乐节……我们实在是过不去，因为车一直堵到巴黎。所以我说，'搞些马来'然后我们真的搞来一些马，骑着上了台。"鲍勃·约翰斯顿回忆着 1970 年 8 月 2 日在艾克斯音乐节上成为骑兵团的那一幕。

"我压根没觉得 60 年代开始过。我觉得整个 60 年代也就在某些人的脑海中持续了大概 15 或 20 分钟左右。我觉得它飞速地进入了市场。我从来不认为经历过什么 60 年代。"

——莱昂纳德·科恩于 1992 年

8月 31 日，巡演于英国南海岸的一个小岛上结束。去年是怀特岛第一次举办音乐节，当时的亮点便是迪伦三年以来首次举办完整的演唱会。音乐节的组织者希望可以在第二年的演出上，付出加倍的努力，所以安排了很多有影响力的音乐人参加，比如迈尔斯·戴维斯，琼妮·米切尔，谁人乐队[1]，大门乐队[2]和吉米·亨德里克斯[3]。可现场的观众呢，都忙于自己的玩乐，在每个移动的人群中狂奔穿梭，冲撞着大门和围栏，糟蹋着乡村本有的宁静。

当莱昂纳德终于登上舞台的时候，已经是凌晨两点了。在亨德里克斯煽动性的演出后，观众正处于躁动不安的状态。他们很快就被这位凌乱，穿着睡裤上台的，不讨人喜欢的绅士惹恼。（他一直在后台睡觉，差点拒绝了催他上台的铃声。）就像凯撒大帝在自己古罗马军团面前的从容一般，莱昂纳德带着他的"军团"——他自己乐队的昵称——站在了 60 万等待被奴役的人们面前。

鲍勃·约翰斯顿：在怀特岛演出的时候，莱昂纳德甚至得为我找个能用的键盘。吉米·亨德里克斯和克里斯·克里斯托佛森还在台上。观众们正朝着他俩扔啤酒瓶，因为吉米不愿意停止演奏《星条旗之歌》[4]。然后莱昂纳德出现了，当时还下着小雨，很小的那种，所有人都安静下来。然后莱昂纳德说道："我去每一个地方都喜欢看到人，但今晚我看不到你们。所以谁有火柴或者打火机的，点起来，让我看到你们？"就这样，60 万跟火柴燃烧起来。（2013）

查利·丹尼尔斯：那次怀特岛音乐节就是一场灾难。所有人都嗨到完全不知道发生了什么。舞台只有 4 英尺高[5]，所有人都能爬上去。太疯狂了。虽然没遇到什么大麻烦，但真的是一触即发的状态。如果人群失控，没人控制得了。观众已经推倒了所有的围栏进到内场。

那时候，他们还不知道要怎么控制这个数量级的观众群。（2013）

纪录片制作人穆雷·莱纳将所有这一切都拍了下来。最终发行的 DVD，《1970 年的怀特岛音乐节现场》（*Live at the Isle of Wight 1970*）终于于 2009 年上市，展示了莱昂纳德平息慌乱的魔法魅力。这个时常带着嘲讽的无精打采的男中音，用非正统的旋律和死亡一般苍白的歌词协力制造出一种可以包罗万象的平静。无论他的音乐有什么样的特质，莱昂纳德都证明了自己所拥有的强大魅力。

穆雷·莱纳：我感觉自己被催眠了。我觉得他的诗歌就是那样的。我本来就非常喜欢诗歌，而这也让他的出现使我兴奋异常。将音乐放入诗歌中对于我来说就像催眠一般。人们在听《陌生人的歌》的表演时，都被催眠了。你可以从我的 DVD 里看到那一幕。那是首写得非常美的诗。

有些时候，他也会戏谑调侃一下。比如在那么多观众面前给大家讲述小时候父亲带他去马戏团的故事。他不喜欢马戏团，但他很喜欢有人站起来，让大家点燃火柴，方便在黑暗中找寻彼此位置的那个场景。

不过，当他开口唱出那些歌词的时候，所有人都被征服了，那些观众都被他掌控在鼓掌之间。即使从纪录片制作人的身份中跳脱出来，我都不明白，这个人怎么可能一上台，就在 60 万观众的面前做到这一点。这是令人惊叹的，也是令人难忘的。这样的戏谑跟音乐节的精神很贴切，跟音乐节的问题也很贴切，尤其重要的是，正如他所说："我们仍然是一个弱小的国家，我们需要土地。总有一天，这将成为我们的土地……"这话的作用简直如圣经一般。而当他唱《苏珊》的时候，他说："或许这是首很适合做爱的好歌。"他实在是很聪明，精明极了。

另一件他擅长的事儿，就是说话。我觉得观众们真的能够听到他想要表达的东西。他们听到他的话，感觉他在回应着他们的感受……那一晚，莱昂纳德像是身负重任而来一般。（2013）

[1] The Who，1964 年成立于伦敦，是英国老牌摇滚乐团，表演作风毫无顾忌，是披头士和滚石以外最具争议的乐队。
[2] The Doors，美国摇滚乐队，曲风包含车库摇滚，蓝调以及迷幻摇滚。只存在了 8 年时间，便宣告解散。歌词暧昧，舞台风格出人意料。
[3] 吉米·亨德里克斯，美国吉他手，歌手，作曲人，被公认为音乐史上最伟大的电吉他演奏者，摇滚信徒心中的神。
[4] The Star-Spangled Banner，美国国歌。
[5] 大概 1.2 米左右。

◆ 莱昂纳德 1970 年的音乐节季由怀特岛音乐节那次催眠般的表演推向了高潮。被纪录片制作人穆雷·莱纳捕捉收录进纪录片中。

"莱昂纳德在舞台上太自然了。即使是怀特岛音乐节的舞台上。如果你想要了解莱昂纳德，你必须足够冷静。吉米·亨德里克斯在我们上台之前，正和各种各样的摇滚乐团结束表演，然后轮到琼·贝兹和莱昂纳德·科恩。所有人都立刻减弱了自己的兴奋，坐在那里，听他唱歌，听他的乐队演奏。那真是个非常美好的夜晚和体验，尽管当时存在着时刻有可能失控，变成彻底灾难的潜在风险。"

——查利·丹尼尔斯于 2013 年

ISLE OF WIGHT FESTIVAL
AUGUST 26-30 1970
CHICAGO
FAMILY
TASTE
THE DOORS
THE WHO
DONOVAN

◆ 皇家阿尔伯特音乐厅，伦敦，1976 年 5 月 25 日。

/5/ 爱恨交织，新旧更迭及那些未了之事

“随着每一张新专辑的出版，我都变得越来越沮丧，尽管作为一名表演者来说，我一直处于进步的状态。”

——莱昂纳德·科恩于 1976 年

时间轴

1970
9 月：
重回纳什维尔，录制专辑《爱与恨之歌》。

1971
1 月：
《炸弹鸡》（*Dynamite Chicken*）上映，一个常规电影长度的反主流文化的片段剪辑合集。莱昂纳德在里面朗诵了诗集《给希特勒的花》中那首叫《我在这里做什么》（*what am I doing here*）的诗。

3 月：
被新斯科舍，哈利法克斯的达尔豪斯大学授予了荣誉博士学位。

3 月 19 日：
发行专辑《爱与恨之歌》。

5 月 –8 月：
上映了三部电影，都有莱昂纳德·科恩的歌被收录进电影原声——沃纳·赫尔佐格的德国电影《海市蜃楼》，莱纳·维尔纳·法斯宾德的《当心圣妓》（*Beware of a Holy Whore*）以及罗伯特·奥特曼的《花村》。

因为唱了这些歌后，又有了足够的资金储备，莱昂纳德重新将重心放到了写作上——起草了一本关于他家庭的小说（创作时的题目叫《降生的女人》（*The Woman being born*）），不过至今都未曾出版。

9 月：
飞往瑞士听俄国的精神分析学家及灾变说者伊曼纽尔·维里科夫斯基的演讲。

1972
1 月：
第五本诗集《奴隶的能量》出版，但并没有如以往作品那样饱受赞誉。

3 月 –4 月：
迫于哥伦比亚唱片公司的压力，开始第二次欧洲巡演，也是第一次在以色列演出。在新招募的成员中，珍妮佛·沃恩斯是其中一个女声伴唱。

4 月 19 日 –21 日：
在特拉维夫的舞台旁，几度引发暴乱，而两天后在耶路撒冷站的演出也因为他觉得自己水平不够而几近取消。（后来他在劝说下，平静地刮了个脸，上台结束了演出。）

9 月 18 日：
苏珊和莱昂纳德的第一个孩子亚当在蒙特利尔出生。

秋天：
在发现自己很难适应为人父后，又回到了切尔西旅馆。

冬天：
去洛杉矶的禅宗中心见佐佐木承周禅师。在秃山附近禅师的静修所待了不到一周的时间，便回到了蒙特利尔。他的家人委托 CBC 广播公司根据他的诗歌《新的一步》（*The New Step*）排演了一出独幕芭蕾剧。

1973
4 月 1 日：
发行专辑《现场歌曲》（*live song*），收录了一些他 1970–1972 年巡演期间的歌。

春天：
重新剪辑托尼·帕尔默根据 1972 年的巡演所拍摄的聚焦幕后的纪录片《电线上的鸟》。

夏天：
怀揣退出音乐圈的打算，在伊兹拉岛和苏珊与亚当过了些日子，为《降生的女人》（现在改名为《我在艺术中的生活》（*my life in art*））增加了一些内容，画了插画。

7 月 4 日：
基恩·莱瑟的《仁慈的姐妹们：莱昂纳德·科恩文字的音乐之旅 》（*Sisters of Mercy: A Musical Journey into the Words of Leonard Cohen*）自此被搬上外百老汇。[1]

10 月：
随着赎罪日战争[2]的爆发，从伊兹拉岛飞往以色列，想要加入国防军，但阴差阳错被召入劳军团，为很少一部分士兵演出，每天多达八场。

[1] Off Broadway，也就是指百老汇以外的，泛指在百老汇以外，纽约其他地区上演的戏剧

[2] 1973 年 10 月 6 日埃及、叙利亚和巴勒斯坦游击队反击以色列的第四次中东战争，也称为斋月战争。

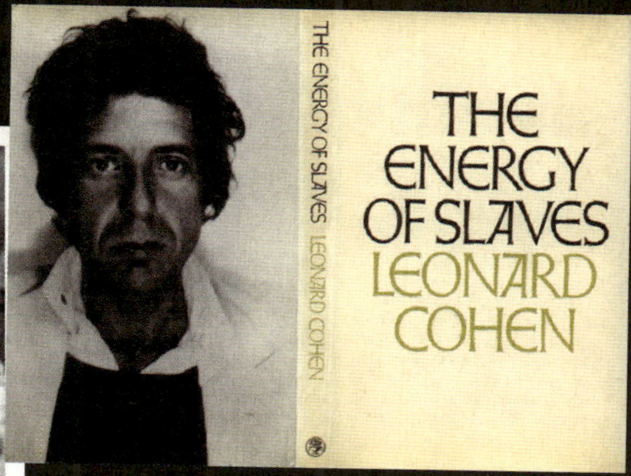

◆ 在 1976 年 10 月赎罪日战争期间为以色列士兵提供娱乐，尤里・丹拍摄。

11 月：
到访埃塞俄比亚，创作新歌，也完善了一些老歌，比如《接受这渴望》和《切尔西旅馆》(后来成了《切尔西旅馆二号》)。

冬天：
先回了秃山，紧接着去了蒙特利尔与苏珊和亚当团聚。

1974
5 月：
与新的制作人约翰・利绍尔录制专辑《为旧礼而备的新衣》

7 月 5 日：
《电线上的鸟儿》终于由 BBC 广播电台播放。

8 月 11 日：
专辑《为旧礼而备的新衣》发行。

9 月：
女儿洛尔迦诞生，没过多久，便开始了第二次巡演，规模超越了之前历次的演出，涵盖了欧洲和北美在内的巡演站，一直持续到 1975 年 2 月。

12 月：
巡演时，在洛杉矶的“吟游诗人”俱乐部做了短暂的停留，第一次遇到了菲尔・斯派克特。

1975
3 月：
去纽约和约翰・利绍尔一起为专辑《给丽贝卡的歌》合作创作新歌，分开后回到伊兹拉过夏天。

秋天：
与禅师在洛杉矶度过了一段时间，然后继续跟利绍尔创作专辑《给丽贝卡的歌》(*songs for Rebecca*),《莱昂纳德・科恩精选集》(*The Best of Leonard Cohen /Greatest Hits*) 发行。

11 月：
为了宣传新专辑，在美国展开了一次小型巡演。

12 月：
与苏珊、亚当、洛尔迦一起回到加拿大的家，当鲍勃・迪伦去蒙特利尔举办“雷滚滑稽剧”的巡演时，邀请莱昂纳德加入，被他婉言拒绝。

1976
4 月 -7 月：
展开了新一轮的欧洲巡演——约翰・米勒取代约翰・利绍尔成为新的音乐总监，后来成为歌星的劳拉・布兰妮根是他当时巡演的伴唱歌手之一。

夏天：
飞奔去伊兹拉岛与苏珊和孩子们相聚，欧文・莱顿也加入了他们。

“我从来没想过，居然能完成《著名的蓝雨衣》（*Famous Blue Raincoat*）。不过我总觉得你可以从中看到些雕琢的痕迹。尽管里面有些片段我非常喜欢，而调子也很不错。我其实愿意站出来捍卫它，说它是首很令人印象深刻的歌。与我一贯的风格很一致，如果需要的话，我是能说出它的好来的。但私下里，我总是感觉，有那么一种不明了的感觉让它永远也成不了一首非常棒的作品。”

——莱昂纳德·科恩于 1992 年

怀特岛音乐节后，莱昂纳德带着他的“军团”回到纳什维尔，录制第三张专辑《爱与恨之歌》。没有什么是比事实更能打动人的广告了！

查利·丹尼尔斯：我确实从与约翰斯顿和科恩的合作中学会了“少即是多”的道理。我从夜店出道，花了 13 年的时间，绞尽脑汁的演奏了所有你能想象到的音乐风格。你只是演奏马蒂·罗宾斯，斯通维尔·杰克森和小理查德的热门单曲，但我是演奏各种各样的不同曲风。其中的大多数都是吵闹的开始，然后随着继续演奏，声音越来越大，开始摇滚起来的类型。而跟莱昂纳德·科恩这样的家伙一起演奏，他的音乐是那么脆弱，那你需要做的事儿就是别妨碍到他……一旦我接受了这样的设定，合作就变得非常顺利。这就是合作的方法。还是挺轻松的。（2013）

鲍勃·约翰斯顿：我是听着古典音乐长大的。所以我希望听到的声音可以是既古典又流行的。紧接着我带莱昂纳德去了英国，带他去见保罗·巴克马斯特。（2013）

巴克马斯特获得了伦敦皇家音乐学院的奖学金，毕业于 1967 年。然后他作为伴奏管弦乐队的大提琴手与比吉斯乐队[1]一起在德国巡演。在和科恩一起工作之前，保罗·巴克马斯特曾经为大卫·鲍伊 1969 年的热门单曲《太空怪人》（*Space Oddity*）写过乐谱，负责了管弦乐的部分，参与了埃尔顿·约翰的第二张和第三张专辑的乐曲改编。两张专辑《埃尔顿·约翰》（*Elton John*）和《风滚草的关联》（*Tumbleweed Connection*）都发行于 1970 年。

保罗·巴克马斯特：1970 年，我接到鲍勃·约翰斯顿的电话，问我莱昂纳德·科恩要来伦敦录制专辑，我要不要做编曲。鲍勃很和蔼，我很快就喜欢上了他。他让我帮莱昂纳德的专辑编曲，然后开始专辑的制作。

我当然知道莱昂纳德是谁，也听过他的专辑。他的低调、阴沉和黑暗浪漫的唱腔与伴奏非常吸引人，我也特别喜欢他不做作的气质。

跟鲍勃会面时，发现他是个比我想象中还要好的人。他们来我在富勒姆（伦敦西南部）的家找我。一个人从德州来，一个从加拿大来。我相信这是我第一次和美国人合作！

莱昂纳德是个很安静的人——我在 1970 年遇到他的时候——他的长相阴郁而帅气，目光中透露着坦诚但并不咄咄逼人的穿透力。他在我面前展露的样子，跟我在他的专辑中得到的感受是一样的。你在专辑中听到的是什么样，他现实生活中就什么样。我们边听边讨论了他们想让我编曲的那些歌。在录制开始前，我得开始干起来了。鲍勃给了我一个立体声磁带，里面有基本的曲调——人声和吉他部分——我听着这带子，直接将脑子里出现的声音写到了纸上。我没有在曲目有节奏的部分添加任何多余的弦乐之类的配乐，只保留了他原有的声音和吉他。

我参与编曲的有《雪崩》、《去年的男人》（*Last Year's Man*）、《带妆彩排闹剧》、《爱召唤你，以你之名》（*Love Calls You By Your Name*）、《圣女贞德》和《著名的蓝雨衣》。

我的编曲是间歇性出现的。我本来可以写得更多些，多加入一些管弦乐的声音。也许我过于“小心翼

---

[1] The Bee Gees，由比吉斯三兄弟组成的乐队。是众多天皇巨星的偶像，跨越三个年代流行不衰，2014 年荣获格莱美终身成就奖。

◆ “那是凌晨的 4 点，12 月的最后一天。”图中是并不那么有名的米黄色雨衣。阿姆斯特丹，摄于 1972 年。

◆ 1971 年莱昂纳德的歌曾出现于三部电影中，包括沃纳·赫尔佐格的《海市蜃楼》(上图左)，以及罗伯特·奥特曼的《花村》(上图中)。

翼”的不去“干扰”原本的声音——吉他声。就像我说的，我听到了很多可以再丰富一些的地方。现在再去听莱昂纳德的歌，比当时听起来更加有力，深沉——当然，即使是在那个时候，这些声音也对我有着很深刻的影响，足以证明了他作为艺术家和歌曲创作匠人的技能和对他人的激励。(2013)

尽管哥伦比亚唱片已经尽了他们最大的努力，但1971 年 3 月发行的专辑《爱与恨之歌》依旧没有成功入选“公告牌”榜单的前一百名。但在英国，却成功取得了第四的成绩。《新音乐快讯》的头条（赞许地）将他形容为“病态科恩”，而《旋律制造者》则用了“最悲观时期的莱昂纳德“这样的标题，还有一家英国期刊《声音》在评论的结尾用了”美味的受虐狂“等字眼。

虽然美国专辑的销量显示衷心的拥趸并不算多，但莱昂纳德在现场演出的那些有权势的艺人中，声望可说是呼风唤雨的。像罗伯特·奥特曼这样的电影制作人，以及德国的沃纳·赫尔佐格与维尔纳·法斯宾德都用过他的作品当电影配乐，他们注重音乐对电影中人物的探索所带来的帮助。

莱昂纳德·科恩：关于《花村》其实有个很有意思的故事。导演罗伯特·奥特曼事实上是围绕我的歌创作的整部电影。音乐我已经创作完成了，当他听到以后，就想问我能不能让他用到自己的电影中。我当时在纳什维尔，才看完一部叫《空中怪客》的片子。

我觉得那电影很好看。当晚我在录音棚，接到了一通来自好莱坞的电话。是鲍勃·奥特曼打来的，说想在一个电影中用我的音乐。我很坦诚地说：“我不了解你的作品，你能跟我说一些你拍过的作品吗？”他说《陆军野战医院》[1]。我说：“那个挺好的，我知道那个相当火，可我并不是很熟悉那部作品。”紧接着他说，还有一个我可能从来没听说过的电影，叫《空中怪客》。我告诉他我才看完那个电影，觉得是个特别棒的作品。我的音乐他可以随便用了。(1976)

1971 年 1 月，莱昂纳德的作品在美国午夜电影中获得了一次宝贵的曝光机会。他在电影《炸弹鸡》中朗诵了诗集《给希特勒的花》中那首叫《我在这里做什么》的诗。这是一部汇集和平运动片段的抽象拼贴艺术，包含了一些采访内容，经过叙述性语言的整理，由厄尼斯特·品特奥夫执导并出品。理查德·普赖尔领衔

[1] M*A*S*H，美国一部非常经典的作品，由理查德·胡可的半自传小说改编，有一系列的衍生作品。讲述了美国一个陆军野战医院里搞笑，充满黑色幽默的日常。

"我在澳大利亚一个小郡长大，就算是光景最好的那几年，想要接触到新音乐也是很困难的。大概 14 岁的时候，我认识了一个女孩，她有几张很酷的专辑。她曾经将《爱与恨之歌》这张专辑放给我听。后来我们花了整整一个夏天，在她暗暗的小屋里，循环播放。《爱与恨之歌》让我从根本上彻底堕落。这是'很黑暗的东西'，在我年轻的生命中烙下了深深的印记，我永远没法再找到那种听音乐的感觉了。

歌词的复杂性对于当时的我来说几乎理解不了，但通过它们，我从直觉上猜出了各种禁忌的含义——挑动吉他弦的恍惚之音，直接的黑白封面对于我来说都是陌生的，但又将我深深吸引。它与某一部分的我完成了其他音乐从未跟我开启过的对话。现在再播放那张专辑，依旧可以感受到那样的力量。它用一种其他专辑从未做到的暴力宣泄着自己的愤怒和唾弃。"

——尼克·凯夫于 2014 年

◆ 斯蒂芬妮·谢尼科娃斯基拍摄的尼克·凯夫的肖像，摄于 1980 年。凯夫曾翻唱过《爱与恨之歌》中的《雪崩》，并收录在 1984 年的专辑《从她至永恒》当中。

主演，还有艾伦·金斯伯格，吉米·亨德里克斯、约翰·贝兹、B·B·金，和安迪·沃霍尔的锦上添花，除此以外，还包含了一些马尔科姆X存档胶片的片段。约翰·列侬和小野洋子还参与了本电影的部分投资。

莱昂纳德的第五部诗集《奴隶的能量》于一年后出版，与之前的几卷作品不同，收到了一些很彻底的负面评论。他严厉，极简主义的诗词将读者们推向了胃口所能接受的野蛮的底线。

伴随他私生活意气风发的混乱状态，苏珊在1972年9月份生下了他们的第一个孩子，亚当。莱昂纳德再次上路，在那些四处流浪的音乐人群体和欧洲音乐节巡演的热衷者中寻求帮助。

1972年的那个乐队，除了莱昂纳德作为主音吉他以外，还有弦乐演奏鲍勃·约翰斯顿和原声及电子吉他罗恩·科尼利尔斯、贝斯手皮特·马歇尔、原声吉他手大卫·奥康沃恩斯纳、伴唱歌手唐娜·沃什伯恩和首次出演的珍妮佛·沃恩斯。

鲍勃·约翰斯顿：1972年，我一定面试了有五六十个人，然后珍妮佛走进来："我们还有一个来自加州的。"她顶着一头杂乱的红头发，没化妆。很卖力地唱起歌。"你被雇佣了。"就是这样。（2013）

珍妮佛·沃恩斯：我第一次在康涅狄克州的哈特福德酒店大堂里遇上莱昂纳德·科恩以后，就一直在唱他的歌了。多年以后，我正在纳什维尔录制电视节目，接到一个电话，问我是否愿意作为伴奏和声加入莱昂纳德欧洲巡演的乐队。我以前从来没有做过伴唱——我优秀的足以做一个独唱歌手了。可我答道："好，绝对没问题。"（1987）

在1970年起就一直担任莱昂纳德经纪人的马蒂·马查特的精明指挥下，这场巡演被声名大噪的伦敦作家，专栏家，制片人托尼·帕尔默拍摄下来。他很善于抓住音乐人工作生活当中独特的地方，就好像专门针对作曲家本杰明·布里顿和弗兰克·扎帕合作的BBC纪录片《两百间旅馆》（*200 Motels*）一样。

在这次艰苦的巡演中，有很多独特而令人难忘的珍贵演唱会可以让帕尔默选择，而在以色列的狂野成为了全片的高潮。莱昂纳德嗑了奥斯里·斯坦丽给他的"沙漠灰尘"迷幻药，整个人的状态都像在刀尖上舞蹈。在特拉维夫，他鼓励歌迷们该近距离的观看演出，结果引发了一场人群和持警棍的安保人员之间的暴乱。直到他唱起《再会，玛丽安》的时候，才像是一个舒缓的祈福，彻底给人群带来内心的平静。

对于一个过分专注于保护孤独自我的人来说，指挥和控制所带来的责任和回报显然让他付出了过大的代价。黑暗就存在于莱昂纳德内心深处——可能是抑郁这只"黑色的大狗"，也可能是简单的精神上的乏累——引发了一系列的传闻，说他要完全退出音乐界。对"这个行业"不再抱有任何幻想的他告诉记者自己的创造力让他感到精疲力尽。但这种姿态没有持续很久，他就抵赖着说这个评论来自于媒体的误传。不负责任地玩弄自己的公众形象是明星们独有的特权，而莱昂纳德这种受过高等教育的家伙，也不例外。

在帕尔默纪录片《电线上的鸟》进入后期制作的阶段，莱昂纳德的优柔寡断简直到了极端的状态。他对此又爱又恨，对一些无法实现的结尾，还花了一笔不小的开支，做了重新剪辑的工作，这个虚荣的做法很显然没得到什么结果。英国广播公司最终在巡演两年之后的1974年7月才正式播放这部纪录片。

托尼·帕尔默：关于莱昂纳德·科恩1972年欧洲巡演的纪录片有段很复杂的历史。让我来澄清一两个彻头彻尾的误解——我觉得说误传更合适。我是被马蒂·马查特邀请拍摄这部纪录片的，这基本上是他的提议，或者说至少有一部分是因为他，因为他担心莱昂纳德以后可能再也不会举办巡演了。幸运的是，事实并非如此，不过你需要清楚的是，那时候科恩总会挂在嘴边的话是：a）他一点都不喜欢巡演，让他精疲力尽的同时根本没什么益处可言；b）他讨厌一晚上接着一晚上重复唱那些相同的老歌，还声称这样无休止的重复让那些歌都变得毫无意义可言了；c）还说他在台上是个很糟糕的表演者，经常被一个听起来与平时的自己完全不同的声音所拖累；d）以及，前三张专辑已经卖得很一般了，他可能没什么听众了。

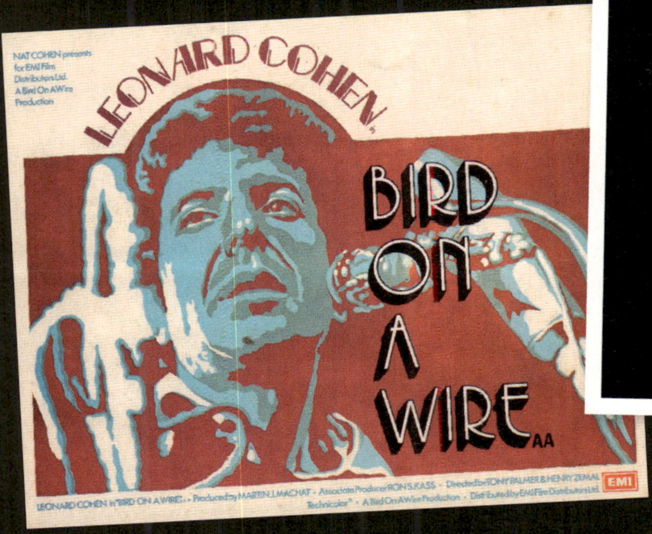

"现在，回头看，我对莱昂纳德作为一个诗人，一个歌手，甚至一个男人的崇拜依旧没有消减。最初的电影在制作的时候就充满了对他的敬爱，我希望在重制版中依旧可以看到那样的质量。"

——托尼・帕尔默于 2013 年

◆ 1972 年欧洲巡演的相关回忆和纪念品。托尼・帕尔默 1974 年的纪录片（上图左）和 4 月 4 日在哥本哈根福克纳剧院的演出现场（三张演唱会照片）。

1971 年 10 月份，在纽约马查特的办公室里，我跟莱昂纳德初次相遇的时候，他就向我解释了上述的这一切。他顺从的接受了关于拍摄巡演电影的提议，当然前提是他很希望这样可以为他带来更广泛的观众群。我之所以说“顺从”是因为他看起来并不是很热情。尤其当我提出加入的前提是希望可以得到全权的许可，拍摄那些我认为可能是有必要的令人兴奋的镜头时。我本来渴望能得到更积极的回应，把这一切都记录于镜头之下。但他同意得很不情愿，马查特还说他本人会出资拍摄这部电影，这样莱昂纳德就不必为了花销而感到有负担。

莱昂纳德信守了承诺，我真的得到了完全的许可，并且可以用我认为理想的方式去收集所需要的材料。我还曾建议，记录下每一场演出的所有歌是毫无意义的，所以我们达成一致，尽管我会出席所有 20 场演出，但我可能只会在大家同意的情况下记录其中 4 或 5 场演出。同时，我有种非常强烈的感觉，了解这个男人的关键在于他的诗歌，所以我曾建议录制一些他读诗的镜头。这个他倒是欣然同意了。事实上，因为他非常喜欢这个想法，甚至还特意为我组了一首诗，然后在我那本《奴隶的能量》的卷首部分手写出来，并留下了签名。

也许，时至今日，这部电影中最有价值的部分不仅仅是记录了他最好时期的 17 首最精彩的歌曲的演出（他对自己声音的评价纯属是胡说八道），还传递出了在路上的那种生活里困苦、颠簸和艰难的感觉。

我知道还有其他几部电影也曾成功的将幕后的混乱生动地呈现出来，在莱昂纳德这个片子中，他很显然根本就从来没在乎过镜头的存在。而且，可别忘了，这部电影拍摄于 1972 年，因为赛璐璐的存货有限，需要大量的灯光才能得到体面的曝光。用今天的数码技术，我们可以让自己从镜头中消失，但我很怀疑，应该不会有人允许我们这么做吧。

哎，莱昂纳德告诉我，他认为这部电影有点太“挑衅”了。并且担心自己总是在镜头中表现出一副“疲惫不堪，甚至是颓废的样子”。虽然后者无疑是很正确的形容，但前面的说法我坚信他是错的。（2013）

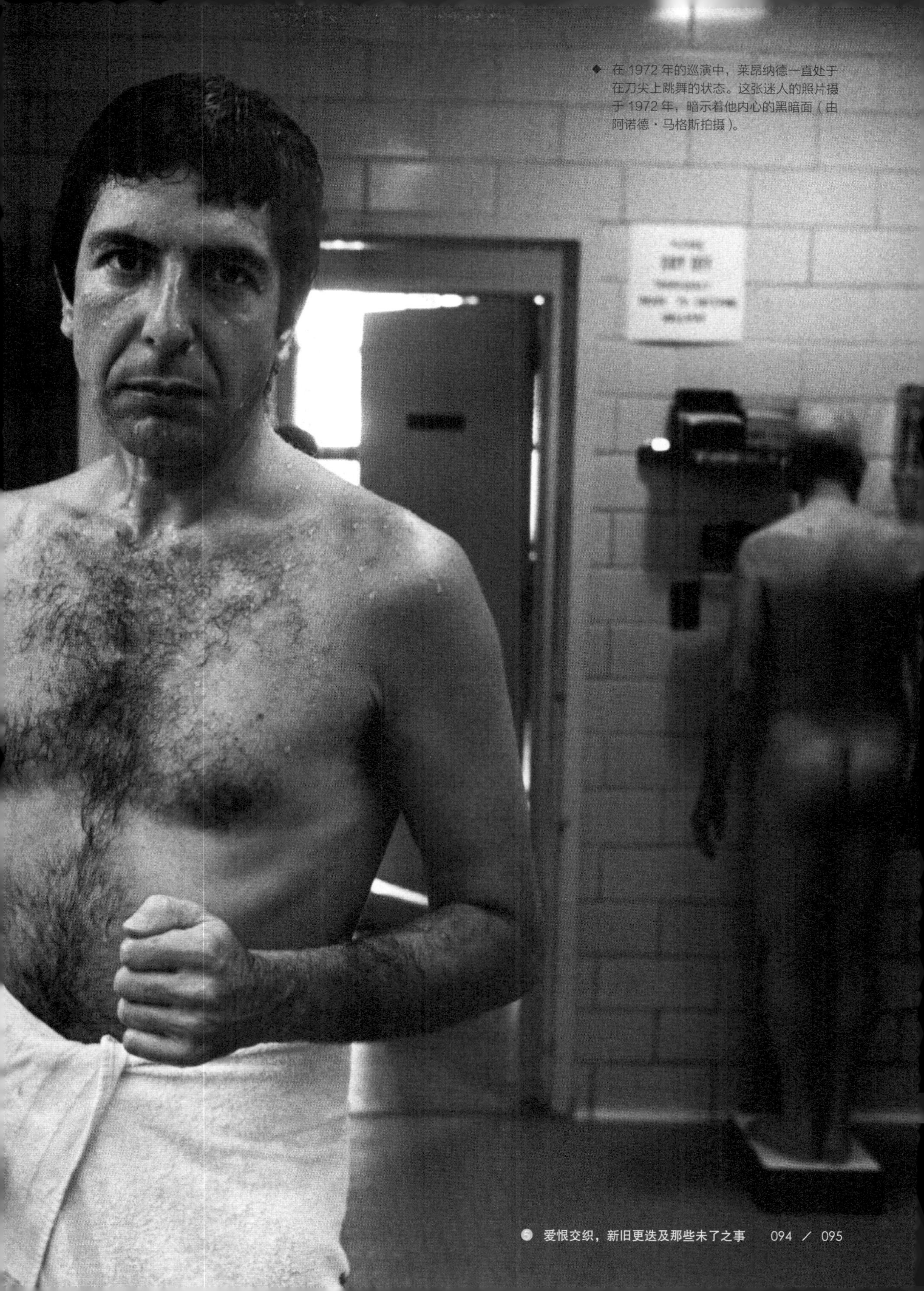

◆ 在 1972 年的巡演中，莱昂纳德一直处于在刀尖上跳舞的状态。这张迷人的照片摄于 1972 年，暗示着他内心的黑暗面（由阿诺德・马格斯拍摄）。

◆ 反思时刻。摄于汉堡音乐厅的后台，于 1972 年 4 月 5 日。

◆ 汤姆·希尔拍摄的肖像，于 1975 年。

"我偶尔会思考观众群的差异。我认为或许是因为我的音乐更能融入欧洲的传统。美国有自己风格的蓝调音乐。而我所做的是欧式的蓝调。是那种感性的骚灵音乐——白人版本的骚灵音乐[1]。尽管欧洲有自己版本的泡泡糖摇滚舞曲[2]。"

——莱昂纳德·科恩于 1975 年

[1] 之所以强调白人，是因为当时大部分骚灵音乐的演唱和创作者都是黑人，而他说加入了一些欧洲元素，所以称自己的作品为白人版本的骚灵音乐。
[2] Bubblegum，摇滚音乐的风格之一，朗朗上口，主要是面向青少年的流行音乐。

◆ 当 1973 年 10 月赎罪日战争爆发的时候，莱昂纳德加入了以色列的劳军团。图为尤里 · 丹拍摄的肖像。

“莱昂纳德最初写歌是因为他不得不写，因为他想约炮。后来他写歌是因为他想赚钱。但也正是那时我明显的感觉到，他真的有话想说。”

——安德鲁·罗格·奥德汉姆于 2013 年

1973 年 7 月，《仁慈的姐妹们》——一部将他的几首诗与歌词组成的音乐剧——正式开演。首演在尼亚加拉的萧伯纳戏剧节上，之后一路向南搬上了纽约外百老汇的舞台。它依旧没能逃脱高谭市批判社区伸出的长舌。《纽约时报》的克莱夫·巴恩斯写到：“虽然科恩可能是上帝赐给女人们的礼物，但他无论是作为诗人还是音乐人，都不太够格。”

如果他的批判者仅仅将他视为一个空有力气翻转风车的人，那莱昂纳德的下一个唐吉诃德式的冒险则一定会招致他们最为傲慢的蔑视。10 月，在赎罪日战争正如火如荼的展开时，他决定加入以色列军队，找了一堆投机理论作为动机，来为这个不计后果的行为作解释。几个稍微头脑清醒点的同事说服他放弃加入这个独特困境的想法，将加入军队取而代之的是成为另一个版本的鲍勃·厚普[1]，给部队的士兵们提供娱乐节目，他还喝了不少来自年轻女兵献上的甜葡萄酒；要知道，从来没有哪个“伪”士兵享受过这么好的待遇。

同年，专辑《现场歌曲》发行。是他从 1970 年到 1972 年巡演现场演出歌曲的合集，捕捉到了些莱昂纳德催眠般的力量，还有他的团队在那些敬仰他们的人群面前的表现。

莱昂纳德·科恩：专辑《现场歌曲》代表了一段迷茫无头绪的时光。我喜欢它的地方在于它非常清晰地记录下了那个阶段。我对记录这件事儿很感兴趣，而且一直希望可以做出一个作品，可以包含大范围的话题和主题。并不一定非得是反映自我的，但可以大概回顾下过去的 20 年。我第一本书是 20 岁的时候出版的。那就是 20 年前的事儿。（1975）

在和哥伦比亚唱片公司续签合同的时候，莱昂纳德开始为新专辑录制素材。《为旧礼而备的新衣》终于在 1974 年 8 月得以面市，距离上一张录音室专辑间隔了差不多三年半的时间。

莱昂纳德·科恩：有那么一段时间，我认为不会再出新专辑了。我几乎感觉自己写歌的能力已经消耗一空，因为很久都没写出什么东西了。事实上，我应该早就知道的，现在创作一首歌要花上很长的时间。

我曾经听约翰·利绍尔和路易斯（福里）在蒙特利尔的一家俱乐部演出。约翰和我开始交谈，我给他演奏了几首歌，基本都弹了一半。利绍尔对我的音乐理解最深刻。这些歌大部分都是去年夏天完成的，我用它们召集了乐团，并于去年在美国完成了巡演。

现在，我进入了另一个阶段，一切对我来说都是崭新的。这阶段就是我要开始和约翰合作了，做那些我从来没期望也没打算和任何其他人做的事情。这并不是提高的事儿，而是分享的事儿，分享理念，与另一个人分享。我创作起来非常慢，这会让很多人彻底放弃希望。

[1] Bob·Hope：美国喜剧人，舞者，演员，运动员和作家，职业生涯长达 80 年，演了 70 多部电影和短片。

“禅师过去总是来看录音。他是最酷的那一个。他就坐在那里，面带微笑。在我们录制专辑的时候，莱昂纳德给我们介绍了一种叫五加皮的亚洲酒，只有唐人街的一家店有得卖。是禅师推荐给他的，简直太赞了。我时不时地就会带一瓶去录音棚。你可以听到，比如在《离开绿袖》[1]那首歌中，莱昂纳德在录声音部分的时候，已经喝高了。一般情况下我们都会等到夜晚结束的时候，才会喝上点这个小东西。”

——约翰·利绍尔于 2013 年

[1] Green Sleeves 绿袖一词，出自一首英国民谣，在伊丽莎白女王时代就广为流传，有四百多年的历史。在英国民间，指的一般是歌妓一类的风尘女子。

不过，去年夏天，我去埃塞俄比亚，本打算晒日光浴，可竟下起了雨，甚至连西奈沙漠都下了。整个那段时间，我一直有我的小吉他陪伴左右，就是在那个时候，我突然感觉所有的歌终于显露出来。过去的四五年里我一直随身带着的那些手稿，从一个旅店去往另一个旅店的创作，终于有了结果。（1975）

莱昂纳德找来这个年轻有为，可以演奏多种乐器的利绍尔，来当他的制作人。作为常春藤大学古典和爵士音乐的学生，利绍尔看上去并不是当制作人的料，尤其在马蒂·马查特的眼中。马查特叫来约翰·哈蒙德加入，与他一同在录音棚看利绍尔工作，继而发现，他果然是可以胜任这份工作的。

约翰·利绍尔：我最开始在蒙特利尔安德烈·派瑞的录音棚里做制作人、唱片工程师。突然接到一个叫路易斯·福里的家伙打来的电话。“我是弗雷泽·莫霍克的朋友。”他说的是一个曾经与我共事的人。“哦。”“你得来跟我一起工作。”路易斯是个小提琴手，我们一拍即合。一起做了他的专辑，还有一些在纳尔森酒店的演出。路易斯在蒙特利尔的出现纯属意外。

莱昂纳德在我们于纳尔森酒店演出的时候找到的我。第一场演出结束时，便向我介绍了他自己。莱昂纳德可是个名人，这里还是他的家乡。幸运的是，我当时确实知道他是谁。他只是说：“我很喜欢你的作品，路易斯跟我提过你。”路易斯一直在跟着莱昂纳德一起学习诗歌。而我和他现在做的这种新音乐，就游走在诗歌的边缘。莱昂纳德还说：“我一两周内会去纽约，你那时候会回纽约吗？”“是的，这边的演出结束以后我就回去。”“那咱们一起回去。”“好。”我把我的电话号码留给了他。他打来了电话。我当时住在一个四楼的阁楼公寓，两千平方英尺大，以前是个黑手党的酒吧，专供上班族下班后娱乐的俱乐部。

他来我家，我们坐在一起，一见如故。莱昂纳德在最开始就说得很清楚，我们应该一起工作。然后他用吉他弹了三首歌给我听。其中两首非常有节奏感：《爱人爱人爱人》（*Lover Lover Lover*）和《一场战争》（*There is a war*）。他曾经在非洲待过一段日子。他们都是随心所欲演奏歌曲的。这听起来一点都不像是生长在欧洲大陆法国区诗人的弹琴风格。这绝对会是很不一样的作品。

他还给我唱了《切尔西旅馆》。我给他的回答是："哥们，我对这个有想法。"

接着莱昂纳德便给他的经纪人马蒂·马查特打了电话。然后莱昂纳德跟我说："嗯，我得把你介绍给约翰·哈蒙德。"就这样，我们仨，莱昂纳德，我，还有哈蒙德在纽约的阿尔贡金酒店见了面。

我找来丽莲·海尔曼，我们一起吃了顿开心的晚餐。哈蒙德签到哥伦比亚唱片的所有艺人我都知道。

然后我们录了三首歌的小样。我用了一个穿着工服的哥伦比亚唱片工程师。我跟莱昂纳德做的东西与以往完全不一样，我会为他带来更多的听众。他的专辑中将出现节奏感。哈蒙德去录音棚看我们录歌，尽管我要做这张专辑的制作人，但他毕竟是公司的主管。"这绝对是最棒的，我们要做这个。"他立刻决定签下我，马蒂当然也就跟着同意了。

那些音乐人都是我哥们。我们一直在一起，创造了很多有创意的项目。路易斯·福里拉小提琴，拉夫·吉普森负责吉他。艾伦·迪金斯做伴唱，后来在 1977 年成了我的第一任妻子。还有杰夫·雷顿，是我的一个朋友，是个吉他演奏能手。鼓手是罗伊·马科维兹，贝斯由唐·派恩和约翰·米勒负责，后者几乎跟所有人都合作过，其中还包括莫斯·艾莉森和菲尔·奥克斯。这让约翰看起来称得上是最佳人选。(2013)

约翰·米勒：我的职业就是录音棚音乐人。这是我第一次真正地感受到某一个人可以在他的音乐中留有如此多的空间和余地。也是我第一次真正接触到"少即是多"的音乐理念。只演奏一点音乐，借用那些空间和余地让整个作品顺理成章。我觉得贝斯和其他所有乐器的混音和管弦乐的伴奏，都遵从了利绍尔的概念，每一种乐器带来的都像是民谣室内乐。(2013)

约翰·利绍尔：我们起初在哥伦比亚唱片的录音棚里录制。我说"我想去'理念录音棚'"，我以前在那里工作过。很安静，比较偏僻，离莱昂纳德住的美仑大酒店只隔了一个半街区。那里的氛围也特别酷。设备也是最好的。我们唯一用到的哥伦比亚唱片公司的声效来自于产自二战时期的德国广播话筒诺依曼 49 和 67。因为莱昂纳德声音的深度，我们觉得这才是正确的方法。

琳恩·昂格尔是那个录音棚的助理工程师。她大概 18 岁左右。也可能更年轻。曾经为路易斯·福里的专辑工作过。她成了我的工程师，我觉得我可以把她当做第一录音工程师用。在之后的几十年，她都参与了莱昂纳德录音室专辑的工作。(2013)

肯尼斯·库贝尼克：为了达到更为贴近完善的声效，利绍尔扫清了所有分神的障碍。比如女朋友们，宿醉，厂牌代表等等，强迫莱昂纳德专心于此。专辑的结果当然比之前所有的录制作品，在音乐方面都更有深度，氛围也更好。利绍尔漂亮的管弦乐效果被纽约爱乐交响乐团完美的呈现出来。而贝斯，鼓和吉他充满激情的伴奏也为莱昂纳德给予了足够的自信，可以最终大声唱出自己的作品，演绎自己的声音。

歌词方面，莱昂纳德还在继续探索男女之间野蛮的冲突。他将焦点放在触手可及的露骨黑暗和徘徊于阴影中使欲望受挫的"看守"之上。在《一场战争》，《歌手必死》(*A Singer Must Die*)和另一首假名(原文法语：*nom de guerre*)作品《战场长官科恩》(*Field Commander Cohen*)中，用肉体与政治的结合暗示战争，是个既直接又大胆的举动。弦乐和铜管乐器相结合的点缀使《为旧礼而备的新衣》作为一部完整的宣言，闪闪发光，远不是之前那些简单的巡回曲合集。甚至连专辑封面都用了一个文艺复兴时期充满色欲的艺术品，阐释着爱与政治不过是表现统治与服从的礼貌表达。(2014)

约翰·利绍尔：说实话，回想起来，我还是很惊讶。他让我随心所欲。我从来没说过："让我试试这个"，他只是说："你想怎么做？""唔，我有个想法，我们这么做，让我试试这招。"事情就真的顺利进行了。这是非常冒险的。莱昂纳德愿意放手一搏。当我做一些弦乐的编排和一些很鲜明不同的东西时，他意欲满满。我对《切尔西旅馆》的改编所呈现的就是完全不同的另一种风情。我在一些地方加了点时髦的小竖笛声。将整首歌解说得很完善，也立刻变得生动起来。如果需要的话，莱昂纳德知道需要在哪里画出界线，引起你的注意。(2013)

《为旧礼而备的新衣》发行的时间正是莱昂纳德女儿洛尔迦出生的日子。他用西班牙诗人费德里克·加西亚·洛尔迦的名字命名了女儿。就好像是为了进一步见证他的好运，评论界对这张专辑罕见的达成了一致的意见。并特别指出，老练精明的利绍尔给这位阴郁的创作歌手的作品带来了一缕光亮。

莱昂纳德·科恩：我不得不说，我对这张专辑很满意。它很棒。我并不为它感到任何羞愧，我也愿意挺身支持。不过与其说它是一部杰作，我更希望说它

◆ 1974 年欧洲巡演的现场照。音乐制作人约翰·利绍尔负责键盘。

是颗小宝石。最早原版的专辑封面是从一本炼金术书中找到的一张 16 世纪的画，上面是两个裸身拥抱的天使。哥伦比亚唱片公司觉得没穿衣服的天使对于美国公众来说，还是过于露骨。但在欧洲，同样封面的专辑已经销售了 25 万张，而且没有一点关于封面的负面评论。因为是我设计的这个封面，所以最终我还是成功说服了唱片公司的人。他们又重新选用了旧封面，不过在上面“谦虚”的做了个封套。除了这些微不足道的小问题以外，我对这张专辑是非常满意的。（1975）

约翰·利绍尔：我为莱昂纳德组了一个乐队，然后开始了巡演。除了参与专辑的那些人以外，还有一个莱昂纳德推荐的伴唱歌手：艾米丽·宾迪格。

莱昂纳德对于我来说如导师一般。他跟我谈哲学，给我介绍反射疗法[1]，后来我对此深感兴趣，直到今天还在做。他几乎什么都跟我聊过，因为我们每天有很多时间都在车上。我们游遍欧洲，去了几趟英国。莱昂纳德还给我介绍日本料理。我们成了志同道合的朋友。

在舞台上，莱昂纳德的歌变得更加出名。观众们全都特别投入。小妞儿们带着小伙子来。但肯定还是小妞儿多，尤其是单身的。在化妆间大概挤了有 15 个姑娘。她们只是想在现场待着。所以，我总是作为音乐制作人站在莱昂纳德的身边。我也单身太久了，所以这对我来说简直就是天堂。（2013）

[1] 古埃及或更早时期出现的一种疗法，根据足底反射点的压力来影响人体的内部器官和体内循环系统。

◆ 上图：9 月 26 日，在汉堡的国会中心。
◆ 下图：伦敦的一场演出。从左至右，分别是约翰·利绍尔、杰夫·雷顿、莱昂纳德、约翰·米勒，艾米丽·宾迪格以及艾伦·迪金斯。

◆ 劳伦·范·霍顿拍摄的肖像，于 1974 年。

因为已经有四张专辑的内容可以利用，莱昂纳德的公司厂牌决定现在是时候出一张合集了。《莱昂纳德精选集》于 1975 年秋季发行。在为《旋律制造者》做一次关于莱昂纳德的采访时，他坦承："我最初是反对这个想法的。但我并不太记得后来是怎么被说服的了。确实有新一代的听众对我以前的很多作品都不了解。我挑了一些歌，总体做了一些艺术上的调控。我设计了包装，坚持将歌词本收录专辑中，每首歌上还写着谱子。"

约翰·利绍尔：莱昂纳德和我都在兴头上。我们 1974 年的巡演非常成功，而且没有 1970 年或是他上一个 1972 年的巡演那么夸张。这是给流行大众听的严肃的音乐。莱昂纳德是我遇到过的最伟大的诗人，他的东西很有深度。我当时正在读他的书。所以我们有着完全一致的想法。后来他说，"你知道我们该做些什么吗？我们应该一起创作一张专辑，一起写。"我回答道："喔，这听起来太棒了。"因为我是个搞旋律的，而莱昂纳德从来没仔细思考过自己歌的旋律。(2013)

对于莱昂纳德无休止的旅程中，即将步入的下一个阶段来说，洛杉矶无疑有着非常宝贵的环境。禅师在那里，而录音产业的中心也汇聚于此，因而让这里有着无穷尽的音乐和技术资源。他这一年花了大量的时间在路上，偶尔抓紧时间抽出一星期，在纽约或者洛杉矶和利绍尔一同进行新专辑的创作，当时的暂定名为《给丽贝卡的歌》。他们主要在日落大道一家建于爵士时期[1]的酒店马尔蒙庄园相聚。两人似乎找到了创作的最好状态。经过几个月的共同巡演，他们已经建立了非常坚实的合作基础。

约翰·利绍尔：我们去洛杉矶，在马尔蒙庄园大概住了两星期左右，写了一堆歌，它们都很不错。我当时有一架电子钢琴。他负责写歌词，也给了我一些可以用作歌词的诗。我说"我用它们创作一些想法出来，旋律和和弦什么的。"如果我写了些过于旋律化的东西，他唱起来会不太适应，而听上去，也好像我正在把他变成肯尼·罗杰斯之类的家伙。如果实在是不行，我就知道，我必须得放弃这个。

后来我们开始巡演，我们创作出这些歌，然后在路上排练，效果很好。所以等我们回来的时候，听上去都已经很不错了。后来，莱昂纳德说，"我要回伊兹拉岛一个月，等我回来的时候，我们一起去录音棚，疯狂起来。"那以后，我就再也没有从他那里听到任何音信。(2013)

这个突兀，毫无解释的结果让利绍尔倍感困惑。莱昂纳德消失在以太之中。利绍尔用其柔软的审美提升了莱昂纳德的作品，但这一切全都被抛弃在一边。《给丽贝卡的歌》专辑的母带也随之消失了。

[1] Jazz-age，一般指 20 世纪 20 年代，最终以大萧条的到来为结束。当时爵士乐和爵士舞风靡全美。

◆ 与伴唱歌手艾伦·迪金斯和艾米丽·宾迪格以及贝斯手约翰米勒，一起在鹿特丹多伦音乐厅的舞台上。于 1974 年 10 月 1 日。

◆ 约翰·米勒为1976年55场欧洲巡演担任了音乐总监。

"莱昂纳德给了我完全做主的机会。他很明智地知道合适的位置应该给谁。当我建议应该用鼓的时候—我认为那应该是他第一次用鼓—他没有说什么'我希望你为我面试一个合适的鼓手'这种话，而是说'你认为谁比较适合我的音乐？'"

——约翰·米勒于2013年

约翰·利绍尔：结果我发现，是马蒂·马查特。他也是菲尔·斯派克特的经纪人。他跟华纳兄弟做了一笔大生意。因为斯派克特，大概给了200万美金的预付金。这里面他大概捞走了10%或是15%的佣金，但斯派克特一张专辑都没做出来。所以华纳兄弟给马蒂打电话，说"要么给菲尔·斯派克特做个专辑出来，要么还钱"。所以他跟莱昂纳德说："忘记约翰那事儿吧。我们，你懂得，得跟菲尔做个东西。"

所以没人跟我说过这事儿。我一直等着他的回信。我也很忙，也有其他别的项目要做。莱昂纳德如果准备好了会给我打电话的。我们还有这些歌呢。所有这些都在兴头上就被突然熄灭了。我们本来已经行动起来了。我给马蒂打电话，但他一直也没接。所以我产生了这样的感觉："好吧，他们讨厌这个，肯定发生了什么事儿，他们一定不想再跟我合作了。"所以我只能说："这肯定不该这样。"一定发生了什么，或许他们真的决定不再喜欢我和我的专辑了。或者莱昂纳德正在做别的什么。(2013)

对于沉默寡言的巨星来说，上路巡演是个很有效的出逃方式。他从在"村庄"剧院首演时还会结巴的那个人一路成长；正如吉姆·莫瑞森早期在为专辑《门》做宣传的首演时，背对着观众来克服上台的恐惧一样，莱昂纳德硬挺着成为了一个魅力十足的出面人物。1976年从4月到7月之间马查特为他安排了五十五场演出，涵盖了整个欧洲地区，还在英国停留了一段时间。这条走过的成长之路有着它独有的魅力，这是一个完全密封的世界，在那里，因为过盛的女人，酒与歌，使得牛顿定律都不再适用于此。

约翰·米勒——莱昂纳德的贝斯手——替代利绍尔接任了音乐总监的职务。他对巡演的回忆是场场售罄，狂欢直至黎明，无论是对乐队的乐手还是歌迷，莱昂纳德都非常的慷慨大方，而与这样一位目光坚毅，看似孤独的流浪犹太人共同分享这段舞台上的体验也算得上是一种恩赐。

约翰·米勒：大概在第二次还是第三次巡演时，莱昂纳德曾问过我，是否愿意做一名音乐总监。无论从他之前与利绍尔的经历来看，还是从我对罗斯科·贝克的知之甚少（莱昂纳德后来的音乐总监），都足以清楚地表明他做这个决定的时候，没经过什么仔细思考，而且对那些比较理解他音乐内涵的家伙感到莫名的自信。尤其是我这个情况，因为我记得我很少会在没有寻求莱昂纳德的意见之前就建议大家做些什么。

"禅院是个活动很多的地方。确实，很少有人说话，但其实活动并不少。曾有这样一句禅语说道：'正如装在袋中的鹅卵石一般，僧侣们也打磨擦亮了彼此。'在那里的时候，人与人之间的关系很亲近。相比城市中的生活，少了些孤独。因为无论睡觉，作业还是冥想，你都和别人在一起。"

——莱昂纳德·科恩于 2001 年

◆ 鹿特丹多伦音乐厅，一个并不太常见的特别后台照。于 1974 年 10 月 1 日。莱昂纳德在英国巡演的时候，也曾经在一个忙碌的马路边倒立过，因为巡演巴士坏在了路上，他用这样的方式吸引别人的注意力。

无论莱昂纳德身边有多少个乐手，氛围都似乎非常开放，所有事情都有商有量，不会毫无缘由的下决定。大家面临的挑战在于发现莱昂纳德音乐的本质，在里面加上利绍尔或是我的风格。我们没有夜以继日地忙碌于此，因为这毕竟还是莱昂纳德的作品，而且他的音乐力度那么强，最后的改变所得到的结果不过是相同颜色的不同色调罢了。(2013)

在巡演过后，莱昂纳德重新回到伊兹拉岛，与苏珊、亚当和洛尔迦相聚。那里是他的安全港湾，可以让他重返年轻，并开始自我反省。他们很快就加入了老伙伴欧文·莱顿和他的妻子艾薇娃身边。谁都没有对他手下留情。莱顿无法原谅莱昂纳德最近的诗意表达；不过，他的批评总是能被不加掩饰的热情所缓和，而这个更年轻一些的作家严重的自我怀疑也能因此而得到平静。

洛杉矶是这个马不停蹄的一年中，最后一个停靠的港湾。莱昂纳德非常热衷于待在禅宗中心。它的静修处在秃山的最高顶，挨着圣加布里埃尔山脉。禅师结实的身段可以明显地让人感知到他所行走过的路，所汲取的价值观以及付诸于行动的那些选择带来的痕迹。修行是成年人的工作场所，有禅师的陪伴，是时候应该全力以赴，深入地思考问题，并体面地作为。不过，莱昂纳德紧接着便与一个他遇到的最没有禅性的人一起合作，录了一张专辑。

/ 6 /

奇怪的一对

◆ 他的人生中仅此一次，即在《情圣之死》的录音过程中，莱昂纳德与传奇音乐制作人没有做到一拍即合。

我真的可以纵情歌唱的，你懂得。

——莱昂纳德·科恩于 1977 年

时间轴

1976
秋天：
为了和禅师有更多的接触，在洛杉矶租了一间房子，开始创作一些新素材，《给丽贝卡的歌》彻底被弃，约翰·利绍尔也被菲尔·斯派克特所取代，成为合伙创作人和制作人。

1977
1 月 -2 月：
主要在洛杉矶录制专辑《情圣之死》。

6 月：
专辑《情圣之死》最后录制阶段。

11 月 13 日：
专辑《情圣之死》发行，与苏珊彻底分手。

1978
2 月：
69 岁的母亲，玛莎·科恩去世。

苏珊和他们的孩子回到蒙特利尔，陪伴莱昂纳德。

春天：
苏珊永远离开了他。

秋天：
《情圣之死》出版（不要与同名专辑混淆），这是一本诗集，包含了过去十年一些诗歌的整理合集。

◆ 道格·韦斯顿在西好莱坞的“游吟诗人”俱乐部，1974 年 12 月莱昂纳德与菲尔·斯派克特的第一次相遇就是在这里。即使 40 年后，这里依旧热闹非凡。

◆ “不要惧怕软弱，不要羞于疲累。筋疲力尽的时候，你依旧看来不错。”选自《情圣之死》中的《如何表达诗歌》(1978)。

"我现在感觉更难应付专辑录制这事儿了。我们简直就是化身博士的两面[1]。菲尔一进录音棚就像完全变了一个人。这张专辑不断出现在各个乐评人的名单上。这专辑肯定是有它自己的力量的。可这张专辑也是我出版作品的 25 年或 30 年里，唯一一个没能参与到最终制作的作品。不过我很高兴当初结识了菲尔，而他在我脑海中永远是见过的人里最不寻常的家伙。"

——莱昂纳德·科恩，关于专辑《情圣之死》的评论，于 1985 年

[1] 好莱坞经典电影，杰基尔博士发明的化学试剂能把人分裂，一个伸张正义，一个作恶多端，两种身份共存，因无法控制自己的邪恶面，最后终因忏悔而自杀。

20 世纪 70 年代中晚期，出现了很多不太可能在一起合作的艺人与制作人的组合——像是海伦·雷迪与金·富勒、"大放克铁路"乐队[2]与弗兰克·扎帕。不过，最不可能的那个组合就要数菲尔·斯派克特和充满反叛的苦行僧莱昂纳德·科恩了。

莱昂纳德第一次见到斯派克特是在 1974 年底。那时候莱昂纳德正在洛杉矶做一场比较特殊的俱乐部演出——那是 12 月 6 号 –8 号，在西好莱坞道格·韦斯顿的"游吟诗人"俱乐部里一次约定好的表演。在第三天晚上的最后一场演出后，斯派克特在他比佛利山上那座西班牙式大庄园的家中为莱昂纳德举办了一个非正式的派对。

通过他们共同的经纪人马蒂·马查特——这位带着斯派克特去看莱昂纳德演出的中间人——莱昂纳德与斯派克特分别引起了对方的注意。在"游吟诗人"演出后的聚会上，两个人相处甚欢，之后便一直保持着时断时续的联系。1976 年底，当莱昂纳德再次到访洛杉矶的时候，斯派克特邀请他来家中做客。

头一晚，两个人共同创作了一个帕蒂·佩姬《我参加了你的婚礼》（*I Went To Your Wedding*）的新版本。到了吃早餐的时候，他们已经合作写了两首新歌。莱昂纳德负责写词，斯派克特用钢琴弹出旋律。《情圣之死》便就此萌芽。

莱昂纳德最近已经搬到洛杉矶了，"我喜欢这，"他在 1977 年的一次访谈中，就这么对我说过，"这里太过绝望了，反而是件好事。而且，这个城市可能是世界上唯一一个让我在车道停着的车里就能写出一首歌的地方了。"

莱昂纳德·科恩：菲尔不是一个伟大的作曲家，但绝对足够勇敢。他胆大到愿意去尝试使用最平庸的曲调，但不知怎的，能从中创造出惊人的成功。这就是他作品精彩的原因所在。（1977）

斯派克特早期的作品令莱昂纳德尤为印象深刻——比如经久不衰的经典《了解他请先爱上他》（*To Know Him Is To Love Him*）和《你已经失去了爱的感觉》（*You've Lost That Lovin' Feelin'*）。

莱昂纳德·科恩：在这些歌中，故事的情节清晰得不能更清晰。画面感非常富有表现力——它们就这样将故事对我们娓娓道来。斯派克特真正的伟大之处就在于他有能力将这些不可思议的小瞬间深刻鲜活地带入我们的内心。（1977）

1977 年 1 月，科恩和斯派克特这对创作组合进入东好莱坞的金星录音棚。这个地标性的地方是唱片工程师戴夫·高德和斯坦·罗斯于 1950 年开放使用的。它所服务过的客户名单中记录在册的包括：艾迪·科克伦[3]、里奇·瓦伦斯[4]、赫布·阿尔伯特[5]、蒂华娜铜管乐队[6]、鲍比·达林[7]、正直兄弟乐队[8]、杰克·尼采、朗

[2] 六七十年代重金属乐队的代表，唯一可以与英国大牌金属乐队相比的美国乐队。专辑销量均过百万。

[3] 艾迪·科克伦（1938–1960），早期美国影响深远的摇滚乐歌手，音乐制作人。
[4] 里奇·瓦伦斯，拉丁摇滚传奇歌手。
[5] 赫布·阿尔伯特，美国小号天王，创作奇才。
[6] 与阿尔伯特一同合作创作了轰动全球的《孤独的公牛》。
[7] 鲍比·达林，美国著名歌手，创作人及演员，风格曲目包含摇滚、爵士、流行、民谣和乡村。
[8] 又译作正义兄弟。《人鬼情未了》和《冲上云霄》等电影作品中的经典原声让他们至今盛行不衰。

“跟菲尔合作之后，我发现他制作音乐方面的一些处理方法非常的……呃……对我来说反正很反常。我是说，我很少在包含25个音乐人的直播室里录音，这里面甚至包含了2名鼓手，3个贝斯手和6个吉他手。”

——莱昂纳德·科恩，1977年

◆ 菲尔·斯派克特在洛杉矶牢牢控制着金星录音棚。60年代，也是在那里建立了他知名的“音墙”[1]，并于1977年录制了莱昂纳德的专辑《情圣之死》。

[1] Wall of sound，他创造了一个史诗般的录音技术，让很多乐手在同一时间合奏，再通过磁带回声机放大。

奈特合唱团[1]、索尼和雪儿、水牛城斯普林菲尔德[2]、布莱恩·威尔逊、海滩男孩乐队[3]、顽童合唱团[4]、乌龟合唱团、休·玛斯卡拉以及铁蝴蝶乐队[5]。

“不要惧怕软弱，不要羞于疲累。筋疲力尽的时候，你依旧看来不错。”选自《情圣之死》中的《如何表达诗歌》(*How to Speak Poetry*)(1978)

这都是些很有意思，在一起感觉很美好的人——吉米·范·休森、吉米·麦克修、弗兰克·莱塞、唐·罗伯特森还有索尼·博克。录音棚的回声室产生了一种“音墙”的效果。戴夫(高德)建造了这些器材和回声室。这让金星录音棚给人带来一种感觉，一种情感上的感觉。它不再是个死气沉沉的录音棚，而是一个有生命的地方。这间录音室大概有 30 乘 40 英尺大[6]。到处都是电子管麦克风。录人声的时候，他们没用防喷罩和防风罩。我们把人嘴里发出的声音都录进去了。这才有生命力对吧？(2001)

当我 1977 年为了《旋律制造者》采访斯派克特的时候，他谈起了很多关于这些传奇的音乐制作方法。

菲尔·斯派克特：当你看一部库布里克的电影时，你告诉我演职人员里立刻能说出名字的有几个，一个？两个？费里尼也这样。我也想像他们那样去执导专辑的录制。歌手不过算是个乐器，他们是用来录制的工具。

我的专辑中不会出现 4 部和声……可能大概有 32 部和声……我希望所有音乐人都同时在场。我把所有需要的东西都用同一个效果器试一下，然后将 24 个效果器试个遍，只为了确定他们是否都通上了电。

我的唱片工程师(拉里·列文)跟我工作的时候吓得要死。我录音的时候，所有内容都会通过磁带回声机(卡座混响效果器)放大。我的唱片工程师说：“你简直就疯了。”你知道雷·康尼夫用卡座混响的次数可比我这辈子用的还多得多吗？这可是事实。我先把基本的东西录好，然后用一个或两个效果器。然后精简一下。再把我的声音放上去。最后完成的音乐绝对都是单轨的。我别个“回归单声道”的别针[7]可不是无缘无故的，我真的坚信应该这么做。

过去十年，巴尼·基索一直是我的专用吉他手。泰瑞·吉普斯负责打击乐……基本就是这样。你身边的天才越强，跟你一起工作的人就越优秀，大家就越专注，而最后你这个制作人也就做得越厉害。这很像是班级里的老师。这些音乐人从来没让我觉得被超越，因为跟他们之间从来不存在竞争关系。我完全跟他们保持一致的步态。你需要可以雇佣最佳人选的能力。我有创造力。我知道我想要的是什么。(1977)

比如鼓手哈尔·布雷恩和吉姆·凯尔特纳、贝斯手雷·铂尔曼，打击乐手和电颤琴演奏者泰瑞·吉普斯，吉他手和和声唐以及大卫·凯瑟尔、键盘手唐·兰迪——这就是《情圣之死》专辑的配置。

唐·兰迪：在科恩录制的日子还有每次跟菲尔的合作时，所有人都要演奏一部分内容，而时间总是成倍的增加。比如钢琴，你可能会找一个人专门负责高音区，一个人在中间，但菲尔·斯派克特想要的却是音乐会级别的那种完全不同的声音。他会要一个直接的声音，或是电子乐的，要么是沃立舍[8]音质的。他需要的是大范围的完全不同的音调。这就是菲尔。他非常了解音调。而在金星录音棚这就让效果显得如魔术一般神奇，因为所有这些泛音都慢慢增强，成为了“音墙”的一部分。

你要知道，“菲尔乐队”中大部分成员专攻的领域都是爵士乐，摇滚不过是他们谋生的工具。

他们中大多数人都没有我这样享受这工作。我必须坦白地说，我总是喜欢其中摇滚的那部分。这让我感觉趣味十足，从音乐的角度来说也很有意思。尽管并不是一直都这么开心。但至少百分之八十的时间还不错。我们有的时候可以做一些专门的摇滚乐录制，完全跟爵士乐不沾边。比如当罗奈特乐队、艾克和蒂娜·特纳、水晶合唱团、雪儿、莱昂纳德·科恩和之后的雷蒙斯乐队录专辑的时候。这样的录音理念很有意思，而这些歌手也完全有能力可以胜任此道。他们都是最优秀的音乐人，现在依旧是。总会有优秀的歌。而这些歌总能讲述一个故事。这些歌曲本身都如电影一般完整。(2008)

哈尔·布雷恩：我们可以跟所有人都合得来：弗兰克和南茜·辛纳特拉、海滩男孩、约翰尼·瑞弗斯、妈妈爸爸乐队、第五维度乐队、西蒙和加芬克尔以及莱昂纳德·科恩。不过 1968 年录制猫王专辑的时候，或许需要稍微正经一点。(2008)

---

[1] 60 年代美国最流行的乐团之一，三人的女子组合。
[2] 一支生命力短暂但较有影响的美国民谣摇滚乐队，包含尼尔·杨，史蒂芬·斯蒂尔斯等四位著名成员。
[3] 美国著名的迷幻摇滚乐队。
[4] 又译作门基乐队。四人组成的美国本土乐队，唱片销量甚至超过了猫王和甲壳虫乐队。
[5] 美国“前重金属(Pre-heavy metal)”乐队，运用迷幻摇滚中吉他的演奏技巧。
[6] 约 366 平方米。
[7] Back to mono：他 60 年代做的一套包含四张专辑的合集，名为《回归单声道》，里面除了歌词本以外，还送了一个写有 Back to mono 的圆形胸针。
[8] 沃立舍，美国知名钢琴品牌。

“有一天他一手拎着酒一手拿着一把点三五的手枪。将胳膊搭在我的肩膀上，枪口顶着我的脖子说：‘莱昂纳德，我爱你。’我当即回答：‘希望你是真的爱我，菲尔。’”

——莱昂纳德·科恩，2001年

◆ 1976年4月，德国巡演时，蹲在火车道上。

◆ 那时候在“金星”乏味无聊得很，但莱昂纳德靠高卢烟和威士忌保持了冷静。肖像照由朱塞佩・皮诺摄于 1977 年。

“我们正为了休息后的录制做准备。我拿出一支烟，跟莱昂纳德要火，他递给我以后，我有种被迫需要献上恭维的感觉，于是说道，‘我必须得说，哥们，你太棒了，你的歌词太惊人了。那些诗歌，我完全被折服了’。他从高卢牌香烟里抽出一根，直视我的眼睛，面露讽刺的微笑说了一句，‘这就是个生计’。”

——丹·凯瑟尔，2013

吉姆·凯尔特纳：我因为与菲尔合作录制《情圣之死》而有机会结交了莱昂纳德·科恩。他总是有能力吸引很多有才华的唱作人和歌手与他共同合作。当时我并不是很了解他，但斯派克特出任制片人就足以说服我加入他们了。金星就是当时那些传奇录音棚中的一个，离鼓城录音棚只隔了四扇门，在圣莫妮卡的林荫大道上。“本地 47”音乐人联盟就在藤街上金星录音棚南边一点。专业鼓店就在街对面。

在科恩录制的时候，我去了“金星”，过了一会儿，我坐在鼓后面开始琢磨莱昂纳德到底去哪儿了。我朝前坐着，被安排在这个巨大乐队的中间位置。菲尔总是喜欢这么安排。很显然，他这么做也成功了很多次。我正在玩儿弄手里的鼓时，看到一只手正在靠近我左边的踩镲。我顺着看过去，这只手正举着一个插了烟熏牡蛎的牙签。再顺着看上去，就看到了莱昂纳德。我以前从来没见过他，但当时就是下意识的知道，这人肯定是他。衣着整洁干净，西装革履。在这年代，他可算得上是个潇洒的潮人。一个世故成熟的家伙。当他把手中的烟熏牡蛎递给我的时候，我就彻底确定了。紧接着他又给我拿了一小纸杯芝华士调和苏格兰威士忌。我当时觉着：“这也太酷了。”我们都浅酌了一点，没人喝醉。

我真希望我能跟莱昂纳德多些合作的机会。我总是伴着人声打鼓——这其实是不符合鼓手规范的——但我一直都这么干。我喜欢从耳机里听到那些撩人的歌词。对于我来说，最棒的地方在于我可以从中找到真正的情感，甚至为此而流泪。后来，我还见了莱昂纳德的儿子，也为了他儿子的专辑演奏过。(2013)

丹·凯瑟尔：菲尔和莱昂纳德曾合作写过歌，所以他们之间建立了一种很融洽的关系。相比之下，莱昂纳德保留着一种绅士般的智慧，给人一种很强烈的酷酷的感觉。无论他到底是不是有痛苦的内心世界，看起来似乎还是很随和的人。我们中大多数都跟菲尔合作过，时间久到我们很了解他到底想要什么。他希望我们的演奏可以成为“胖子多米诺”的乐队和柏林爱乐乐团的结合体。虽然他从来没有明确说出来，但我们知道，这就是他想要的效果。

每次录音现场大概都有三四十人。莱昂纳德很专业，决心满满。他在那里唱歌，非常享受这么多音乐人同时演奏的壮观场面。

一方面，莱昂纳德看上去对这个有些新鲜和陌生的环境有点紧张，但没过多久，他便放松下来，友好了不少。他给我的印象很绅士，很成熟也挺严肃——倒也没有特别夸张，就是表现得很专业的那种严肃，严肃的做好自己该做的工作。也有一些时候，他会面带微笑，开玩笑，看起来好像还挺享受的。

在“金星”之后，我们换了几个不同的录音棚，用的都是最大的房间。起初，我们搬到格伦代尔市的“惠特尼录音棚”，而后又去山谷的“德文郡录音棚”录了几次。(2013)

大卫·凯瑟尔：我跟丹当时同菲尔和莱昂纳德一起工作。在“金星”遇到双手环抱着两个姑娘的迪伦走进来时，着实吃了一惊。他右手里拿着一瓶苏格兰威士忌，也好像是波本。紧随其后的是艾伦·金斯伯格。

我弹过各种吉他。录音时我用的是一把吉尔德 12

◆ 结束在西好莱坞喜达屋酒店的演出后，跟艺术摇滚乐队迪沃[1]一起。摄于 1978 年 10 月 10 日。莱昂纳德旁边的女人是玛汀·盖蒂。站在前面的是 60 年代民谣歌手大卫·布鲁，他在格林威治村时期的一个旧友。

[1] DEVO，美国地下朋克乐队的代表。音乐风格包含工业噪音，后朋克，迎合，试验电声，说唱等。

弦原声吉他，还有我那把带“电弦”的木吉他——之所以这么称呼它，是因为我吉他上本来有拾音器，但我从来不用。不过在录音的时候，那把“电弦”吉他确实可以发出更摇滚更刺耳的声音。两把 12 弦吉他演奏《别勃起着回家》（*Don' t go home with your hard on*）在我看来，算得上是朋克民谣。莱昂纳德是个与众不同的演唱者，更像是个发声器；为了他的诗歌发声，偶尔将旋律带入其中，强调着诗歌的内容。

我仍然记得哈尔·布雷恩指挥我们同迪伦和金斯伯格还有另一个女歌手一起录制专辑和声。艾伦很酷，除了会用音树和手指风铃，还有听起来平和的声音。（2013）

丹·凯瑟尔：我唱了《别勃起着回家》、《指纹》和专辑的同名曲。在唱《勃起》的时候，我不得不跟鲍勃·迪伦共用一个麦克风。那首歌是录制的作品里最有意思的一个。我们都喝了点小酒，感觉很不错。唱歌的时候有种派对的氛围，我们带着这样的感觉唱了那首歌。作曲人达克·庞穆斯当时正在菲尔德家中，所以我们去“金星”录歌的时候他也一并跟来，也唱了这首歌。（2013）

莱昂纳德对整张专辑的录制中，印象最深刻的就是那首《别勃起着回家》，算得上所有歌里面最歇斯底里的，以响亮的喇叭声为代表，还有两个鼓手从头敲到尾的战争般的节奏。在这一切之上，是他隐约可见的来势汹汹，坚韧不拔的歌声，以一种最出人意料，但又很行之有效的方式牢牢占据着歌曲的中心位置。“我真的可以敞开了嗓门唱。”他边说边举着酒瓶吞了一大口“金快活”龙舌兰。

大卫·凯瑟尔：听《指纹》（*finger prints*）那首歌，你可以听见吉姆·凯尔特纳在低音贝斯上敲鼓槌的声音……这是他们在“太阳唱片”录乡村摇滚乐的时候常用的手法……要不就是在行李箱或者其他别的什么东西上敲，真的有一种敲击大理石的感觉。在这些上面，再加上回声效果。

我们还录了一些莱昂纳德跟他们现场唱歌的录音。这其中最让我吃惊的就是《回忆》（*Memories*）那首歌。

罗妮·布雷克利当时也唱了。菲尔当时真的和莱昂纳德一起待在录音棚里做了现场的背景乐录制。（2013）

丹·凯瑟尔：那年（1977）正值朋克摇滚大爆发的时候。在惠特尼录音棚，一次重排之后，鼓手吉姆·凯尔特纳跟我正在讨论雷蒙斯乐队[1]。虽然知道凯尔特纳是个潮人，但他知道这个乐队的存在依旧令我吃惊不少。毕竟当时他们还是个非常小众的地下乐队。莱昂纳德听到了我们的谈话，很快就加入了我们，甚至还哼唱了一段他们第一张专辑的那首《打那个小屁孩》（*Beat On The Brat*）。

专辑同名曲的录制是整张专辑里最不朽的一次合作。有天晚上，菲尔让大家暂时休息，所有人都离开了录音区，只剩下我和莱昂纳德。莱昂纳德站在离我大概3英尺[2]开外的地方，抽着烟念叨歌词。我依旧跟我的德国吉他一同坐在椅子上。这是把哈佛纳原声电吉他，约翰·列侬在我给他那张摇滚专辑伴奏的时候，用这个换走了我的艾佛利兄弟原声吉他。（他管这吉他叫“罗杰”）

我们录这首歌的时候，莱昂纳德带来了他的禅宗大师。禅师穿着他合时宜的僧服，表现亲切，话语轻柔。在录音的最后阶段，他与莱昂纳德到录音棚与我们一起喝酒的时候，菲尔和我跟他愉快地畅谈了一次。（2013）

多年以来，莱昂纳德一直抱怨着斯派克特专横——有时甚至动枪的——工作方法。他尤其不喜欢在专辑混曲的时候，被排除在外，有时候甚至都不被允许他往里面加入自己的声音。另一方面，他有时还要被迫着对专辑录制中这种不是很典型的越权行为表现出一些很勉强的喜爱。

专辑录制结束后，莱昂纳德感到焦头烂额，伤痕累累，甚至还有些许被教育的感觉。他成了菲尔·斯派克特言语（和心理上）毫无同情心的攻击以及精神摧残的又一受害者，或是从某方面来说的受益人。

丹·凯瑟尔：莱昂纳德看上去对斯派克特创造的整个工作环境很感兴趣，而且他总会给我们一些诙谐的评论和建议，不过，我从来没觉得他对这些枪支、酒、保镖以及任何其他东西表现出丝毫的不适。相反，他好像一直以自己低调的方式，享受着整个专辑的录制过程。

莱昂纳德或许认为自己在声音方面的发挥并没有达到最佳水平，也许也会因为从来没有得到完善的机会而感到沮丧。但所有这些决定全都是菲尔作为制片人独立决定的，他就是这么干事儿的。

当莱昂纳德说感觉他失去对局面的控制时，恕我直言，尽管作为艺术家的莱昂纳德非常令我尊敬，这可不是什么联合制作的专辑。这不是由菲尔·斯派克特和莱昂纳德·科恩共同出品。事情最后怎么发展，全都应该是菲尔来决定。包括歌曲如何编排，哪一部分表演要保留，最后如何混音以及其他一切的一切。金·诺瓦克[3]倒想在拍摄希区柯克《迷魂记》的时候有发言权呢，但这并不合情理，事不是这么干的。（2013）

莱昂纳德的个人形象当然也被表现得淋漓尽致。《情圣之死》这张专辑尤甚。1977年的一次采访中，他曾向我袒露，“这是我职业生涯中最具自传性的一张专辑。”在我参加过几次他的录音后，我们到他洛杉矶家中的厨房做了这个采访。“歌词的表达并不尖锐，很温柔，但其中依旧可以体会到大量的痛苦、消极和失望。有时，我会希望可以给讲述歌词中故事的人多一点空间，来展现歌词本身的基调，但总体来说，整个专辑的风格还是很明显的，是次完全开放式的表达。”

此外，莱昂纳德还承认道：“那年我过得不太平稳。”像《碘》（*Iodine*）、《真爱无痕》（*True Love Leaves No Traces*）和《情圣之死》都折射了他当时生活的状态。科恩平时所关心的那一切——失去的爱情、混乱的个人生活、猜忌、浪漫的困境、疏离以及欲望——全都大范围地爆发出来。“也别忘了幽默，”他补

[1] 成立于1974年，美国第一支朋克摇滚乐队，成为未来40年内乐坛中不可或缺的核心乐队，解散于1996年。
[2] 不到1米。（约0.9144米）

[3] 金·诺瓦克，50年代中期，美国十大卖座明星之一，代表作有《欢喜冤家》《狂恋》《迷魂记》等。

充着，“现在所有人都知道我这个平静如佛陀般的外表之下跳动着怎样一颗年轻的心了。”

《情圣之死》很可能当初直接就被简单地命名为《两个犹太人的蓝调》了，无论莱昂纳德和斯派克特在一起合作的情景如何（还是正事要紧），他们的合作依旧是两个非常有天赋的，又非常独特的个体，在众多艺术冲动的驱使下组合到一起发光发热的结果。就好像是温室里的兰花，在最极端的设定下繁荣起来。斯派克特近乎变态的控制欲让他给自己的周围仿佛设置了一个冰冻档的温控器，给每个人都带来了极大的不适，让自己成了流行乐中残虐的暴君。

莱昂纳德的恐慌可以说是情有可原的。两个男人都煎熬于一股子尖刻的才华之下，这样的才华让每个工作日都演变成了一种总也完不了的烦人的工作写照。换言之，就是逼近再逼近彼此个人和工作生活所恪守的礼仪底线的需求：这个酷到骨子里的加拿大人，有着如冰刀一般锋利的散文和诗歌风格；而这位生于布克朗斯的斯派克特则傲慢，盛气凌人和固执到让人觉得幼稚的地步。

肯尼斯·库伯尼克：但这会对音乐造成怎样的影响呢？毫无疑问，成了拼凑的大杂烩。大肆吹嘘的“音墙”的效果成了这锅杂烩的第三重打击。双键盘，乱弹的吉他在背景和声的铺垫下，自相矛盾得让许多歌都产生了既火候不够又用力过猛的感觉。但当这些杂乱无章出现一致的时候，也会有些很美好的段落——比如在《回忆》这首歌里；还有当和弦恰到好处的出现于莱昂纳德浪漫而令人眩晕的声音中时，《指纹》这首便让人一窥被催眠的效果；此外，还包括专辑同名主打歌副歌部分赞美诗般的吟唱。

斯派克特制作人的声望完全建立在他对待一切事物的无情命令之上。事实上，菲尔最大的天赋在于可以将录音棚的摆设放在服务于歌手和歌曲的最佳位置上。无论他带来了多少闪闪发光的瞬间，像朗奈特合唱团和正直兄弟乐队，都永远不能忍受斯派克特的自大。不过，从音乐方面的重量来说，《情圣之死》与其说是一位艺术家现世的写照不如说是当时那个时代的回响。（2014）

专辑的乐评随处可见，有些残酷地不屑一顾，而有些则为其中所展现的善变个性所着迷。《洛杉矶时报》的音乐评论人罗伯特·希尔本表现出了特别的热情，称之为“年度最佳专辑”。

在英国，他在音乐领域则一直保持着持久的优势。英国人民一直以来都认为这两位是一流的艺术家，所以，让他们从专辑中夹捏出值得欣赏的闪光点完全不成问题。尽管风格上有了激进的转变，但依旧毫不费力地挤进英国前四十的排行。桑迪·罗伯逊在音乐报纸《声音》（*sounds*）中将《情圣之死》与迪伦的《欲望》（*Desire*）相媲美。“是的，科恩挽歌般的悲观情绪，几乎不太可能成为斯派克特‘音墙暨理查德·瓦格纳似的’狂喜的街头噪音的完美素材，但令人惊讶的是，它却因为一些不可理解的缘由与其相得益彰。将掌声送给那些没有否认自己的过去而是勇于探索的人们。”

在美国，它一直没能冲入排行榜单，在零星的一些感兴趣的评论之后，便加入了废盘堆里。在首次发行之后的几十年里，围绕着当时专辑的录制，和流行音乐爱好者们对这两个男人的持续迷恋，使得一股子宗教似的狂热开始浮出水面。

《情圣之死》的发行恰逢他人生中一系列变革的发生。他挚爱的母亲玛莎挣扎于白血病带来的死亡的阴影中。这位曾经的孝子，不断往返于蒙特利尔和洛杉矶两地，为她带去自己坚定不移的爱与慰藉。她的这场战争终于还是在 1978 年 2 月画上了句点。

虽然是不同的诀别，但他与苏珊的关系也在同一时期彻底结束。她已经经历了太多个无星的夜晚，不断支持着莱昂纳德流浪漂泊的生活。她最终带着孩子离开，在法国南部一个叫鲁西荣的小镇定居下来。

1978 年还见证了他新书《情圣之死》的出版。[1] 这是一本诗集和散文的合集，灵感自然来自不言而喻的苏珊。与专辑名称上的差别虽然细微却意义重大。这本书探讨了他们十年来的关系，这其中包含了无尽的痛苦，爱与欲之间点到点的走向，以及谦恭与自我抹杀和令我们所有人都为之困扰的感情中的自我矛盾。

莱昂纳德给每首诗都写了评注，这是一种对他自负的创作审美恶作剧似的批判。强调着叙述者本身的不可靠性。这是一种与自我创作尖酸的对峙，不过，倒也算是符合了莱昂纳德漫不经心的个性。《情圣之死》并没有得到什么评论界的关注，不过他对这本书的喜爱之情倒是很充足。

[1] 专辑名为 Death of a Ladies' Man，而这本书的名字是 Death of a Lady's Man，女人一词从复数变为单数，表示了特指的一个女人——苏珊。

“我从来不是个好市民。我的孩子们喜欢我，但事实上，我确实尝试想要做个好父亲、好丈夫，但我做的并不好。”

——莱昂纳德·科恩于 2001 年

◆ 与儿子亚当，女儿洛尔迦共度的时光。亚当一直念叨着要成为“那些代代相传子承父业”的人，他成功当上了歌曲创作者和音乐人。而洛尔迦也加入了公司，还成为了 2008-2010 年巡演的专职摄影与摄像。

/ 7 /

新潮流

◆ 阿姆斯特丹歌剧院，1988 年，4 月 18 日。

"我记得我是在《我是你的男人》（*I' m your man*）发行后的几年听的那首歌。我当时就想："他又变酷了。"他以前总是在所处的年代里所向披靡，不过好像 80 年代的时候，他表现得没那么好了。"

——安东尼·J·雷诺兹，2014 年

时间轴

1978
11 月：
挨着禅院，在洛杉矶买了一套房子。

1979
莱昂纳德和苏珊正式签署了一份"离婚"协议。（尽管他们从来没真正结过婚。）苏珊、亚当和洛尔迦搬去了法国。

4 月 -5 月：
在洛杉矶与亨利·路易一同录制专辑《最近的歌》（*Recent Songs*）。

9 月 27 日：
专辑《最近的歌》发行。

10 月 -12 月：
为宣传新专辑在欧洲巡演。詹妮·沃恩斯和另一位首次启用的伴唱女歌手莎朗·罗宾逊一同加入巡演，禅师也随他们一同上路。

1980
3 月：
第一次去澳大利亚演出。

10 月 -11 月：
回到欧洲巡演，期间与莎朗·罗宾逊合作写了第一首歌《夏日时光》（*Sumertime*）

11 月：
加拿大广播公司播放了哈利·罗斯基根据 1979 年的巡演拍摄的纪录片《莱昂纳德的歌》。

1981-1984
退出公众视野，大部分时间都辗转于秃山、蒙特利尔、伊兹拉岛和法国。

1982
春天：
莱昂纳德的朋友路易斯·福瑞带着妻子以及法国摄影师多米尼克·伊瑟曼来到伊兹拉岛拜访。莱昂纳德与多米尼克开始恋爱，而这一切则始于他与福瑞携手创作魔幻音乐电影《暗夜魔力》（*Night Magic*）

1983
根据自己 60 年代晚期长期住在旅馆的经历写了一部电视音乐短片，名为《我是一家旅馆》（*I am a Hotel*），此后在加拿大广播公司播放。

1984
春天：
《我是一家旅馆》荣获 1984 年蒙特勒国际电视节的"金玫瑰"大奖。

4 月：
《宽恕之书》（*The Book of Mercy*）出版，这是一本祷文、诗篇和冥想的合集。

6 月：
与约翰·利绍尔在纽约录制专辑《多重立场》（*Various Positions*）。

11 月 11 日：
专辑《多重立场》在加拿大发行。

1985
1 月 -3 月：
为宣传新专辑在欧洲巡演。约翰·利绍尔招募了伴唱歌手安嘉妮·托马斯。

2 月：
专辑《多重立场》在欧洲发行。哥伦比亚唱片公司拒绝在美国发行此专辑。

4 月 -7 月：
到北美，澳大利亚以及欧洲巡演。

5 月：
《暗夜魔力》在戛纳电影节首映，原声双专辑于法国发行。

1986
1 月：
专辑《多重立场》在美国一家独立厂牌旗下得以发行。

2 月 21 日：
莱昂纳德在当日播放的那集《迈阿密风云》（*Miami Vice*）中出演了一名小角色。

9月：
录制歌曲《跳支华尔兹》(*Take This Waltz*)，是为了收录进纪念费德里科·加西亚·洛尔迦而录制的精选专辑《诗人在纽约》(*Poetas en Nueva York*)。

1987
1月：
詹尼佛·沃恩斯发行了用莱昂纳德·科恩照片为封面的致敬翻唱专辑《著名的蓝雨衣》。

8月-11月：
在洛杉矶与罗斯科·贝克录制专辑《我是你的男人》。与多米尼克的关系也走向了尽头。

9月：
与女演员瑞贝卡·德·莫妮展开一段柏拉图式的友情关系。

1988
2月2日：
在欧洲发行专辑《我是你的男人》。

3月19日：
莱昂纳德一直以来的经纪人马蒂·马查特去世，时年67岁，马查特的主力凯利·琳奇接管了莱昂纳德相关的工作事宜。

4月：
在美国和加拿大发行专辑《我是你的男人》。

4月-7月：
欧洲巡演。

7月：
英国广播电视台播放纪录片《莱昂纳德·科恩生命中的歌》(*Songs from the Life of Leonard Cohen*)。

10月-11月：
在美国和加拿大巡演。

10月31日：
参与录制了美国公共电视网的一档音乐节目，"奥斯汀城际直播"。

12月：
《我是你的男人》被《纽约时报》选为年度专辑。

1989
2月13日：
与桑尼·罗林斯一同在美国音乐节目"夜间音乐"上表演歌曲《谁燃于火》(*who by fire*)

由加拿大芭蕾舞团主演的魔幻电视舞剧《一副移动的画》(*A moving picture*)播出，莱昂纳德在其中献声表演了自己的歌曲。

1990
在此期间，亚当遭遇了一场严重的车祸，莱昂纳德在多伦多的病床前陪伴儿子过了4个月，与瑞贝卡·德·莫妮的关系也更近了一步。

1991
3月3日：
入驻"加拿大音乐名人堂。"

10月30日：
被授予加拿大总督功勋奖。

11月26日：
《我是你的歌迷》致敬专辑发行，其中翻唱莱昂纳德·科恩致敬曲目的歌手有R.E.M乐队[1]、小精灵乐队[2]，尼克·凯夫与坏种乐队[3]。

1992
1月-6月：
与多名制作人共同在洛杉矶录制专辑《未来》。

9月29日：
哈尔·维尔纳的专辑《诡异的梦魇：明格斯的沉思》(*Weird Nightmare: Meditations on Mingus*)发行，莱昂纳德在其中吟诵了明格斯的诗歌《死亡的寒冷》(*The Chill of Death*)。

11月24日：
专辑《未来》(*The Future*)发行，在其中收录的《等待奇迹》(*Waiting For The Miracle*)一歌中，莱昂纳德像丽贝卡求婚了。
被母校麦吉尔大学授予荣誉博士学位。

1993
3月：
荣获朱诺奖"年度最佳男歌手"。
出版作品选集《陌生人之歌：诗·歌选》(*Stranger Music: Selected Poems and Songs*)。

4月18日：
在排练录音棚里，现场录制了一次私人演出，名为《哥伦比亚唱片时间出品：莱昂纳德·科恩现场！》(*The Columbia Records Radio Hour Presents Leonard Cohen Live!*)。

4月-5月：
欧洲巡演。

6月：
莱昂纳德为《采访》杂志采访丽贝卡，没过多久，这对情侣便解除了婚约。

6月-7月：
北美巡演。

7月12日：
再次参加"奥斯汀城际直播"。

11月：
获得加拿大总督奖终身艺术成就奖。

11月30日
埃尔顿·约翰的二重唱专辑发行，其中收录了他和莱昂纳德共同翻唱的雷·查尔斯的《生来注定失败》(*Born to lose*)。

---

[1] 美国另类摇滚的创始者之一。
[2] 成立于1986年，美国乐队，将朋克和独立吉他摇滚相结合，被主流媒体定位"糟糕邋遢的音乐"。
[3] Nick Cave & The Bad Seeds：带有深沉德国文化的澳洲乐队，成员之一是德国工业噪音的领衔人物，尼克·凯夫被赋予哥特之王的称号，带有孤傲的诗人情怀和另类的恶魔之感。

◆ 在巡演排练间歇，1979 年 10 月。

"诗歌也不过就是信息的传递。它构建出了内心的国度。如果你秉持着高尚的意图慷慨激昂地诵读、夸大，那你比那些你看不上的政客们也好不到哪儿去。"

——莱昂纳德·科恩《如何表达诗歌》，选自《情圣之死》，于1978年

1978年，莱昂纳德大部分时间都待在蒙特利尔。年底的时候才回到洛杉矶，重返录音棚，回到琼妮·米切尔身边。这位曾经的缪斯女神现在已经成为一个偶像明星了。通过她的介绍，莱昂纳德认识了她的唱片制作人、工程师，亨利·路易。在与自大的菲尔·斯派克特结束那段令人萎靡的合作后，路易欧式有教养的待人处事为他提供了一种抚慰，就像抹上了复原的药膏一般。

在德国出生并长大的路易于二战结束前夕离开德国，去美国寻求发展和发达的机会。电子学方面的娴熟技巧让他选定了作为新兴领域的声音工程，他的职业生涯也就此诞生。60年代初期，他在加州南部的KNBO电台从事爵士乐打碟工作，之后与"大峡谷女祭司"的合作使路易与科恩自己并不直接的椭圆形轨迹完美契合。

日落大道南边一点点的拉布雷阿的A&M录音棚，坐落于好莱坞正中心。20世纪，正是在这里，主演《小流浪汉》的查理·卓别林带我们迎来了电影院的黄金时代。一片小房子组成了一个乡野小村庄，在60年代的时候，被小号、音乐界的巨擘赫伯·阿尔伯特转变为一个唱片厂牌的办公区，拥有着最先进的录音设备。对于莱昂纳德的下一个项目来说，这里再适合不过了。

专辑《最近的歌》的录制是从1979年4月开始的。跟米切尔的长期合作让他在给很有诗意的歌词配乐的时候对伴奏格外注意，而这些音乐会让莱昂纳德的声音产生微妙而又非常重要的转变。节奏声轨是由德州乐队"旅客"的成员完成的。同詹尼佛·沃恩斯和莎朗·罗宾逊一起——这个新召集起来的重要团队提供了水平非常稳定的伴奏和声，几分亚洲的风格是由小提琴，曼陀林和乌得琴（一种十一弦的中东乐器）的声音创造出来的。后两样乐器由亚美尼亚大师约翰·毕勒兹科吉安演奏，而管弦乐部分的编曲也是由英国杰出作曲家和编曲家杰瑞米·卢博克提供。

一如既往，莱昂纳德从自己起落不定的爱情冒险生涯中汲取着歌词的灵感，尽管也有不少歌曲暗示着他在宗教世界逐渐加深的兴趣。他当时阅读的内容包含了波斯诗人鲁米[1]和阿塔尔[2]的作品。他的歌曲中出现了一些伊斯兰教的痕迹，还整理发掘了犹太教、禅宗、魁北克天主教的细微差别。这可以为将来几年想要考此类博士的研究生们提供个重要素材。

整张专辑的录制过程中，莱昂纳德都一直保持着轻松的心情——"在我身边的一直是一位愉悦，完美的绅士。"卢博克回忆道。虽然如此，乐评人们的言论依旧保持着往日闷闷不乐的单调陈词，而另外一些新闻报道上关于两性战争之间的内容也从另一个角度迂回地给他带来了折磨。莱昂纳德坚称《最近的歌》主要是关于爱的实现的。如果这还不足以抵消他被大力神化的痛苦的化身，那就随便吧。反正他会尽全力将自己的乐观带给人们，投入到紧锣密鼓的营销宣传和巡演日程当中。

[1] Rumi，波斯著名的诗人、思想家和圣人，全名毛拉纳·贾拉尔丁·巴尔希—鲁米

[2] Attar，对毛拉纳的思想产生了深远影响，是伊斯兰教苏菲派著名的诗人和思想家。

"1979 年的巡演棒极了。我记得那时的观众与现在的观众一样热情高涨。'旅客'乐队已经跟我合作了一段时间，关系很是亲近。由于人员方面的原因，这次巡演的规模不大，也正因此，彼此之间也更为亲密。这是我第一次同莱昂纳德合作，并接触他的音乐，也是头一次走了这么多地方，做了这么大的演唱会，对于我来说，这是次改变人生的经历。"

——莎朗·罗宾逊于 2014 年

吉姆·德夫林：在莱昂纳德音乐生涯中，最令人惊讶的转变可能就是他 1979 年录制的专辑《最近的歌》了。在《情圣之死》中的沙哑声和 70 年代中期所有那些乐观向上的演出之后，他为我们带来了这些重新找回自我，发现本我，回归本源的歌曲——当然，我的意思是，回归了他的本源：会让他个人产生共鸣的故事。这张专辑纯粹是他缓慢，轻柔，深情和悲切忏悔的最精彩的回归。这是张非常棒的作品，纯粹的经典。(2014)

1979 年末，针对《最近的歌》莱昂纳德开始了为期两个月的巡演之路。这张专辑的伴奏和声沃恩斯和罗宾逊也一同加入了巡演的队伍。

莎朗·罗宾逊在旧金山出生。5 岁的时候，举家搬迁到洛杉矶。16 岁时，她录制了自己的第一张样带。当时伴奏的乐队是"爵士十字军"，他们的队长乔·桑普尔当即发现了她创作的能力，并鼓励她发展下去。莎朗继而加入加州艺术学院研修音乐。一年后，成为了一名录音室歌手，并在安·玛格丽特拉斯维加斯的表演中担任了歌者和舞者。

莎朗·罗宾逊：我当时跟安·玛格丽特一起唱歌，但最终是从录音室的专辑中得到了举荐。另一位录音室歌手将我推荐给了詹尼佛·沃恩斯，她先面试的我，然后才带我去见莱昂纳德试唱。他是个很温暖友好的人，当时的气氛很融洽。在和声部分，我跟詹尼佛紧密配合，第一次排练刚一结束，就找到了感觉。我还没反应上来之前，就已经随他们一起踏上了巡演之旅。(2014)

巡演时，莎朗和莱昂纳德一同创作了歌曲《夏日时光》，在首次合作之后，他们便发展成了亲密而富有成效的合作伙伴。这首歌后来由戴安娜·罗斯和罗贝塔·弗莱克共同演绎，收录进她们的专辑当中。

- 主图：1979 年巡演场景。
- 上图：在巡演途中，和加入随行人员的禅师以及罗斯科·贝克在后台。
- 下图：巴黎香榭丽舍剧院，10 月 30 日。

莱昂纳德还没开口之前，约翰·利绍尔就猜到是他，他的呼吸声中都带着种清晰可辨的褶皱感。在多年未曾听到来自他的只言片语后，这位“长官”告诉利绍尔，是时候该回来继续工作了。利绍尔几乎忍不住嘴角上扬地回了一句：是，长官！

约翰·利绍尔：1984 年以后，我再也没有听到来自他的任何消息。然后，毫无预兆地，“嘿，约翰，我是莱昂纳德”。“嗨，你怎么样？”“过几周我要去纽约，咱们聚聚。”然后我说，“好啊”。

再然后，他来找我，还是相同的公寓，他给我演奏了几首歌。然后说：“我想跟你一起合作。”我们再也没提到过那张未完成的专辑，我们有着不言而喻的默契。我单纯地为他想要再合作点儿别的而感到高兴。他演奏了一些歌，“哇，我们一定会找到不少乐子的”。我当时真的满腔热情。(2013)

莱昂纳德曾经迷恋上过一个新玩意儿，是个卡西欧的合成器，是那种你可能会送给早熟的小外甥把玩的小东西。它既算是个专业的设备，又是个简单易懂的基础工具。不过，他对这东西的热忱在于其对声音的补救和延缓性的增加上。预设的节奏为他的新专辑《多重立场》中的素材增色不少。

“我第一次见到他，是在美伦大饭店的一个小房间里。他坐下，用那个小卡西欧伴奏给我唱了《与我共舞，直至爱的尽头》(*Dance me to the end of love*)。”

——约翰·利绍尔于 2013 年

利绍尔耐心地将莱昂纳德这个私下的玩物——卡西欧合成器的效果转录，由“慢火车”乐队的成员娴熟地演奏出来，变成可行的元素运用到歌曲当中。他只在第一次的尝试录制中做了很少的一些叠加录音和优化，就让整张专辑变成了一个和谐的整体。

约翰·利绍尔：我第一次听《哈利路亚》(*Hallelujah*)这首歌的时候，它还在成型阶段。是非常早期的时候。那之后整首歌的完成又花了四年的时间。我都不敢相信这是真的。我听那会儿，这首歌有四段歌词，他还没有完成作曲的部分。事实上，是我帮助他完成了副歌合唱的部分还有整首歌的结构。某种意义上算是我们合作的，但官方上没有这么宣传过，我自己也从来没强调过这事儿。

◆《最近的歌》录制现场。1979 年 4 月 -5 月。

“突然，我意识到当时所写的那些歌并不是零散的作品。我可以看到，感知到一个整体。《多重立场》是有生命的，有着自己的叙述方式。所有这一切都早已安排好，突然一下，就豁然开朗了。这带来的是种近乎痛苦的喜悦。”

——莱昂纳德·科恩于2000年

我当时用钢琴演奏，然后他说，“哦，我太喜欢这感觉了。”接着，我便从他那个八六拍的节奏改成了现在专辑中所呈现的版本。

莱昂纳德变老了，而他的嗓音也越来越低沉。事实上，《哈利路亚》这首歌的调低得吓人。如果你听了当时录制的声音，就会发现声音已经低出深度了，非常令人吃惊。

我给他找了一个录音棚，是市中心的“四声道”。我给他组了个伴奏的乐队，让安嘉妮·托马斯加入进来。莱昂纳德和我在录音棚坐下来，他给我演奏了最初版本的《哈利路亚》。

我们最先开始录制《哈利路亚》的时候，并不是“哦，我的天，就是这感觉”。虽然当时已经很好，而且一定能成为一首非常强劲的歌曲，但我们是慢慢将它完善起来的。直到整个过程大概过了四分之三的时候，我们才都认可：“好家伙，这绝对是个奠基石般的作品。”

我当时对莱昂纳德说：“就是这一个了，这就是他们一直在等待的那一个。这可能会成为你最棒的专辑，莱昂纳德。凭借《与我共舞，直至爱的尽头》，《如果那是您的旨意》（*If It Be Your Will*）和《哈利路亚》这三首歌，这绝对会成为你音乐上的重大突破，你会感动这个国家的每一个人。”

这类歌曲，《歌手必死》那种，都是可以唤起人们回忆，产生共鸣的作品。《与我共舞，直至爱的尽头》中所带有的欢愉是很少能从莱昂纳德的作品中体会到的。它甚至带有那种“往昔经典”的质量。对于营销来说，这种朗朗上口的赞美诗似的歌曲也很容易被接受。自那以后的每场演唱会，他好像都会唱这首歌。（2013）

莱昂纳德·科恩：《如果这是您的旨意》其实算是一首祈祷文。《哈利路亚》也有那样的感觉。我的很多歌都有。比如《与我共舞，直至爱的尽头》和《苏珊》。我喜欢那些天主教、犹太教教堂中的歌曲，清真寺的也喜欢。（1992）

很显然，哥伦比亚唱片只听到了痛苦，莱昂纳德和他的制作人听出的那些愉悦感他们完全没有领会到。当时厂牌专横的老大，沃尔特·耶尼科夫非常讨厌这张专辑。莱昂纳德完全摆出了一副祈求者的姿态，试图说服他动心，但耶尼科夫无动于衷，放弃了这张专辑。

约翰·利绍尔：我们把这张专辑带去给耶尼科夫。莱昂纳德和马蒂·马查特一起去找他，播放这张专辑。我也在那，不过没坐在屋里。我等着，期待着最好的结果。这完全就是哥伦比亚唱片想要的专辑。紧接着，耶尼科夫就说了句：“这太烂了，根本没法发行。我搞不懂这是什么玩意。”

我当时觉得，这张专辑彻底没戏了，而我好像也真

◆ 他在厨房中最喜欢的一个晒太阳的角落。摄于 1988 年。

的把这家伙给毁了……（2013）

专辑被授权给一个独立的小厂牌——“通行证”唱片公司名下。哥伦比亚广播公司的分支机构虽然因为他的专辑，在欧洲赚了些钱，但莱昂纳德很清楚，60 年代的辉煌已经逐渐淡去。莱昂纳德·科恩已经变得不再时髦。瘦骨嶙峋的愤青流行乐明星或是早期电子音乐，——比如“悸动软骨”乐队[1]那种才是酷炫的标杆。莱昂纳德用再次上路巡演的方式予以反击，现场演出也算是他对自己的奖励了。

在宣传巡演的多伦多那一站，莱昂纳德与作为音乐记者、作家、电台主播的里奇·约克谈论到《多重立场》时，如是说：

莱昂纳德·科恩：《多重立场》中的这些歌感觉上或多或少都差不多。你早上端着杯咖啡，拿起吉他可能就会创作出一首歌，但对于我来说，却要用上很久的时间。有些人甚至坐在出租车的后面，都能想出一些很棒的歌曲。对于我来说，无法保证这些歌曲的完美，那就有必要做一些商业上的努力，通过巡演来支持我的专辑。

我花了很长时间创作这些歌。同一时期，我还要完成我的《宽恕之书》，跟路易·福瑞一起写《暗夜魔力》的剧本。虽然无法保证歌曲的完美，但它们确实花费了我相当长的时间，它们是通过五年的创作所得到的极致。

詹尼佛·沃恩斯的贡献让我很开心，我觉得她是当前美国最被低估的歌手之一。作为一名歌手，她有着完美的直觉。我们一起参加了很多场巡演。从 1972 年开始，就一直担任我的伴唱歌手，1979 年和 1980 年的巡演，她也参与了。尽管她的事业已经发展得比我还要好，但依旧坚持与我一同踏上巡演的舞台。对于她来说，这算是义务劳动了。我们最近一起合作写了首歌——《我们首先占领曼哈顿》（*First We Take Manhattan*），她打算之后放到专辑里。所有参与《多重立场》这张专辑的工作人员都是很特别的朋友或者支持者。（1985）

多年以后，音乐世界才能赶得上莱昂纳德和他那些最衷心的追随者。在《多重立场》当中所埋藏的是个小小的奇迹。歌曲《哈利路亚》将会在某个时间点成为文化景致中核心的一部分。各个类型的歌手当中都将出现一个全新的标准；而在后世俗的世界中，它也将成为寻求救赎时的圣歌。

[1] 英国乐队，成立于 1975 年，风格主要为实验音乐和工业摇滚，乐队本身反叛，好斗，被称之为“文化海盗”，崇尚恐怖主义，是英国工业音乐的先锋。

◆ 在各地巡演的时候研究多种（女权主义）立场。
摄于米兰，1985 年 3 月。

"詹尼佛在这个国家以及其他很多别的国家都为我提供过非常大的帮助。在乌烟瘴气的权力圈中，尽管很多事情都早就已成定局，但我的音乐事业和名字依旧经历了某些修正。"

——莱昂纳德·科恩于 1988 年

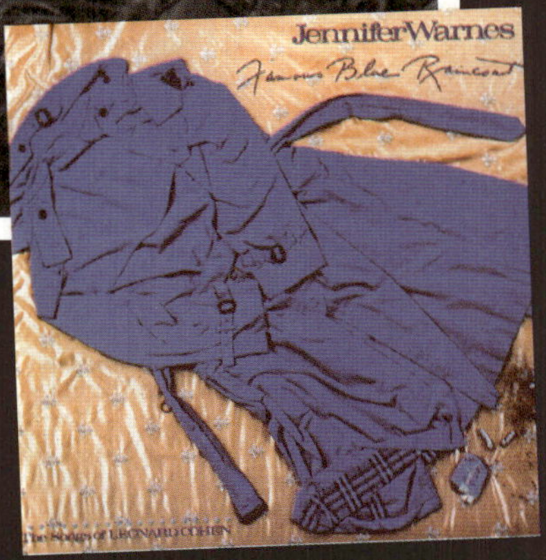

- 主照片："我由天堂的信号所指引，我以皮肤上的胎记来引路。"莎伦·薇姿拍摄于 1988 年的肖像照。
- 插入图，上图：在威尔明顿的老福特车装配厂与詹尼佛·沃恩斯一同拍摄她演唱的《我们首先占领曼哈顿》的录像。摄于洛杉矶港，1987 年 4 月。

不过，1987年，莱昂纳德正陷入低谷，是詹尼佛·沃恩斯的专辑《著名的蓝雨衣》为他播下了复兴的种子。

詹尼佛·沃恩斯：跟很多人一样，60年代的时候对莱昂纳德·科恩的《苏珊》（及其他）深深着迷。但我从经纪人和其他人那里得到的劝告却是"请把你歌单中那些悲伤吟诵的曲目剔除出去。"这是她头一次遇到美国人会对在音乐中表达饱满的悲伤情绪而有所抵触，相比单纯的性和快乐他们原本是倾向于更复杂的情感的。（1987）

沃恩斯在70年代早期就跟莱昂纳德一起录制专辑，参加巡演了。所以她很了解如何解析歌曲中的张力，以便将这些赤裸裸的揭露性的歌曲活灵活现地演绎出来。早在1969年，年轻的詹尼佛就在"游吟诗人"俱乐部展现过唱这些歌曲的有前途的才华。她曾和多诺万以及狄昂·蒂姆希为60年代的一档电视节目《司马赛斯兄弟的喜剧时光》（*The Smothers Brothers Comedy Hour*）献唱；1972年又同克劳迪娅·利梅尔为克里斯·达罗的首张唱片《艺术家样板》（*Artist proof*）以及达罗·莫斯利乐队的专辑《沙漠雨》伴唱。

作为一名独立歌手，沃恩斯凭借《夜晚良辰》（*Right Time Of The Night*）跻身70年代晚期的前十名，其作品《到我们所属的地方》（*up where we bel-ong*）登顶1982年的音乐榜单。作为电影《军官与绅士》（*An Officer and a Gentleman*）中的电影插曲，这首与乔·库克共同演绎的歌曲获得了奥斯卡和格莱美两项大奖。尽管如此，依旧没有任何一家厂牌愿意为她出一张莱昂纳德创作的专辑。最终，还是"赛普利斯"唱片将谨慎和常识抛诸脑后，迈出了这一步。

参与《著名的蓝雨衣》专辑制作的还有另一位莱昂纳德长期合作的乐队伙伴，罗斯科·贝克。其中收录的歌曲不仅有科恩自己重新编排的熟悉曲目，还有5首专门为了这张专辑创作的新歌。沃恩斯听上去兴高采烈的声线在莱昂纳德阴郁的浪漫中表现出意想不到的温暖和归属感。专辑在口碑和商业上的双重成功不仅实现了沃恩斯最深切的愿望，也将莱昂纳德从感性的牢笼中解放出来。这个来自遥远北方的男人突然沐浴到了阳光下。

詹尼佛·沃恩斯：当我和"赛普利斯"唱片签合同的时候，我给莱昂纳德打电话说："我要在一张专辑中唱你的歌。"他压根没信我。后来，临近新年除夕夜的凌晨5分钟前，他事先没打招呼，就出现在我面前。我们一个月后就开始录专辑了。他留在纽约，重新写了一些歌词，使它们看起来像是出自女人之口，改得更合情理。他每天都来录音棚，为专辑祈祷以外，还会在我遇到问题的时候，立刻伸出援手。（1987）

音乐界的资深老手莎伦·薇姿是《著名的蓝雨衣》的宣传人员。

莎伦·薇姿：现在正流行复兴热潮。莱昂纳德对于这张专辑的发行兴奋得不得了，他用很好的方式展示着自己的音乐。媒体也给出了很好的回应。当所有事情都开展得差不多以后，詹尼佛就会邀请他一起，或者有时候也会被要求出席。

他给我的第一印象是看上去很安静，有些压抑，不太健谈。当然，后来变了。那时候，对于媒体们扎堆关注的感觉感到很荣幸。

当时的情况是，我偶尔会邀请他接受一些电话采访，来宣传詹尼佛的专辑，他有时会参与"赛普里斯"发行的那首《我们首先占领曼哈顿》的视频拍摄。那音乐录像是在加州威尔明顿的一家老福特汽车装配厂拍摄的，这是个很棒的拍摄地，许多电影中的追车场面都是在这块宝地取景的。

我带着相机去了拍摄地，当时我正打算拍些照片，房间最远端的电梯突然打开，莱昂纳德从里面走出来。这是个巨大的房间，他走过来的时候，正在剥一只香蕉。后来他走到离我只有几英尺的地方，香蕉已经剥好拿在他手里，我回转过身，把他拿香蕉的样子照了下来。后来洗出来打印寄给了他。

两三个星期之后，我接到一通他的电话，他说："莎朗，我收到你寄的照片了。我一直看，看了好多次。"我答道："我很高兴你喜欢它。"他又说："我想着要不要把它放到我新专辑上当封面呢。"当时我甚至都不知道他正在录新专辑呢。"你想放到唱片套上？""不，我要放在正封上。""好啊。"我当时很吃惊，问他，"你这专辑打算叫什么？""我是你的男人。"后来这照片还当做宣传照用了。（2014）

◆ 作为《我是你的男人》专辑封面的不经意拍下的照片。

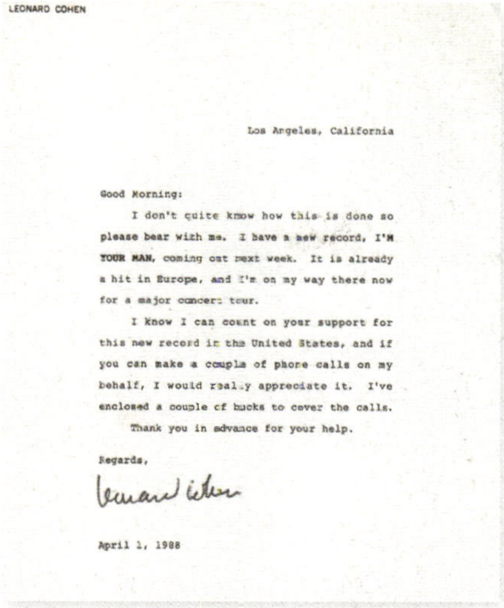

LEONARD COHEN

Los Angeles, California

Good Morning:

I don't quite know how this is done so please bear with me. I have a new record, I'M YOUR MAN, coming out next week. It is already a hit in Europe, and I'm on my way there now for a major concert tour.

I know I can count on your support for this new record in the United States, and if you can make a couple of phone calls on my behalf, I would really appreciate it. I've enclosed a couple of bucks to cover the calls.

Thank you in advance for your help.

Regards,

Leonard Cohen

April 1, 1988

◆《我是你的男人》的宣传人员莎伦·薇姿帮助莱昂纳德想出这么个滑稽的借口用以吸引缺乏热情的哥伦比亚销售代表和电台推广人员。

"我们编了一封信，写给了所有哥伦比亚唱片驻美国的电台推广人员。我给了莱昂纳德一些需要写的东西的框架，他写好后，我们去了银行，往里面塞了一些钞票。后来，我们这个故事就被印在了《广播与唱片》[1]上，再后来，还登上了《公告牌》杂志。"

——莎伦·薇姿于2014年

[1] 是一本贸易刊物，专门为了广播和音乐界提供讯息和广播节目单的。

1987年夏末到秋天那段时间，莱昂纳德一直跟罗斯科·贝克忙于《我是你的男人》的录制。

肯尼斯·库伯尼克：1988年2月，见证了莱昂纳德最新音乐宣言的发布，《我是你的男人》上市。像大卫·鲍伊早十年前"瘦白公爵"[2]的造型一样，莱昂纳德的声音和风格形成了一个非常温和的组合。这位从前一直是波西米亚风格的懒散之人，现在玩味着穿上了阿玛尼的西装，戴上了时髦的墨镜。这个带有佛拉明戈画风的老者突然被充满欧洲韵味的电子风所取代。是由他越来越看重的入门级的合成器和鼓机合作的产物。声音听上去熟悉的很，像极了那些《迈阿密风云》中警察一出场就响起的、占据着排行榜的电子乐。专辑第一首歌就是《我们首先占领曼哈顿》——由最安详的人所发出的战争的号召。整个专辑在流行音乐的时代精神下，既闪闪发光，又很柔和别致。（2014）

哥伦比亚唱片公司为了弥补因习惯性而没有认真对待莱昂纳德事业的错误，花了很大力气宣传《我是你的男人》。它冲入了英国排行榜的前五十，而在挪威占据榜首的位置长达17周。美国仍然对此无动于衷，但无论怎样也没能削弱专辑在国际市场所取得的成功。

莱昂纳德在录制《我是你的男人》这张专辑时，十分挣扎。他饱受抑郁、冷漠和散漫的折磨。曾经可以给他带来慰藉的药物，旅行以及心痛的感觉都不再管用。他加倍努力地倾注于创作，严酷的工作着，就像是一位雕塑家努力开采着粗糙的大理石，使它成为可塑之才。

安东尼·J·雷诺兹：莱昂纳德的姿态，他的审美是永恒的，但我认为，在80年代，是专辑的制作辜负了他，无关乎其他。

不过《我是你的男人》则与他是个完美的结合。从某种程度上说，他被宠坏了。因为他的歌词和声音是如此的完整，无需修改，就算与任何音乐相组合，都会觉得很配合。听上去好像现在与他一同工作的人都在因此而提高自己的表现。《我是你的男人》就像是一个有钱的可怜诗人，艰难地混迹于各大俱乐部和金融区。一个手握念珠嗑嗨可卡因的家伙。（2014）

[2] 1975年大卫·鲍伊出了专辑《年轻的美国人》后，造型和音乐风格都大变，彻底打入美国乐坛，从此慢慢定型，成了冷冰冰的"瘦白公爵"。

“有时我感觉当前我们所能利用的能量都是来自于极端情况下的，无论是可以调动积极性的能量还是令人着迷的能量。这就是为什么会有马尔科姆·X这种人[1]的存在。不知怎的，往往也都是这些极端主义的立场可以迫使我们去注意。我发现在我的思想中，当我意识到我逐渐偏向于发展成为一个神秘的法西斯分子时，我开始抗拒这些极端主义的立场。所以这首歌——《我们首先占领曼哈顿》——它是什么意思？‘他’是认真的吗？‘我们’是指谁，还有这首歌中‘他’所强调的选区到底是哪里？唔，这个选区跟极端主义的立场拥有着相同的想法吗？我宁可用这样的歌来满足我极端主义的胃口，也不想炸掉一辆坐满小孩的校车。”

——莱昂纳德·科恩于 1992 年

安东尼·J·雷诺兹：当我把他看作是《迈阿密风云》里的卓兰（1986 年时，剧中的一名配角，是法国国际刑警的头）时，我就想着，这是卓兰的专辑，他正在那个角色下演绎这张专辑。这些歌都是他最优秀的作品，尤其是专辑同名曲和《我们首先占领曼哈顿》。他摒弃了沉闷呆板，听上去显得愤愤不平，怒火中烧又充满着正义感。合成器和鼓机做出的效果就好像意气风发的华尔街之狼。（2014）

一发行新专辑就意味着又要展开新一轮的巡演。53 岁的莱昂纳德正处于巅峰状态。这张专辑所收获的好评以及拥有那些不再是“60 年代产物”的歌迷所带来的兴奋让他精力充沛。一群更年轻的粉丝和更年轻的巡演音乐人正等待着“他们的男人”。这其中就包括苏珊·薇格，尼克·凯夫以及小精灵乐队。歌手朱莉·克里斯坦森和佩拉·巴塔拉是他们乐队的新晋成员。尽管关于巡演日程安排的艰巨，莱昂纳德已经提前提醒过他们——欧洲巡演十周，然后去加拿大和东西海岸——但朱莉依旧第一个加入进来：加入“长官的军团”，去看看这个世界。

朱莉·克里斯坦森：我是在洛杉矶参与试唱的，当时和几个乐队里的其他成员，不过担任鼓手的是詹姆斯·克鲁斯。莱昂纳德不在，但亨利·路易去了。看起来我当时表现得还不错，唱的《窗户》（*Windows*）那首歌。不过罗斯科（贝克）告诉我想要被录取，见莱昂纳德才是最重要的。因为歌手们必须可以让演出变为完整的一体，我们要给莱昂纳德安全感。他需要可以全权委托的人，否则，他还是会另选他人。

因此，没过多久我直接去了莱昂纳德家。他和罗斯科正在将歌的音调调低，所以罗斯科手中拿了把吉他。为了打开话头，我开口说《苏珊》是在我学吉他的时候，学的第一首歌。当罗斯科直接把吉他递给我的时候，我意识到自己干了件蠢事。我开始弹，莱昂纳德说：“唔，弹得不太对啊，亲爱的，不过我们先去吃中饭吧。”我当时就知道，这回应该是彻底没戏了。但当我们去梅尔的餐厅吃烤奶酪的时候，他谈论起了巡演的艰苦日程和可能遇上的困难：“一星期要演四五场，走遍整个欧洲……”于是我告诉他，我曾经跟一个朋克乐队参加过巡演，甚至在 CBGB[2] 的卫生间换过衣服，在马路旁尿过尿。所以，他的巡演也不会差到哪儿去了。接着我们说，“那就一起走吧。”（2014）

佩拉·巴塔拉：1988 年，莱昂纳德正在为了《我是你的男人》的巡演面试。当我接到面试通知的时候，我觉得他们已经见过洛杉矶至少一半的歌手了。我到工作室的时候，看到了这个优雅的男人，从头到脚一身黑。他上下看了看我，我们大笑了起来，因为那天我穿了一身白。那算是一见钟情吧，我立刻喜欢上了他，感觉到了与他之间的那种联系。（2014）

朱莉·克里斯坦森：我觉得，佩拉，我还有乐队本身的混合产生了一种魔法般的效应。而这种天使般的质感仿佛擦亮了莱昂纳德呛人的男低音，白天和夜晚不断的演出让人兴奋不已。在佩拉来之前的那几周，我不得不自己排练。我们都是可以在高音域和低音域自由变换的人。正因为我们都有很宽的音域，所以可以立刻找到正确的声音，唱出对的感觉。

与他一同在舞台上的经历就好像是一场长时间的冥想。如果我在那上面没有表达真实的自我，我就必须把自己拉回到当下。莱昂纳德是我们中最有耐力的一个。（2014）

[1] 马尔科姆·X，美国人，伊斯兰教教士，黑人民权运动的领导人物之一，反对他的人认为他煽动散布暴力、仇恨、黑人优越主义、种族主义、反犹太主义；肯定他的人则视他为非裔美国人权利提倡者，以及对于美国白人对黑人罪行的有力批判者。

[2] CBGB，一家充满了传奇色彩的摇滚俱乐部，无数个乐队音乐人在它成立的 30 年中演出过。创始人是喜力·克里斯托，一位地道的纽约客。

◆ 与苏珊·薇格的肖像照，由黛博拉·法因戈尔德拍摄于 1989 年。薇格是在这一时期开始演唱莱昂纳德的歌，并对他大为赞美的众多的年轻音乐人之一。

“我听第一张专辑的时候就爱上了，感觉他是我的密友。我在房间里听他的声音，感觉他小小的安静的声音只属于我一个人。所以那时候如果想要了解某一个人，你会说：‘你喜欢莱昂纳德·科恩吗？’如果他要是说：‘谁？’那你就立刻知道你们不会成为朋友了。”

——苏珊·薇格于 2009 年

“一首诗诞生的情境是完全不同的（与歌词相比较）。它们之间有相似之处——都是语言，都押韵，也都有韵律感。但诗歌可以从任何一个地方停下来。你可以反复回看，读那些你读过的句子，思量它，品味它，回味这之前的某个句子，诗歌是在寂静中诞生。

“而歌词，每个词句之间都需要有空隙。它被雕琢得很平滑，可以从歌者那里直接传到听众中去。歌词不能被禁锢，尽管思想上应该保持着欢快的态度。词句中的停顿不能太久，必须在毫不费力的情况下，带入下一个句子。一般情况下，你如果将手从一张专辑上拿开，应该就不会再把它拿起来了。”

——莱昂纳德·科恩于 1988 年

◆ 罗伊·提拍摄的肖像，摄于 1988

佩拉·巴特拉：第一次欧洲巡演……所有上路巡演过的音乐人都知道他们为了什么而去。当然，这是我的第一次大型巡演……我甚至连护照都没有。当我第一次申请护照的时候，我才惊讶地意识到，我连个法定的名字都没有。我猜我老妈实在是忙于照顾另外三个娃，而所谓音乐人的我老爸可能只顾着当音乐人了，所以这件事儿一直也没谁想起来。我出生证明上写的是："宝贝女孩巴塔拉"（想想看，如果我要是个嘻哈艺人，或许还挺合适的）。从某种迂回的角度来说，最后成为"佩拉"还要多亏莱昂纳德呢。

我父亲，非常自豪而正式地——大部分时候说着西班牙语——送他的"宝贝女孩"离开了洛杉矶。他握着莱昂纳德的手，看着他的眼睛，拜托他好好照顾自己的女儿。莱昂纳德很严肃地表了态。当我在马德里生病的时候，他便充当了那个医生的角色，照顾我，而当我感到非常孤单的时候，也是他陪我走在街道上，谈天论地。（2014）

莎伦·薇姿：莱昂纳德和乐队差不多直接从欧洲飞回了纽约。我到纽约以后，哥伦比亚唱片公司的人因为收到的关于在丽兹和卡内基音乐厅两场表演的索票申请数量之多，惊得手足无措。莱昂纳德献上了完美的表演，当然，就像他一如既往做到的那样。

我知道这家伙有种真正的滑稽和幽默感。莱昂纳德有时会在我的电话答录机上留下超搞笑的信息，从蒙特利尔带熏肉给我。我记得他总跟我不停地说蒙特利尔的熏肉和面包圈，然后他刚好那时去了蒙特利尔。有天晚上我下班回家，莱昂纳德打来电话。他说，"我才回家，我给你带了点东西。"我去找他，他拿出一包真空包装的熏肉和一带面包圈。我必须得承认，那个面包圈真的与众不同，比我吃过的任何面包圈都好吃，而蒙特利尔的熏肉，简直是"此物只应天上有。"我们是两个爱吃零食的犹太人。

随后，我们开始了1988年的巡演。最终结束的地方是加拿大。莱昂纳德给了我一张机票，作为礼物，让我去蒙特利尔看他在家乡的演出。我去了梅西音乐厅的那场，简直人山人海。我是带家人一起去的，因为我爸爸那边的亲属住在多伦多。

莱昂纳德很友善有趣，我的家人被所有的经历所震撼。后来他去蒙特利尔演出，他跟我不停念叨着熏肉的事儿。"你一定得在梅恩熟食店吃一回三明治。"那家熟食店就在他家附近。好吧，我打了辆车去了梅恩熟食店。我到那儿的时候，看到佩拉已经坐在了里面。很显然他跟佩拉说了一样的话。我们俩都吃了一个蒙特利尔的熏肉三明治。

那天的演出在晚上，我到那儿的时候，因为莱昂纳德来的那些客人，巡演经理的急性焦虑症都发作了。艾薇·莱顿在演出现场，跟其他一些当地诗人。

我记得在演出间歇的时候，去后台找他，打算告诉他他的朋友们都已经坐好，或许演出过后可能要来跟他打个招呼。化妆间的门开着，他坐在化妆桌上，基本堵在了门口。我跟他说话，根本没进那个房间，告诉他外面的情况，他动了一下门，说道："莎朗，你认识我的朋友皮埃尔吗？"莱昂纳德就这样把皮埃尔·特鲁多[1]介绍给了我。他当时才刚刚成为总理。这事儿后来我讲给了我加拿大的表亲们听。

在那里所看到的场景与美国完全不同，那是另一种人群，对他抱有另一种崇敬。当时莱昂纳德在加拿大演出的时候所获得的尊重才是我认为应得的那种级别，然而在当时的美国情况并非如此。"来看看真正属于我的环境吧。"这就是他送我的临别礼物。（2014）

在一段相对多产的时期开展他的专辑录制生涯之后，莱昂纳德开始形成一个惯例，每隔4年左右出一张专辑。这种奥林匹克运动会似的时间表在1992年以《未来》这张专辑结束了，这是他90年代发行过的唯一的一张专辑。（他的另一张专辑是2001年发行的《十首新歌》（*Ten new songs*））《未来》在很多声音和抒情的主题上都做了扩充，秉承了《我是你的男人》中拥有的那种感觉。

[1] 皮埃尔·特鲁多，加拿大第十五任总理，执政生涯长达16年，是一位极有魅力的知识分子型领袖。

这张专辑同样标志着莱昂纳德和丽贝卡·德·摩尼时期的高潮阶段。德·摩尼女士是一名在英国和澳大利亚长大的美国演员。她带有来自加州的特有的吸引力，金发碧眼，1983 年与汤姆·克鲁斯主演的爱情冒险电影《乖仔也疯狂》使她一夜蹿红。她的事业像所有 IT 女孩[1]一样，无可避免地经历着大起大落。演绎过一次天真少女的她总想努力争取那些更加有重量的角色。

丽贝卡和莱昂纳德在 80 年代中期参加过很多次名人聚会，其中就包括罗伯特·奥特曼的派对，和罗伊·奥比森 1987 年 9 月录制的电视特别节目《黑白之夜》。他们之间建立起了一种温热的友情，在即将到达第十个年头的时候，转成了更为亲密的关系。莱昂纳德被摧毁了。他们年龄上（两人相差 25 岁）和个人经历上都有着被诅咒一般的鸿沟。这位永恒的浪子神色中闪烁着一种狡黠，对《娱乐周刊》的记者说，“就算是最成功的艺术家也会甘愿为得到这样的痛苦而赴死”。

《未来》这张专辑在洛杉矶几个首屈一指的录音棚录制，由包括丽贝卡在内的很多人共同制作完成。专辑表现出了莱昂纳德对无论是作为配曲的工具还是用来实现那些未完成歌曲的手段的电子器械越来越明显的迷恋。合成器取代了吉他，成为他最主要的工具。通过“真正的”琴弦、贝斯、鼓、漂亮的吉他和灵巧的键盘相互交错编织，所呈现出的音乐有种扭曲老练的感觉，将抒情性的长祷文打磨成了听众一直所期待的样子。

专辑最核心的作品是《民主》（*Democracy*），这是一首有很多小节（莱昂纳德声称原本为歌曲写了 80 个小节。）的完全应归于另一个宇宙的国歌。犬儒主义和政治所带来的恐惧，在变为更好的我们的呼吁下被征服……也可能没有。莱昂纳德仿佛高站在宣讲台上，用自己最洪亮的声音，宣布着民主来到了美国。这到底是莱昂纳德偏执故意的天真，裹挟着恶毒的讽刺，还是单纯嘲笑着那些抱有自由之心的观众们？歌中暗潮涌动的狼藉声名被史蒂夫·旺达[2]式的特色合成器缓和了一些，倒是增添了几分弹指间的优雅旋律。《民主》一歌正如莱昂纳德本人一样，是个充满巨大矛盾的存在，一个让人高兴却又充满恶意的存在。

《未来》这张专辑中的很多歌曲，都跟《民主》和专辑同名曲一样，传递着一幅幅末世之景，充斥着折磨、裂隙和肛交等字眼，随处可见关于政治和社会的评论。不过，另一首突出的歌曲《等待奇迹》是最为个人的一部作品。伴随着轻松愉快的那句“啊，宝贝，让我们结婚吧”的歌词，莱昂纳德用这首歌向丽贝卡求婚了。她答应了婚事，但这对情侣却在次年就解除了婚约。莱昂纳德离婚姻殿堂最近的一次尝试也就此告终。

安东尼·J·雷诺兹：《未来》是头一张莱昂纳德的专辑一经发行我就立刻购买的。那之后他同朱尔斯·霍兰德一同精彩亮相于一个英国的节目当中。那是一场纯粹的经典表演。跟其他的嘉宾相比，他看上去像是个皇室成员，好似流亡中的国王。他有那种真实存在的闪闪发光的样子。我还记得他在收音机上接受采访时，也是这样。那是个午后，我在父母家，他走了进来，猫的耳朵都竖起来了。你知道么？尽管我父母都不知道他是谁，但他依旧点亮了整个房间。这是种不可否认的存在感。无论何时他如果想要刻意做一些宣传，都可以创造机会，出奇制胜。

看着他，你只会想：“感谢上帝，创造的并不都是破烂而已。”

那是一种神圣的级别。不幸的是，有的时候他可能实在是太过完美，以至于这张专辑与之前的相比，总给

[1]“IT” Girl 指那些经常现身于主流媒体，到处参加聚会的时尚女性，拥有着让所有人为之倾倒，但却难以言表的魅力，而 IT 便指的是这种未知元素，而带有这种特质的女孩便被称为 IT Girl。

[2] 史蒂夫·旺达，美国黑人歌手，作曲家，音乐制作人，社会活动家。虽为盲人，但却是一位全能的艺术家。

我一种拼凑的感觉。我感觉他翻唱歌曲（费德里科·奈特的《真实》和欧文·柏林的《一直都是》）的版本有点过于任性。这并不是我想听到的东西，尤其是当把《真实》（*Be for Real*）这首歌放在《等待奇迹》的旁边时，简直夸张得像座山一样，真是个吓人的怪兽。我也喜欢《塔科马拖车》（*Tacoma Trailer*）那首歌……我希望他能加入更多的乐器。（2014）

因为创作，录音和巡演等一系列外界毫无停歇的刺激，这个丝茧中的压力已经变得无法忍受了。莱昂纳德像是回应对一名士兵的召唤一样为《未来》这张专辑做着宣传，不断和媒体与日渐增长的粉丝群打着交道。在荣获 1993 年加拿大著名的朱诺奖最佳年度男歌手时，他对热情的观众说，“只有在这样的一个国家，我才能用这样的声音得到这样的一个奖项。”

年末，他获得加拿大总督奖终身艺术成就奖。《陌生人之歌：诗·歌选》伴随着很多早就绝版的作品的再版，让莱昂纳德终于得到了自己应得的成就。

他巡演的日程安排已经到了只有小年轻才可以承受得了的极致。接近六十的他发现自己在极度愉悦过后，终于迎来了不可避免的虚弱感。

“我觉得最近这张专辑非常的坚固完整。如果说它有任何问题的话，那只能说实在是防御得太好了。它好像拥有着谢尔曼坦克一般的恢复能力，并且可以踏足任何地域。我不知道这是不是你想放在停车场里的东西，但它确实有足够的装甲力量。多年以来，我一直在努力让自己的歌变得坚固起来。”

——莱昂纳德·科恩于 1992 年

◆“我看到了未来，兄弟，它是个谋杀者。”泰瑞·奥·尼尔拍摄的肖像照，于 1990 年。

/ 8 /

《十首新歌》和一首老歌

“所有东西上都留有裂隙，光便是这样照进来的。”摘自《未来》（1992）。亨利·道尔兹于 1993 年拍摄的肖像照。

“《哈利路亚》沉睡了有十到十五年，甚至更久的时间之后，才有了这样的一股势头。这一切是怎么发生的？为什么这首歌获得了别的歌曲未曾有过的重生？”

——艾伦·莱特于 2013 年

时间轴

1994
冬天：
莱昂纳德住进了秃山的禅宗中心修道院。

3 月：
获得朱诺奖年度最佳创作人。

6 月 28 日：
专辑《科恩现场：莱昂纳德·科恩演唱会》（*Cohen Live: Leonard Cohen in Concert*）。

8 月：
奥利弗·斯通的《天生杀人狂》中从专辑《未来》选了三首收入原声大碟。

1995
9 月 26 日：
科恩的致敬专辑《歌之塔》（*Tower of Song: The Songs of Leonard Cohen*）发行。

1996
8 月 9 日：
莱昂纳德正式受戒，成为一名禅僧，获赠法号“自闲”（“沉默的那个”）[1]。

1997
3 月 15 日：
阿梅勒·巴斯克的纪录片《莱昂纳德·科恩：肖像，1996 年春》（*Leonard Cohen: Portrait, Spring 1996 on*）在挪威电视台播放。

9 月：
另一部采访在秃山的莱昂纳德的纪录片开始播放——是安格瑞塔·威尔伯格的《斯缇纳遇见莱昂纳德·科恩》（*Stina Möter Leonard Cohen*）。

10 月 7 日：
一张再版专辑发行《更多莱昂纳德·科恩精选集》（*More Best of Leonard Cohen*）。

1998
3 月 28 日：
莱昂纳德·科恩的粉丝第一次组织“事件”聚会，于英国，林肯。

1999
1 月：
莱昂纳德离开秃山，出发去孟买，成为了印度教导师拉梅什·巴尔谢卡的门徒，研修“不二论”。[2]

5 月：
回到洛杉矶，录制《献给我们时代的维拉内拉诗》（*Villanelle For Our Time,*）[3]，向已故加拿大诗人 F.S. 斯科特致敬。

秋天：
与莎朗·罗宾逊一起制作专辑《十首新歌》，并且跟歌手安嘉妮·托马斯展开一段新恋情。

2000
10 月 3 日：
出席 20 世纪 50 年代就开始交好的蒙特利尔旧友，加拿大前总理皮埃尔·特鲁多的葬礼，担任护柩者。

2001
2 月 20 日：
专辑《战地长官科恩：1979 年巡演》（*Field Commander Cohen: Tour of 1979*）发行。

10 月 9 日：
《十首新歌》发行。

2002
10 月 22 日：
另一张精选专辑《精华的莱昂纳德·科恩》（*The Essential Leonard Cohen*）发行。之后花了两年的时间与莎朗·罗宾逊、琳恩·昂格尔、安嘉妮·托马斯以及亨利·路易共同创作专辑《亲爱的希瑟》（*Dear Heather*）。

---

[1] 这里交代不是很清楚，容易让读者误解，因为文中括号里是杏山禅师给出的法号的解释，但他的英文并不好，所以可能解释得并不清楚，莱昂纳德并没有仔细询问，就应下了这个名字。按照日语来说，Jikan 应该是“空闲，时间”的意思。

[2] 不二论为印度最古老，最主要的哲学流派，表达的内涵认为，最高真实的梵是宇宙万有的始基，也是万物的依靠，世界上一切现象都是从梵中产生出来的。最高的梵是世界之源，万物依靠梵产生而梵并不依赖世界。梵是统一、永恒、纯净、先验的意识。它无内无外、无形无状，既不具有任何差别也不具有任何属性，既超主观也超客观，既超时空也超因果。

[3] 一种源自法国的田园诗。十九行诗，只用两个韵，全诗分为六节。

2003
2月28日：
由博纳·赫伯特执导，根据《至爱游戏》改编的加拿大电影上映。

6月28日：
由海尔·维尔纳制作的名为《为美人远道而来：莱昂纳德·科恩歌曲之夜》（*Came SoFar for Beauty: An Evening of Songs by Leonard Cohen under the Stars*）的致敬音乐会在布鲁克林展望公园的夜幕下上演。

10月24日：
获得加拿大同伴勋章。[1]

2004
5月22日和23日：
《为美人远道而来》在英国的布莱顿艺术节重新上演。次年1月，在澳大利亚的悉尼音乐节上又被再度演绎。

9月：
发行专辑《朱迪·柯林斯唱莱昂纳德·科恩：民主》（*Judy Collins Sings Leonard Cohen:Democracy*），收录了所有朱迪·柯林斯翻唱的科恩的歌曲。

10月26日：
专辑《亲爱的希瑟》发行。

秋天：
解雇了他的经纪人凯利·林奇，在凯利本人的婚姻生活结束后，他卖掉了科恩所有音乐的版权，并将他大部分账户中的钱财均席卷一空。

2005
8月：
开始针对林奇采取各种法律举措。

9月11日：
莲恩·兰森的纪录片《莱昂纳德·科恩：我是你的男人》首映。

秋天：
雇佣山姆·费尔德曼做他的新经纪人。

2006
1月4日：
欧文·莱顿去世，享年93岁，在他的葬礼上，莱昂纳德为自己的挚友献上了悼词，并成为其中一名护柩者。

2月5日：
入驻"加拿大词曲作者名人堂"。

5月9日：
出版《渴望之书》，一本诗歌、散文，艺术品的合集。

5月13日：
在多伦多新书签售会上，13年来第一次在公众面前演唱。

5月19日：
莱昂纳德制作并撰写歌词的安嘉妮的新专辑《蓝色陷阱》（*Blue Alert*）发行。

5月：
加州法院裁判林奇赔偿莱昂纳德730万美金。可他只收到了15万美金。

7月25日：
纪录片《莱昂纳德：我是你的男人》原声碟发行。其中还包含了《为美人远道而来》中的一些演出现场。

10月4日和5日：
都柏林剧院音乐节最后一次上演《为美人远道而来》

2007
2月10日：
亚当的儿子卡西乌斯·里昂·科恩出生，莱昂纳德有了第一个孙子。

3月-4月：
陪安嘉妮为《蓝色陷阱》的再版专辑宣传巡演。间或合唱那首《你欲何往》（*Whither Thou Goest*）。

6月1日：
菲利普·格拉斯作曲的《渴望之书：莱昂纳德·科恩的诗画组曲》（*Book of Longing: A Song Cycle Based on the Poetry and Images of Leonard Cohen*）在多伦多首演。

6月3日：
同样在多伦多，《莱昂纳德·科恩：沉溺于辞藻》莱昂纳德艺术作品展开幕。

9月25日：
赫比·汉考克的专辑《河流：琼尼的信件》（*River: The Joni Letters,*）[2]发行，是对琼尼·米切尔的一张致敬专辑，其中莱昂纳德诵读了《丛林线》的歌词。

秋天：
雇佣罗伯特·科里当他的新经纪人。

11月11日：
菲利普·格拉斯发行专辑《渴望之书》。

[1] Companion of the Order of Canada，是公民所能荣获的最高等级的加拿大勋章。

[2] 该专辑荣获2008年格莱美最佳爵士乐专辑的奖项，也让汉考克再一次在爵士乐及现代音乐的殿堂里成为神级的人物。

"我不是佛教徒，只是个伪佛教徒。我与我年长的老师学习并不是为了找寻一个新的宗教。他也从来没有希望我可以皈依佛教。我很开心于自己的宗教，它亦是我父母和祖父母的宗教。我与他一同工作，但并没有以我的信仰为中心。它更多的应该算是与一个宗教教义或是另外一种不同化身的神一起生活的技巧。这是一次关于友谊的研习。"

——莱昂纳德·科恩，2001 年

1994 年初，在一次史诗级别的宣传、巡演和喝彩结束后，科恩做着深呼吸，给自己的生活按下了暂停键。他穿上了僧袍，径直去了秃山，去找杏山禅师，去寻求无声、沉思的生活；他带着"另一种"生活所残余下来的孤独，一个简陋的合成器和便携式收音机住进了简陋的，他现在称之为"家"的小木屋中。他生命的道路转向了内部世界，通往良好状态的路是由很多微小而美好的东西铺就而成的。

在这段自我放逐的日子里，尽管莱昂纳德每日都在拂晓前起床，坚持着每日卑微的工作，但他的歌迷们依旧为了这位冷漠而与众不同的神，沉浸在一连串令人眩晕的活动之中：他获得了更多的朱诺奖，出了一张现场演出的 DVD。1995 年 9 月，芬兰的雅克·阿加萨罗和他的儿子劳里共同创建了名为"莱昂纳德·科恩档案"的网站，而他也经常可以收到来自莱昂纳德本人贡献出来的很多艺术作品和创作的文字。

雅克·阿加萨罗：我在 70 年代初就开始听莱昂纳德·科恩的歌了。在 1988 年和 1993 年的赫尔辛基演唱会之后，我便开始收集他音乐中的一些罕见的录音。后来，出现了《科恩时事通讯》，由吉姆·德夫林在英国出版。到了 1994 年的时候停止更新，而我家开始接入了互联网，我们开始为它所能带来的诸多可能性倍感兴奋。

我跟当时还是个青少年的儿子一起为建立网站而找寻话题，而我对科恩的兴趣使他成为了很自然的最终选择。网站最初的建立是为了面向全世界的观众，我们的网站正式启动是在 1995 年 9 月。我负责提供所有页面的内容，而劳里则负责解决技术问题。

我们起初建立时，并没有打算将网站页面做得如此宽泛。但我们很快就意识到，科恩的艺术品拥有一个来自全球的粉丝群体，而这个大家汇聚到一起的基地缺乏一个彼此沟通的渠道。

1997 年，莱昂纳德从位于加利福尼亚的秃山禅宗中心给我发来电子邮件。并建议说可以为我的档案提供一些来自他笔记本中的内容："我想要寄给你，连同其他一些东西，比如《苏珊》和其他早期一些歌曲的第一批手稿。我希望可以让整个创作过程变得清晰起来，或者说至少让大家可以窥见到一点我神秘的创作生涯。"

第一次接触之后，我们开始定期跟彼此互通邮件，成为了好友。秃山的禅院中心用的是非常慢的拨号上网，那也是他们那里唯一能用的一根电话线。今天，我们认为互联网和它所提供给我们的服务之便利是如此的理所当然。不过，早在 90 年代中期，我们仅仅只是跨进了当前这个国际化时代的门槛而已。

莱昂纳德紧随互联网通信成长的脚步，一切也都变得明晰起来，他算得上是最早一批明白新通信渠道前景的人。他发现，想要跟自己的歌迷保持紧密联系，互联网是个非常有用的工具，它还能让自己在禅宗中心保持"静默"的几年里，依旧在音乐生涯中保持活跃。（2014）

◆ 摄于秃山的禅院中心，1995/1996 年。（全页图）

◆ 摄于秃山的禅院中心，1995/1996 年。

"在制作专辑《十首新歌》的时候，我和莱昂纳德几乎天天见面。有些日子我们相约在我家里的录音棚工作，他从未准时赴约，总会早来——有时候甚至早半个小时！我们会喝会儿咖啡，谈天说地，范围很广，从朋友到家人，从宗教到音乐。然后我们再进录音棚。莱昂纳德总会带着种有质感，优雅而慷慨的精神与我相处，不过我从来没有任何一个时刻认为他这样做是理所当然的。"

——莎朗·罗宾逊于 2014 年

◆ 莎朗·罗宾逊。莱昂纳德与她共同制作了很多他最爱的歌曲，这其中包括《众人皆晓》、《等待奇迹》以及《千吻之深》。

1995年9月底，致敬专辑《歌之塔：莱昂纳德·科恩的歌》发行，致敬者皆是主流大明星，其中就包括斯汀、波诺，埃尔顿·约翰和苏珊·薇格。这之后又出品了众多纪录片，来探索莱昂纳德崇高的职业生涯的轨迹。就像是尖酸的“疯帽匠”一样，他最深爱的宗教没有放过让他重新审视自己神学信仰的机会。他不得不承认，长时间的精神隐居反而说服了他，其实是没有任何宗教倾向的。这种因果报应一般的结论，让我们这位擅长讽刺的大师都无力还击了。

整整5年的时间，莱昂纳德都在秃山过着隐居的清修生活，直到最终他得出一个不可避免的结论——他是一个“失败的和尚”。就像是喜欢冒险的登山者快要在稀薄的空气中窒息一般，他也渐渐的重新开始找回在洛杉矶这种温暖盆地生活的自我。他的女儿洛尔迦也来到他在“奇迹一英里”的复式公寓。莱昂纳德基本可以算是成功的将抑郁“那只巨大的黑狗”压制住了。自我的药物治疗（合法和非法的）以及自我实现终于和解。他再度短暂的重返了一次伊兹拉岛，那里依旧可以像他的老式奥利维特打字机一样可靠的为他提供所需的灵感。紧接着，他去了孟买，与一位新精神导师——“无二论”的印度教信徒拉梅什·巴尔谢卡研修。不过，在1999年秋天，他感受到了来自录音棚的诱惑，重新与自己长期合作过的伴唱歌手以及偶尔的歌曲创作者莎朗·罗宾逊一起合作，开始新专辑《十首新歌》的制作。这张专辑既是他们首次自己独自制作的一张练习作品，也是他们所表达的对21世纪到来之际，爱情和生活状况的渴望。

专辑最终于2001年10月发行。《十首新歌》沉浸于柔和深情的遐思之中，所有可能影响音乐强烈亲密感的效果全部被剔除出去。专辑工程师琳恩·昂格尔稳当地控制着手中的录音控制台，磨平了所有粗糙的边缘。在往原声上加录吉他声音的时候，莱昂纳德便与莎朗一同制作、编曲，然后弹奏所有需要的部分——节奏不紧不慢，编曲好似一声冗长而华丽的呼吸。莱昂纳德近十年来的首张专辑将他带到了离家最近的地方。

莎朗·罗宾逊：《夏日时光》是在我的音乐中开场，但正如更多往常的情况一样，《亚历山德拉的离去》(*Alexandra Leaving*)是由莱昂纳德的词句开始的。每一首歌来到世人眼前时，都有自己独有的方式。我在一家酒店的大堂里给莱昂纳德演奏了《夏日时光》的曲子，那首歌的创作实属偶然。《亚历山德拉的离去》是《十首新歌》专辑中的另一首，是莱昂纳德早在蒙特利尔就一直在写的歌词。我们写完这首歌后，将它搁置了一段时间，直到我们听到最终录制好的专辑中的版本，才意识到，这是首很好的歌。

当时的技术已经允许我们可以在我家的录音棚中录制“录音室水平”的专辑了。所以我们建立了一个很有标志性的自己的录音棚，分工合作录制。(2014)

从2002年到2004年，莱昂纳德和由莎朗·罗宾逊、安嘉妮·托马斯，琳恩·昂格尔以及亨利·路易组成的有创造力的团队共同制作了专辑《亲爱的希瑟》。

“（安嘉妮）好像有某种可以到达某个精神领域世界的能力。一般说来，人们想要慷慨一些，但总会做过头，要么就是给太多。但如果想要以这种慷慨大方的方式做到真正的慷慨，那就不能过头，一定要恰到好处地让人满足；想要做到这样的程度实属罕见，但她就有这种能力——一个旋律紧随另一个旋律—全都直击要点。不会嫌太多，也不会觉得太少……就是完美。”

——莱昂纳德·科恩于 2006 年

肯尼斯·库伯尼克：《亲爱的希瑟》紧跟着莱昂纳德 2004 年的《十首新歌》之后发行。面世后动静虽大，却让人略感不安。不同于以往那些有完整概念的专辑，这更像是由一堆琐碎的东西拼凑而成的合集。莱昂纳德是扎到以往的作品堆里翻找出来的这些曲目，有一些创作的时间甚至可以回溯到 1979 年。这样的作品被一些乐评人嘲讽为落魄者最后的告别辞。

死亡的主题贯穿于整部作品中犹如幽灵般的混响。其中有献给重病的欧文·莱顿的（后来于 2006 年去世），也有悼念去世的诗人 A·M·克莱因的。除此以外，还包括了对去世不久的歌手卡尔·安德森以及莱昂纳德的挚友兼出版商杰克·麦克米兰的缅怀。专辑中甚至包括了 1999 年莱昂纳德作曲，用已故的 F·R·斯科特的诗歌《献给我们时代的维拉内拉诗》填词的作品。

有趣的是，专辑中夹带的小册子是他所有专辑的包装中最绚丽的一个。它不仅仅像以往那样包含歌词单和幕后人员的名单，甚至还有很多莱昂纳德自己画的黑白的表现主义插画，生动极了。尽管专辑记录的内容充斥着葬礼般悲伤的基调，可这本宣传册却显得巧妙而生动。（2014）

也许关于莱昂纳德考虑退休的怀疑越来越多，所有的音乐人，出版商，电影人以及各个名人堂的经管人都排着队等着向他致敬，尽管在现在这个阶段，他早已经成就了非凡的职业生涯。

在这一连串的近期活动当中，头一个比较重头戏的活动发生在 2003 年的 6 月份，音乐制作人哈尔·维尔纳制作了首台《为美人远道而来》的致敬演唱会。演出阵容一流，其中就包括尼克·凯夫、劳丽·安德森、玛莎和洛福斯·莱特兄妹，他们重新演绎着莱昂纳德的歌曲，演出是在布鲁克林展望公园“星空之下”举办的。在那之后的 3 年里，这个演出还在世界的其他几个地方上演过几次。

琳恩·劳森 2005 年的纪录片《莱昂纳德·科恩：我是你的男人》中便收录了一些来自演出《为美人远道而来》的镜头。此外，其中还包含了莱昂纳德本人与 U2 乐队联手演唱的《歌之塔》。

次年 2 月，莱昂纳德入驻“加拿大词曲作者名人堂”，做演讲介绍他的人是娄·里德。

哈珀·柯林斯出版社出版了莱昂纳德第一部诗集《让我们比拟神话》的 50 周年纪念版，原书是于 1956 年出版的。

然而，莱昂纳德依旧在忙于新的项目。2006 年 5 月见证了两部作品的面世。首先是哈珀·柯林斯出版的包含诗歌、散文和画作的新诗集《渴望之书》。

紧接着便是《蓝色陷阱》的发行。这张安嘉妮·托马斯的专辑早在 1985 年约翰·利绍尔招她加入到《多重立场》的欧洲巡演做伴唱歌手时就已经与莱昂纳德息息相关了。在这千年之交的时刻，他们早已超越了同事的关系。安嘉妮也是专辑《亲爱的希瑟》的制作团队成员，现在莱昂纳德报之以李，撰写了《蓝色陷阱》中的所有歌词，并帮助参与了制作。

◆ 量身定制：莱昂纳德的歌词与安嘉妮闷热的爵士旋律在 2006 年发行的这张《蓝色陷阱》中实现了完美结合。

“我感受不到，所以试图去触摸。我已经讲了真相，并没愚弄你的打算。”

——莱昂纳德·科恩《哈利路亚》于1984年

2008年12月，莱昂纳德1984年创作的《哈利路亚》的三个不同版本同时出现在英国单曲排行榜上：杰夫·巴克利和亚历山德拉·伯克占据前两位，而莱昂纳德·科恩先生自己的版本排名第36位。

肯尼斯·库伯尼克：这一切的开端很单纯，发生在曼哈顿四十四街美仑大酒店的一个房间里。当时莱昂纳德弹奏了一些很不起眼的六八节拍的和弦——又有一场暧昧的雨漫不经心地从左岸下了过来——那声音好像旋拧着约翰·利绍尔的耳朵，让他很快便意识到这段有点教会风格的暗暗悸动的旋律乞求着他进一步的完善。很快利绍尔将它转化为一种不可知论者的大声呼喊，催化着世代与性别的更迭。《哈利路亚》已经成为本世纪的另一首国歌，被成百上千艺术家不断演绎着，其中令人最为印象深刻的便是K·D·朗[1]和杰夫·巴克利的版本。（2014）

约翰·利绍尔：这首歌本身是有生命的。你可以从很多其他艺术家的表演中瞥见它的存在。它好像是有魔力的。那感觉不是你可以安排到歌曲中的。巴克利非常棒，K·D·朗也很厉害。我听过的版本里有那么几个男高音演唱的，有点冒傻气。还有一些福音版本也不是我的菜。节奏布鲁斯的话，有些削弱这首歌。我们到底能在演绎的时候，在这首歌中放入多少灵魂呢？不过，你知道么，还有不少版本特别可爱。曾经就有人给我寄过一些很简单的民谣版本，唱得非常漂亮。

大概五六年前，莱昂纳德第一次做他那个在麦迪逊广场花园的演出时，我和一些朋友以及新婚妻子莉莉安也去了现场。在麦迪逊广场花园和中央车站的广播里都在单曲循环我录制的那个版本的《哈利路亚》。那绝对是你听过最震耳欲聋的声音。我们当时站在那里，所有人都惊呆了。盯着播放音乐的喇叭哭泣着鼓掌。我就站在那，作为一个普通的男人聆听着这个永远不被人所知的成就。那感觉几乎就已经值回票价了。（2013）

---

[1] K·D·朗，加拿大创作女歌手，荣获过格莱美奖，得到过加拿大勋章，既是女性主义者，也是动物保护和素食主义的拥护者。曾在2010年的冬奥会上演绎过这首歌。

◆“有一股炽热的光，藏匿于每句话中，无关于你到底听到了什么，圣洁或破碎的哈利路亚。”自从 1984 年《哈利路亚》面世以来，已经有超过五百名歌手发行了自己的版本。肖像画由马塞尔·哈特曼思摄于 1997 年。

“哈利路亚是一个希伯来词语，意思是‘赞美耶和华’。这首歌解释了很多种哈利路亚是的确存在的。我说：‘无论是完美的还是破碎的，哈利路亚的价值是相等的。’所以它，就像是我说的，是我确认生命中信仰的欲望，尽管不是用什么正式的宗教式的方法，却饱含热情与感情。”

——莱昂纳德·科恩于 1985 年

◆ 杰夫·巴克利标志性的《哈利路亚》的封面，这张限量版单曲专辑于 2012 年 11 月 23 日“唱片店日”发行，里面还收录了莱昂纳德的版本。

艾伦·莱特：当你想到《忧郁河上的大桥》[1]《想象》[2] 或是《改变即将到来》[3] 这些歌时，人们都会立刻从脑海中反应上来这首歌。

让《哈利路亚》如此特别的地方就在于，从来没有一个固定的版本。它也从来没成过最热单曲。等这首歌开始为人所知的时候，每个人听到的版本又完全不一样。没有一个固定的实体去定义这首歌。它要更加流畅，灵活得多。

这首歌录制的时候，可是传说中的 1984 年，是专辑录制行业最鼎盛的一段时期。这一年的夏天诞生了《诞生在美国》(*Born in the U.S.A*)[4]《紫雨》(*Purple Rain*)[5]《宛如处女》(*Like a Virgin*)[6]，此外，也是杰克逊五兄弟组合举行《胜利之旅》巡演的同一年。[7] (2013)

“所有 1984 年的音乐事件都是大规模的。虽然想要丑化哥伦比亚唱片很容易，毕竟是他们将莱昂纳德的这张专辑拒之门外的。不过，需要知道的是，那一年，全球音乐电视台（MTV）的帝国已经进入第五个年头了。他们看着莱昂纳德说：‘过去的几张专辑，一张卖得比一张少，我们为什么要继续为此而担忧呢？’这并不能单纯地说他们是庸俗的市侩。”

——艾伦·莱特于 2013 年

艾伦·莱特：我觉得在《哈利路亚》的形成过程中，最早莱昂纳德录制的版本早就丢没，或者被搁置到一边去了。约翰·利绍尔为莱昂纳德所提供的空间，歌曲框架的构造，支持以及自信让他完全称得上是一名优秀的制作人。约翰曾经说过一件事儿，后来从琳恩（昂格尔）那里也得到了证实，在经历了多年关于歌词，小节的讨论，和为了写好这首歌而所做的各种努力之后，他再次回到录音棚时，莱昂纳德所带来的修改版本终于符合了他的预期。他实际上没有进行过任何真正的删减或者是歌曲结构的重塑之类的事儿。

另一件被人们忽略或是低估的事情是，到头来，其实还是这首歌的旋律让人们最先产生了共鸣，这也是常理。无论我们在诗歌上花费多大的功夫，这并不是说我们觉得歌词本身不重要，只不过利绍尔简单明了的旋律才是真正让这首歌被发现的关键所在。并不是说我们要将这首歌拉低到流行音乐的档次上去，但是，如果没有

[1] *Bridge Over Troubled Water*，发行于 1970 年，曾是公告牌榜单之首，并荣获格莱美年度最佳专辑和最佳歌曲，是西蒙和加芬克尔的成名曲之一。
[2] Imagine，约翰·列侬 1971 年发行的同名专辑中的经典歌曲。
[3] *A Change is Gonna Come*，1964 年由 R&B 歌手山姆·库克演唱，发行于专辑《这难道不是好消息吗》当中。
[4] 于 1984 年美国国庆日发表的一张布鲁斯·斯普林斯汀的专辑，占据专辑排行榜前十长达 84 周时间，本土销售就有千万张。
[5] 美国摇滚歌手王子的电影同名专辑，是流行音乐史上最伟大的强力情歌。获得奥斯卡最佳原声和格莱美奖。
[6] 1984 年 11 月发布的麦当娜的第二张专辑，美国本土销量也突破千万的一张钻石奖大碟。
[7] 1984 年，杰克逊五兄弟发行专辑《胜利》并举行了他们最大规模的一次巡演，也是黑人乐队有史以来最成功的巡演。

副歌的合唱，没有那个钩子[1]，没有那个旋律，成百上千的人根本不会翻唱这首歌的。

最引人注目的莫过于莱昂纳德本人与这首歌之间的脱离感。一种“这是发生在那的那个事儿吗？”的与己无关的感觉。这也是为什么尽管出现了如此多的改编翻唱版本，不断地有人删改小节，都没有听到过莱昂纳德反对的声音。对于这首歌的故事来说，这反而是很重要的一点，正因如此，它才可以得到这么广泛的流传，被这么多人翻唱。这不但显示出了莱昂纳德这位作家的个性，也同样让我们从他身上看到了禅宗之人的秉性。你把这些东西放任在那里，你永远都不会知道到底将要发生什么。（2013）

不过，当《哈利路亚》这首歌迎来了出乎意料的重生后，莱昂纳德发现了另一件他从来没有预知会发生的事情。

在2004年10月《亲爱的希瑟》发行没多久，莱昂纳德突然意识到，自己的经纪人，凯利·林奇，这位自从1988年他一直以来的经纪人马蒂·马查特去世后，就接管一切事物的得力助手，将他所有的音乐版权抛售一空，并从他的账户与投资中转走了所有财产。他解雇了她，但已经造成了无法挽回的损失。

接下来的一年中，在罗伯特·克里——音乐圈里的律师，刚巧还是安嘉妮的前夫——与他的伙伴米歇尔·莱斯的帮助下，莱昂纳德开始采取一系列针对林奇的法律措施。克里后来还成了莱昂纳德的经纪人。

2006年5月，加利福尼亚的法庭判决林奇赔偿莱昂纳德损失的730万美金（有些媒体报道的金额更高一些。）可他只得到了15万美金的补偿，自此林奇开始了对他无休止的邮件与电话短信骚扰，这导致在2012年的4月，因违反限制令不断联系他的林奇获刑18个月监禁。在庭审中，莱昂纳德宣读了一份早已准备好的声明，其中有一句话是这样说的：“看到我往昔的挚友戴着手铐坐在法庭之上并不能给我带来一丝快乐，她原本的天赋屈从于黑暗、欺骗和报复之下。”

因为他现在的财务状况堪忧，就算之前有过的任何退休的想法也必须被搁置一旁了。莱昂纳德所呈现出来的是非常典型的禅宗状态，他平静地接受了这一切，重新穿好正装，回去工作了。

[1] hcok，流行音乐中音乐创作的重要部分，可以是一段唱词，可以是一个重复的短语，也可以是一个旋律，旨在抓住人们的注意力，可以立刻记住这首歌。

◆ 被岌岌可危的财务状况逼得重新上路巡演的莱昂纳德，要早知道会是这样，就会在70年代花更多的时间在路上，而不是在自己的沙发上了。

/ 9 /

莱昂纳德·科恩和成人们

◆ 科恩荣获“阿斯图里斯王子文学奖”。

“在听完莱昂纳德录专辑之后，去听他的演唱会就好像是划船穿越海洋之后，跳水潜了下去。虽然内容相同，但体验完全不一样。”

——艾伦·肖尔沃特于 2014 年

时间轴

2008

1 月 13 日：
15 年后，莱昂纳德首次宣布开始巡演。

3 月 10 日：
在娄·里德的引荐下入驻摇滚名人堂。

5 月 11 日：
“前期巡演”是在新不伦瑞克省弗雷德里克顿的一家小的加拿大剧院来开的序幕。

6 月 –7 月：
正式巡演的第一段在英国开始，这其中就包括在格拉斯顿伯里音乐节的一次串场演出。（6 月 29 日）

9 月 –11 月：
第二段巡演在欧洲各地展开。

12 月：
三个不同版本的《哈利路亚》跻身英国单曲排行榜：杰夫·巴克利（第一），亚历山德拉·伯克（第二）以及莱昂纳德·科恩自己的版本（第三十六）。

2009

1 月 –2 月：
巡演移至澳大利亚和新西兰。

2 月 19 日：
在纽约的灯塔剧院做了一次特别的演出，由电台直播，播客上也可以收听。

3 月 31 日：
发行了演出专辑《伦敦现场》（*Live in London*），录制于 O2 体育馆，2008 年 7 月。

4 月 –6 月：
北美地区的巡演开始，其中包括在柯契拉音乐节令人难忘的精彩演出（4 月 17 日）。

7 月 –9 月：
开始全新的大型欧洲巡演。

9 月 19 日、21 日：
因为食物中毒昏倒在瓦伦西亚的舞台上，两天后，在巴萨罗那演出，并庆祝自己 75 岁的生日。

9 月 24 日：
欧洲巡演的最后一场，结束于以色列的特拉维，这是他自 1980 年之后在这里的首次登台。

莱昂纳德为以色列和巴勒斯坦的慈善机构捐赠了 200 万美元。

9 月 27 日：
他的印度教导师拉梅什·巴尔谢卡去世，享年 92 岁。

10 月 –11 月：
穿越大西洋，重新回到美国，又加演了 15 场。

10 月 19 日：
发行专辑《1970 年怀特岛音乐节现场》。

2010

1 月 30 日：
荣获格莱美终身成就奖。

冬天：
2010 年的巡演因为莱昂纳德的背部伤痛不得不推迟了几个月的时间。

- 左图：在娄·里德的介绍下，入驻摇滚名人堂，2008 年
- 上图左：荣获格莱美终身成就奖，2010 年
- 上图右：在朱迪·柯林斯的介绍下入驻词曲作者名人堂，2010 年

月 17 日：
入驻纽约词曲作者名人堂。

-12 月：
乎不间断的继续开启欧洲巡演，然后是澳大利亚和新西兰，接着
是北美。

月 14 日：
来自路上的歌》(*Songs from the Road*) 专辑发行，收录了
008-2009 年内的多场演唱会上的歌。

2 月 16 日：
尔迦·科恩参与策划的《为旧礼而备的新衣》视频短片展于洛杉
的哈默博物馆展出。

011
月 -8 月：
麦当娜的前任词曲创作人帕特里克·莱昂纳德一同录制新专辑
老想法》。

月 2 日：
瓦·凯瑟琳·韦恩赖特·科恩降生。是洛尔迦和她的好朋友兼词
创作人鲁弗斯·韦恩赖特的女儿。

月 21 日：
西班牙奥维耶多接受"阿斯图里亚斯王子文学奖"的时候，发表
题为《我是如何得到的那些歌》的获奖演说。

12
月 31 日：
辑《老想法》(*old ideas*) 发行。

2 月 26 日：
凭借歌词，(与查克·百瑞) 共同赢得首届新英格兰 PEN ("笔") 大奖的优秀文学奖。

4 月 18 日：
凯利·林奇因为违反限制令，不断联系莱昂纳德而获刑 18 个月监禁。

5 月 14 日：
莱昂纳德在他的致敬音乐会上，荣获享有声望的 2011 年度格伦·古尔德大奖。

8 月 -12 月：
欧洲巡演开始，直到 10 月底去北美继续演出之前休整了两周时间。

2013
3 月 -4 月：
北美巡演。

4 月：
荣获朱诺奖年度最佳艺人、年度最佳歌曲词作者。

6 月 -9 月：
欧洲巡演。

11 月 -12 月：
澳大利亚及新西兰巡演。

2014
秋天：
计划发行爱尔兰巡演现场的 DVD，录制于 2013 年 9 月的都柏林 O2 体育馆。

"这是个严谨的过程。我尤其不喜欢刚开始准备巡演的时候。因为那些排练，也因为物流的运输。一旦真正上路，我就开始享受其中了。我们有一帮很棒的音乐人，大家在一起的旅途相处甚欢。我曾经想管我们叫'莱昂纳德·科恩和成人们'！"

——莱昂纳德·科恩于 1985 年

2008 年，莱昂纳德重新召集了另"一帮很棒"的成人们，并在沉寂了 15 年之后，重新踏上巡演之路。如果他的精神世界没有如此坚强，很有可能会被绝望所吞噬，事业生涯中利欲熏心的转变也将让情况变得更为糟糕。一个曾经信任至深的伙伴，对他个人生活及财务方面的双重背叛看起来是无从弥补的。

对于每一个做零工的音乐人来说都是严酷考验的巡演，是他长期以来逃离现实的手段。而现在，它将成为真正意义上的救赎。本应是致命打击的事件反而转变成了他音乐远航中最成功的舞台。莱昂纳德拥抱着胜利，享受着音乐界给他带来的第三次机会。对于行业内的大多数人来说，如果能有上一次这样的回归，就已经算是幸运的了。

现在新加入莱昂纳德巡演队伍中的有歌手韦伯姐妹——她们出生于英国肯特的一个音乐世家：查理和哈迪·韦伯带着富有表现力的声音与和声演出。两个人都是多乐器演奏的能手，也是词曲创作人。她们可以一边演唱，一边伴奏（竖琴、吉他、曼托林、钢琴、鼓），风格则融合了英国及美国的传统民谣和流行乐。

查理·韦伯：我们俩与莎朗是在 2007 年结识的，我们当时在一起创作了一些歌曲。2008 年初，哈迪和我正与皮特·亚瑟一起，在洛杉矶录制专辑中的一些歌。莎朗打电话来，说莱昂纳德正在寻找跟他一起巡演的音乐人。

我们在录音棚去见莎朗的时候，乐队中的其他成员已经开始排练了。理论上来说，我们三个应该一起唱和声的，（就像我们去年在一起的时候做过的那样。）可这回，莎朗刚巧嗓子疼，几乎失声了。所以罗斯科（贝克，音乐总监）选了几首歌，比如《与我共舞，直到爱的尽头》《跳支华尔兹》《打烊时间》（*Closing Time*），让我们两个跟着乐队一起唱。

事实上，整个过程还挺轻松的。我们压根没有期待那天会发生什么，也并不知道罗斯科和莱昂纳德已经找了一段时间的合适人员了。我们当天基本上就是想好好享受过程，随遇而安的……我们给罗斯科演奏了几首我们自己的歌，他让我们隔天回来，跟莱昂纳德一起合唱。我们回去了，还是带着乐器，跟莱昂纳德以及乐队一起唱了几首相同的歌，罗斯科又建议我们再唱几首。后来我们用竖琴和吉他为莱昂纳德演奏了几首我们的歌。（2014）

哈迪·韦伯：第一次巡演是令人兴奋的。对于我来说，是有所期待的，每首歌都会在我面前慢慢展开，好像是揭幕仪式一般。我们切身体会到了莱昂纳德的作品本身，相互之间也增进了了解。有时我们会围坐在沙发上，听专辑的原版。从排练室出来后的这些歌不但吸收了以往的特质，还经过了调音台的音箱效果，为我们将这首歌带到当前这个时代留有了足够的空间。（2014）

直至近期不断破纪录的巡演场次，韦伯姐妹与莱昂纳德的现场乐队已经表演了三百多场。查理和哈迪每晚动人的表演——《如果这是您的旨意》都会成为演唱会中的亮点。

查理·韦伯：临近排练尾声，莱昂纳德让我们听《如果这是您的旨意》那首歌，（选自他的专辑《多重立场》）并让我们想出一个新的版本。我们一直在排练的间隙编排，第一次表演给他看是在哈密尔顿的后台上，他看完以后，问我们是否可以直接在演唱会上表演。我记得两晚之后，这就成了固定演出曲目，表演时段基本

◆ 男士软呢帽子的爱慕者。伊森·希尔拍摄的肖像照，于2000年。

◆ 韦伯姐妹（查理在左，哈迪在右）和莎朗·罗宾逊（最右）在加州印第奥的科切拉音乐节上。2009 年 4 月 17 日。

上都是在演唱会接近尾声的时候。

我们的方法就是把这首歌看做是祈祷或赞美诗，这个前提下，声音和器乐的编排就很自然而然的加入进来了。(2014)

莎朗·罗宾逊：我非常喜欢在巡演的时候和查理与哈迪一起唱歌。音乐方面催生出很多魔幻般的时刻。我觉得她们优雅超凡的音质与莱昂纳德朴实的男中音加上我的中音形成了一种声音上的纹理，而彼此的音调又非常互补。虽然是非常有挑战性的工作，但却让我们受益良多，使我们有了更广泛的进步，也更加善于做自己擅长的事情。整个过程也是乐趣非凡。(2014)

音乐人，朋友，伙伴，唱片业的幸存者，诗人和专家们与饱含热泪的观众们共同为这位真正的表演艺术家——莱昂纳德·科恩——做出了见证。

金·富勒：莱昂纳德·科恩声音中的其中一个元素开始于他 1970 年刚刚完成的第二或第三张专辑。当时的乐队中添加了女声伴唱。这一惯例从 1972 年的唐娜·沃什伯恩到詹尼佛·沃恩斯，延续至 2013 年的韦伯姐妹。疯狂的老男人控制着这些年轻的姑娘们，这感觉简直就是斯文加利和特里尔比[1]。而令他最接近神的地方就在于，这个年长的男人有足够的自大与能力，可以让被控制的人崇拜他。休·哈夫纳拥有这样的能力，肖恩·康纳利和保罗·纽曼也都有。所有这些年长的男人都拥有这样的权威。而他们中的很多人都来自于那个男性主导的非常传统的时代。

约翰·哈蒙德与克莱夫·戴维斯 1967 年将莱昂纳德签约到哥伦比亚唱片公司的另一个原因是对当时那个时代的负罪感。“让我们来用莱昂纳德·科恩冲抵掉‘盖瑞·帕克特与工会代沟’乐团的专辑销量吧。”尽管盖瑞是个很不错的歌手，而杰瑞·富勒也写了很多好歌，但他们毕竟是精致的白种非犹太人，而帕克特既没

[1] 由小说家乔治·杜·莫里耶创造的一部小说《斯文加利》，主要讲述阴险的音乐大师斯文加利因爱恋女主角特里尔比，而利用催眠的方法强迫她与自己一起巡演，成为知名的“斯文加利夫人”。

有什么坏名声，也不诗意，毫无世界末日之感，交际圈子里也没有穿着高领毛衣的同性恋女友。

90年代初期，我在温哥华。为一个音乐会议担当演讲人。那是朱诺奖的颁奖典礼。我又见到了莱昂纳德。我跟当时一起去的同伴匆匆赶去，看莱昂纳德·科恩的表演。顺便说一句，那晚跟我一起的同样是个非常棒的现场表演艺术家。那场景简直就是吉姆·莫里森与莎士比亚的会见。他很有莎士比亚的那种存在感，带着些许哥特的感觉，黑暗而诗意。（2013）

约翰·利绍尔：莱昂纳德是最投入的表演艺术家，这也是他如此受欢迎，并且在世界范围内的听众数量不断增加的原因之一。我的意思是说，他特别的认真而诚恳。永远将注意力集中于表演之上。他为自己的作品负责，只会给出更慷慨更完整的演出。现在，他全力以赴，释放了内心所有最“科恩”的地方。再此之前，他依旧保留着内心深处那一小片黑暗的地方。可现在他说，他让所有的光都照了进去。还有他的幽默及人性的美好也在那个地方闪闪反光，使其变得更加完整。

一切都变得比以往更加随性。他大部分作品其实都有着很荒谬的结局，事实也确实如此。莱昂纳德就是那种人人都知道有才的不得了，却一直没机会大红大紫的艺人之一。（2013）

2009年4月17日，莱昂纳德和他的巡演公司在加州南部印第奥的科切拉音乐节奉上了一场激动人心的演出。

詹姆斯·库欣：我第一次听莱昂纳德的现场表演是在科切拉音乐节，同一天晚上保罗·麦卡特尼登上了头版头条。[1]《哈利路亚》之于科恩拥趸的作用就如同《嘿，裘德》（*hey, jude*）之于前任披头士拥趸一般。不过后者人数更多些。

[1] 根据时间推断，应该是2009年，沉寂4年之后，保罗首次回归开演唱会的消息。

◆ 2010年8月18日，柏林，瓦尔德尼森林剧场。

◆ 安·约翰逊拍摄的肖像照，2001 年。

两首歌都如国歌一般，让每一个人都会将手置于胸前，严肃地跟着哼唱，成为一个感恩的理想主义者。对于千禧一代来说，他们终于可以坦然放声哭泣了。因为，直到那一刻之前，科恩都只是个出现于参考书中的名字，我是听着莱昂纳德和保罗的音乐长大的，可此前从来没有看过他们中任何一位的现场演出。两位大师级的词曲创作人，两个天才般的表演者，一个是外向的利物浦男神，一个是内向的加拿大浪子。科恩演唱的时候，落日的余晖正照射在马球场的边缘，洒下一地桔粉色。麦卡特尼在大漠的深夜演奏，千万人"la-la-la-la-la-la-la"着随他精力充沛地哼唱着《嘿，裘德》。可当科恩唱歌的时候，我身边站着一个年轻的女孩，对于她来说，科恩很可能只是书上能读到的名字而已。当他唱到"哈利路亚"这一句时，她泪流满面，人群也只是安静而充满敬意地跟随着哼唱。科恩的歌是属于内向者的《嘿，裘德》(2014)

哈迪·韦伯：科切拉是一次非常与众不同的体验。在剧院中表演时，空间上的体会更加紧密，围墙之间存在着一种安全感。音乐于墙面和大理石之间回荡多年。在这样一种欢迎的氛围中，你感觉可以肆意创造。当在一个更大的体育场或是露天音乐节表演的时候，所面对的是宽广的空间，不会让你有这样的存在感。从声学角度来说，技术上是个挑战，因为声音是移动的，你会有种它远离你向外扩散的感觉。在那样的场地里，可以听到自己的声音其实也挺美的——你可以感受到它的扩张，并且在一个远离你的地方听到来自你自己的声音。在围墙之间，所能找到的是某种安全感，但要冒着与那个近距离的声音同处一室，并与它和谐共存的风险。有时候，在更大的场所，观众们也会更自由。有更多的空间让大家跳着舞，跟着唱。所以在一个更大空间的舞台上，就意味着我们可以感受到来自人群的更多的兴奋与参与，这感觉是我们所爱的！(2014)

◆ 在科切拉音乐节的舞台上，2009 年 4 月 17 日。

"我上一次在这个舞台上时，我 60 岁，是个怀揣疯狂梦想的孩子。那之后，我吃了很多百忧解、帕罗西丁、安非他酮和利他林，我还研究了宗教与哲学。可快乐一直不停地穿透出来。"

——莱昂纳德·科恩，舞台上，于 2008/2009 年

- 主图：2013 年 9 月 7 日，英国利兹体育馆。
- 内图左：2009 年 2 月 19 日，纽约灯塔剧院。
- 内图右：2008 年 6 月 29 日，英国格拉斯顿伯里音乐节。

◆ 小夜曲吉他手贾维尔·马斯，于底特律的福克斯剧院，2012 年 11 月 26 日。

◆ 背景为“精湛的诗人”，鼓手拉斐尔·盖欧。于比利时根特的圣伯多禄广场，2012 年 8 月 12 日。

艾伦·肖沃尔特——“1HeckOfaGuy.com”网站（另一个莱昂纳德·科恩的网站）的创始人兼操作员，为探求莱昂纳德 21 世纪的演唱会如此令人难忘的原因展开了分析。

艾伦·肖沃尔特：软呢毡帽和西装成了莱昂纳德·科恩的标志。（也成了他乐队成员，伴唱歌手和其他许多巡演人员着装的标杆。）2008 年的巡演很具有代表性，那时起，他开始努力塑造并在意自己表演艺术家的形象，正如我们近期时常所能看到的那样。他或许跟自己的自传作家西尔维娅·西蒙斯说过这样的话，“亲爱的，我生下来就穿着西装了”。但他确实没有一直在舞台上穿西装。正如 1970 年巡演时的伴唱歌手苏珊·缪斯马努所说，“我从来没见过衣冠楚楚的莱昂纳德·科恩，这是他后来的化身”。

从没有任何一个人像我们这位加拿大创作歌手似的，可以跑上舞台举办一场演唱会，三四个小时之后，在同一个舞台连蹦带跳地退场，还能显得一点也不滑稽，反而看上去很优雅。莱昂纳德在过去六年的每场演出都是如此开始与结束的。对于一个 74 岁还要被迫重新上路巡演的人来说，这个形象还真是不赖。

独特的服装和舞台上下场的方法，实际上是一个大计划中的一部分。精心制定的策略可以将莱昂纳德和他的音乐很好地呈献给观众。科恩的敬业精神和他曾经多次明确表示过的长期有所畏惧的“丢脸的风险”都体现在了演唱会之中。这促使他创造了一个音乐机制，包含了一系列精心、有持续性的设计元素。尽管并没有像是嘎嘎小姐不停变换的服装，平克·弗洛伊德满场飞的猪，或烈焰红唇乐队台下传递的仓鼠球那样壮观。那些元素都在 2008 年格外抢眼，他甚至认真地担心过，会不会没有什么人期待他的返场演出。

除了帽子和蹦跳以外，当然还是有些别的东西的。当科恩本人登上舞台的时候，你将见证一个平民上升成为专业表演艺术家的转变。

另一个重要却时常被忽视的元素加强了科恩现场表演的效果。这个特别的方式使他的现场表演让专辑完全无法匹敌。其中一个例子就是他与观众们之间不靠歌唱所展开的互动。比如，他经常会惯例般地感谢观众所给予的热情和关注，至少在近期的演出中，他会承诺“给出了我能倾囊表现的一切”；他总能想起在某个城市或某个特定场地所发生的轶事；他会在每阶段的演出过后，隆重地介绍乐队成员；当人群们跟着他唱《再会，玛丽安》的时候，他会送上一句：“啊，你们唱得可真美。”而所有互动中最令人难以忘怀的是他最终给出的祝福。2009 年 5 月 12 日，在费城的那场演出结束时，所献上的那段话就非常具有代表性：“我不知道我们再次以这样的方式重返于此是什么时候，所以在那之前，珍重，朋友们。这里的天气有点变化多端，尽量别感冒。如果你不小心跌倒，那一定要跌在好运气的那一边。祝你们所有人都有家人与朋友的陪伴。如果这并不是你所向往的命运，那祝福你可以在自己的孤寂中找到想要的那个。”

最后，在演唱会上，尤其是近几年的演出，充满了丰富的幽默，这可是很少能在专辑中出现的东西。

2010 年，科恩在舞台上对鼓手拉斐尔·盖欧的介绍越来越长，越来越隆重，直到过了几场演唱会以后，发展成了一个传奇：

“谈到鼓，正如其他伟大的鼓手一样，
是静默的雕塑家，将它放下，
带它回家，把它放到床上，
替它修剪指甲，
给它铺床，吻它入眠，
用枕头令它窒息，
被捕送入监牢，
被雅利安兄弟会[1]征召，
因他们纹身参差不齐的质量破灭了幻想，
归入犹太教，
再次打碎了希冀，
最终的日子停留于路程中点，
专供破败的素食者歇脚的地方，
王子、牧师，精湛的诗人
拉斐尔·伯纳德·盖欧。”

参加一场莱昂纳德·科恩的演唱会是变革性的——经过精心设计。（2014）

---

[1] 雅利安兄弟会：白人至上主义的囚犯帮，也是全美最暴力的极端团伙之一。

对于那些还没有体验过“莱昂纳德现场”的人来说，无法从数张现场演出的 DVD 当中找到那些小惊喜。现场专辑所捕捉的内容是他音乐旅程中在多个时间于多个地点的表演汇总。

从《1970 年的怀特岛音乐节现场》到最近被收录入《伦敦现场》和《来自路上的歌》，莱昂纳德早已被非常详尽地记载下来，70 年代早期混乱无组织的行吟诗人也转变成了现在像是从《智族》杂志中走出来的时尚达人。

2014 年春天见证了杰夫・伯格编撰的《莱昂纳德・科恩谈莱昂纳德・科恩：访谈与偶遇》一书的出版。我曾问过伯格关于莱昂纳德不断扩增的粉丝群体以及近期越发频繁的巡演安排的见解。

杰夫・伯格：在书中有一些关于莱昂纳德・科恩晚期为何如此成功的解读。用他自己的回答说就是，“除了一般的感激之情以外，我没有其他别的想法，也未曾分析过真正的原因，我只是很高兴，现在一切如此顺利”。

一部分原因，可能是媒体一旦现象级的报道某事，就会吸引大量的注意力，这往往就会为此造势。不过，虽然科恩几十年来一直是一名非常重要的艺术家，但从他的第一张专辑一路看来，他现在确实好很多——声音也更好了，乐队也更好了。

最近我一直在看《伦敦现场》和《来自路上的歌》这两张 DVD，里面有些在我看来是迄今为止最精彩的表演。《歌之塔》和《哈利路亚》只是这些高收视的录像中，比较有代表性的其中两个而已。（2014）

凯瑟・弗洛德：《伦敦现场》给我带来的舒适感好像是听那些篝火之歌一般治愈了半个世纪，为我们带来了甜蜜与清新。我们这些早在 1967 年就听过《苏珊》的上一代，现在依旧可以完整地记住歌词。对于用半个世纪的时间，游历各地，为事业奋斗，忙于建立自己身份地位的我们来说，当年的曲调依旧留存在我们的生命中。

莱昂纳德・科恩的作品有有着寓教于乐的独特味道，坐拥于诗歌与音乐之间的模糊地带，徘徊于感性与直白的真相之间，存在于 1967 年到 2014 年。他摒弃当下那些占主导地位的辞藻大师们常用的冷漠而愤世嫉俗的噱头与品牌创建。莱昂纳德・科恩的音乐有着一种轻掠水面的优雅，让我们可以在这个被高科技所诅咒的社群主义世界中，依旧留有那份珍贵的脆弱的自我。（2014）

音乐历史学家沃伦・赞恩在 2013 年奥斯卡获奖纪录片《离巨星二十英尺》中解释了莱昂纳德在本片诞生时所扮演的重要角色。这是一部关于伴唱歌手的纪录片。

沃伦・赞恩：虽然只是《离巨星二十英尺》的制片顾问，但我与制片人吉尔・佛利森有过很多次漫长的对话。这片子是吉尔的想法，他的使命……他的出发点就是莱昂纳德・科恩和那些在他的声音中起到重要作用，为他的作品提供内在戏剧性的伴唱歌手。

具体点说，这部电影实际是在莱昂纳德・科恩的演出中诞生的。吉尔在演出前抽了些大麻。当夜幕初上，音乐开始弥漫开来时，吉尔发现自己的注意力完全关注到了那些歌手身上，科恩的希腊合唱团。只有诗人才会用那样的方式安排合唱团的演出。吉尔飘荡在他们的世界之中，停留在那里。不久之后，便打电话给滚石的出版商简・华纳，描述了一下关于这部电影的想法。再后来，又跟摩根・内维尔（本片的导演）提了一次。他说，“那肯定是我这辈子抽过的最贵的大麻了”。

最终，随着电影有了惊人的成功，我想科恩对我们的启发是不可低估的。无数艺术家在用伴唱歌手的时候，无非就是加强自己的声音或让合唱变得更为悦耳。当然，也有不少艺人是在一首歌中与伴唱一起呼应的歌唱。但科恩永远都让自己的伴唱歌手发挥最大作用。在最近发行的由穆雷・莱纳导演制作的 1970 年怀特岛音乐节的表演专辑上，就可以找到强有力的证据。这些歌手是独立的个体，保有评论的权力。偶尔也会注意到他作为凡人所展现出来的愚蠢之处。他们也会投来冷漠挖苦的注视，但这些细节可能都从他的眼前溜走了。所有这一切都很微妙，不过，都是在这个男人，这个音乐人，精心的安排下得到的效果。他走上音乐人的舞台，却不甘心于将自己诗人的一面放下。他尽可能地向我们展示着这些声音的意义所在。（2013）

◆ 2008年11月17日，皇家艾伯特音乐厅。《伦敦现场》的DVD4个月前拍摄于O2体育场。

◆ 在巴黎宣传《老想法》，于2012年1月。

"我看着自己预期的寿命表，感觉还能有个七八年的时间。我不知道，朋友们，我们是否还会再次相见一没人知道一但今晚，我将给你们带来我们能给予的一切。"

——莱昂纳德·科恩，在舞台上，于2012/2013年

2011年，莱昂纳德暂停了很长一段时间的巡演，与创作人兼制片人帕特里克·莱昂纳德一起开始了新专辑《老想法》的录制，后发行于2012年1月。

艾伦·肖沃尔特：莱昂纳德·科恩的目标是通过完全真实地讲述个人生活的故事，用普遍适用的方法创造一种有影响力地艺术，而《老想法》这张专辑则将此实现得最为成功（迄今为止）。他通过呈现已经剥掉所有自夸、歉意、多愁善感、音乐上的修饰以及其他潜在可能令他分心的事物的人生经历实现了这一切。纵观他的职业生涯，科恩甘于服从为了符合"韵律与节奏"而去创造，润色，抛光字里行间，通过无情的删减去修改它们——这样做并不是因为结果不够机智或是不够使人愉悦，而是因为它们不够精华。（2014）

吉姆·德夫林：《老想法》中，情感的过山车贯穿始终，好似脊骨，连接着每首歌质感与音色的组织与DNA。有些词语的真实程度着实令人吃惊——你试试大声读出《带我去那个地方》或《不同面》的歌词，或许也用那样低沉的音调，然后告诉我，你能否忍住不发出一声叹息或是轻轻啜泣。

莱昂纳德曾说过不想写一首明知不会流行起来的歌。我觉得《疯狂地爱你》是一首非常棒的歌，本应比现在更流行才对。他曾经用自己的原声吉他伴奏着独唱过，引人入胜，让人心迷神往。能唤起同样感觉的还有《如果这是您的旨意》以及后来在韦伯姐妹天使般的和声下演唱的《来治愈》。这同样让我想起的还有两首非常完美的歌，是《爱与恨之歌》这张专辑B面挨着的那两首《爱召唤你，以你之名》和《著名的蓝雨衣》。

音乐人作品的重要部分之一便是对时机的掌控，因此，用《不同面》作为专辑的最后一首歌，为莱昂纳德对整张专辑的构思给出了一个令人满意的结论——这个慢节奏的淡出，让我们为之前四十多分钟，出现的各种各样的矛盾，争论和否认画出了分割线。这样的转变，从细微之处，到词句之间，从大的主题，到合唱的部分——"我们都说……"这一句为我们提供了一个出口，一个退出情感漩涡的策略，像是一声叹息。对，一声深深的叹息。（2014）

安东尼·J·雷诺兹：我不喜欢《老想法》这张专辑，感觉它缺乏焦点，新意，而且粗制滥造，虽然里面有很多非常精彩的歌曲，但明显现场听上去效果更好。比如《黑暗》这首歌，现场听起来非常有权威感，但专辑的版本却那么的……无力。我觉得这张专辑也非常缺乏凝聚力。我觉得标题也有点误导之嫌。我以为《老想法》的意思是《永恒的想法》，可实际上，我听起来却像是个剪贴簿一般的拼凑作品。（2014）

◆ “我喜欢与莱昂纳德交谈，他是个冒险家也是个牧羊人，他是个懒惰的混蛋，生活在西装的包裹下。”选自《老想法》中的《回家》（2012）都柏林凯勒梅堡，皇家医院，于2012年9月14日。

◆ 在西班牙北部的奥维耶多领取“阿斯图里亚斯王子文学奖”，2011 年 10 月 21 日。

歌迷们对这张专辑可能持有不同的观点，但乐评人所给出的结论倒是几乎一边倒的正面。英国《电讯报》的作家尼尔·麦克科罗米克特别将《回家》这首专辑的打头曲目挑出来，着重说了一番。

尼尔·麦克科罗米克：科恩用第三人称的写法，描述了自己与缪斯女神之间的挣扎。他狡猾地将自己写成“一个懒惰的混蛋，生活在西装下”。但他出奇慢的工作方式却与懒惰毫无关系，而是一个诗歌天才对深度、精度的严格标准与判断。《回家》这首歌就是在这样的挣扎中应运而生的一曲屈服的挽歌，歌中对最后终点的描写是毫无疑问的。

在制片人帕特里克·莱昂纳德和其他可信赖的合作者的努力下，他（谢天谢地）扩展了键盘的作用，这也是自 1988 年《我是你的男人》之后，他如此处理背景伴奏的再次尝试。（2012）

尽管第一首歌和《老想法》的封面（是一张他在后院放松的照片）似乎表达的是另一个意思，不过，在巡演过程中，莱昂纳德并没有完全抑制住自己乐于旅行的欲望。2011 年 10 月，他前往西班牙北部的奥维耶多领取“阿斯图里亚斯王子文学奖”，这是本国文学的最高文学奖项。同时发表了题为《我是如何得到的那些歌》的获奖演说。其中提到了两位对他的事业影响颇深的西班牙人。一个是费德里科·加西亚·洛尔迦，而另一位是一个不知名的弗拉明戈演奏者，在他十几岁的时候，教他如何弹奏吉他。

莱昂纳德与“世界上最安静的乐队”（音乐总监罗斯科·贝克如是说）于 2012 年 8 月再次踏上巡演的路。《老想法》巡演一直在欧洲和北美之间往返，最后一段结束于 2013 年底的澳大利亚和新西兰。

“我作品中所有你喜欢的内容都来自这个地方。所有东西，所有那些你喜欢的存在于歌中和诗中的内容，全都是来自于这片土壤的灵感。”

——莱昂纳德·科恩，摘自《我是如何得到的那些歌》，2011 年

安东尼·J·雷诺兹：我第一次看科恩的现场演出是在巴伦西亚，（那是 2009 年 9 月）简直是场灾难。我当时情绪状态很不好，科恩在唱了几首歌以后，也身体状况欠佳。后来我安排日子去法国看他，但他又生病了，演唱会被取消。最终，科恩去我的家乡加的夫演出，那是 2013 年，多亏莎朗·罗宾逊的好意，我终于能在很理想的状态下听了他的演唱会。

《老想法》让我很失望，更何况本身我的期待就不高。我觉得科恩已经成为了一个大众商品，而且演出的长度也让我有些焦躁。但事实证明，我错了。我的担忧完全是毫无根据的。这是我所经历过的最自然而卓越的表演。好像一切都发生在正常时间之外的另一个维度。可能是 5 分钟，也可能是永远持续下去。科恩全身心投入的每一个瞬间都是那么坚定而蹒跚。他唱得非常美。我整个人都升了起来，完全入了迷。整个团队都以一种我完全没有想到过的方式演绎着这些歌。我不想让这一切结束。（2014）

查理·韦伯：第一次巡演（2008–2010）和第二次巡演之间有一个过渡，第二次巡演也就是《老想法》的世界巡演。第一次乐队里有迪诺·索尔多，伴随着萨克斯管、单簧管和其他电子乐器（键盘、EWI 器材和艾根竖琴[1]），他将自己灿烂，充满活力的表演带到舞台之上。除了鲍勃·梅茨格以外，乐队中剩下的人就都一样了。他是莱昂纳德从多年前开始就一直用的可靠的伴奏者。鲍勃布鲁斯式的，勇敢的独奏总是会在一些歌中凸显出来，比如《电线上的鸟儿》。而且，我们所有人还都非常依赖于他对细节的记忆力。鲍勃当时的妻子琳恩·昂格尔（作为唱片工程师，也跟莱昂纳德有过很长一段时间的合作）是乐队可爱的现场检测工程师，待在舞台的侧面。

《老想法》巡演时，是我们第一次遇到米奇·沃特金斯，他才经历了一场大手术，刚出院。我们比既定的日程提早到了洛杉矶，因为莱昂纳德提前了排练的时间，确保我们和他都已经为老歌和新歌做好了周到的准备。米奇带着他那把超赞的格鲁夫吉他，带领着整个乐队用全新的方式演绎了那些有韵律感的歌曲，也将感性的歌变得更加优雅。他的吉他独奏也帅气而优秀。紧接着，当我们在这次巡演中失去迪诺的时候，获得了艾利克斯·巴布里奇无与伦比的小提琴演奏和幽默感。（前一年，他因为获得阿斯图里亚斯奖而广为人知。）在我脑海中，艾利克斯唤醒了莱昂纳德早期音乐的感觉，这是我们之前在没有小提琴的时候，现场演出时从未触及过的效果。阿历克斯和吉他手贾维尔·马斯和谐的编排也为莱昂纳德的声线提供了一个全新的音乐温床，可以在其上自由穿行。（2014）

吉姆·德夫琳：作为一名表演艺术家，莱昂纳德会拉近跟观众之间的距离。他有种百试百灵的诀窍，可以跟每一个观众都产生联系。他可以传达到非常私人的层面，就算是坐在最后排的观众也一样。当然，这也多亏了大屏幕，不过你也可以闭上眼睛，然后体会莱昂纳德就在你身边的感觉。还要多亏了琳恩·昂格尔，2008–2013 年演唱会的声音系统非常优秀，是独一无二的。即使是在非常大的体育场，也可以渲染出很私密的空间效果。（2014）

2013 年 12 月 21 日，《老想法》巡演结束于新西兰奥克兰的维克多体育场，为为期 5 年的巡回演出画上了句号。在这个莱昂纳德和他的乐队都处于黄金年代的时期，他们“奉上所能给予的一切”多达 370 次，新兴的歌迷群体，和那些忠实的老拥趸都心怀感激地收到了他们的馈赠。

---

[1] EigerHarp 是 2001 年由艾根实验室公司发明，于 2009 年上市的一种新型电子乐器，专业版售价在四千英镑左右，声音本身其实是靠驱动中的软件发出来的。

/ 10 /

我们如何理解他的歌

◆ “我试过牛仔，但从来没觉得舒适……所以最终还是屈从于只有西装才会令我舒适的事实之下。”亨利·迪亚兹摄于科恩家的后院，于 1993 年。

“总会有一些有意义的歌是献给某个人的。人们在不断追求所爱，他们也在不断寻找着自己的爱妻。人们孕育下一代，人们洗碗刷碟，人们度过一天又一天，伴随着我们的可能大多是微不足道的歌曲。但总会有人肯定着这些歌曲的意义。总会有人因为揽自己心爱的女人入怀而定义一首歌，或因为某首歌的陪伴度过漫漫长夜。正是这些事情，定义了一首歌。歌曲不会夸大人们的生活，但人们的生活却可以使一首歌变得意义非凡。”

——莱昂纳德·科恩于 1992 年

尽管近年来的演唱会受到了热烈的追捧，但最终深埋于莱昂纳德·科恩心底的经历是那些歌曲本身所带来的。

艾伦·莱特：随着莱昂纳德·科恩履历的不断增多，他已经上升到了一个传奇的神话般的地位。尤其被众多作家和词曲创作人所崇拜和敬畏的他，在我看来就如同很多类似的情形一样，成为了一个事件。这个事件使得去看莱昂纳德的演出、听一首莱昂纳德的歌，或是将他用在一部电影里都变得有意义起来。

另类摇滚运动中，对他有了重新的发现；科特·柯本也大声呼唤着他的名字[1]；特伦特·雷诺还将他用在奥利佛·斯通的电影原声当中（1994 年的《天生杀人狂》）。此外，他还带有这样一种感觉：这是一个冷酷，有着黑暗气质的老头，当这些家伙创意性地搞一些作品时，总会跟他扯上关系。观众们对此很买账，总会留意到这些地方。可他却一直保持着自己一如既往的酷劲。这才是最主要的部分。他用自己那种奇怪的，靠登上舞台躲避现实的方式，让人们以一种全新的，看一个非常厉害的家伙的方式去看待他，这是你以前绝不会预见到的。我不认为有任何人可以预见到这样的结果。（2013）

艾伦·肖沃尔特：当今的音乐世界充满了转瞬即逝。很多艺术家只能在聚光灯下停留很短的时间，遭受过一次打击以后，你就再也听不到他们了。莱昂纳德 60 年来一直在发行新专辑，多产的职业生涯给我们带来一个独一无二的机会体会他从青年时代到 80 岁时，歌词中展现出的智慧和依旧充满活力的当下。

我发现最近看他的现场演出，经常会被他四十多年前创作并演出过的曲目所感动。歌词或许没有变，但随着时间的流逝，你可以看到岁月留下的痕迹，并不单单是声音和歌曲诠释的改变，歌曲本身最核心的属性也发生了改变。他让我们所有这些老歌迷们，都回顾了自己的生活。而且我相信，我们这帮家伙中很少有人可以听他吟诵《千吻之深》的时候不热泪盈眶。

在我看来，莱昂纳德·科恩是一个作品跨越了世纪的艺术家。他的听众和读者可以在回溯生命的过程中，选取一个任意的时间点，总是能从他那时的作品中发现些全新的东西。他的文字有很多层面，提供了多种解释的可能性。

正如科恩刚开始自己歌唱生涯时的一次采访中所说的那样：“那些文字（我的歌词）全都是空洞的，任何感情都可以被倾注其中。几乎所有我的歌都可以用任何方式演唱，可以硬气，可以柔软，可以用来沉思，也可以用来求爱。”

想要抓住他歌曲的内核并不是个脑力活。相反，科恩说，“就像是去理解一个拥抱”，紧接着，他解释道，“就像是上帝的圣经在《苏珊》这首歌中一样，所有人都知道它的含义，但没有人可以真正说出来含义到底是什么。正是这样的情况才会让我感兴趣”。

最先让我爱上莱昂纳德·科恩的那首歌出现在一张电影原声里——而那部电影我是过了一两年之后才看的。

[1] 在涅槃乐队的《薄荷茶》这首歌中，有一句歌词：“下辈子我要做莱昂纳德·科恩，像他一样，永恒叹息。”

“莱昂纳德·科恩创作的歌曲就好像人体模特一般。他可能自己用一种或另一种方式去装扮它们，也可能用某种观点或概念去点缀，范围之广从精神信念、性爱欲望到末世之论。可他一直都清楚，听众们是有权利，或者说更精确些，可以要求用他或她自己想要的方式去接受这首歌。这种互动似的创作所达到的效果再完美不过。一部音乐作品，与每一个听到的人都产生了共鸣，因为对于每个人来说，科恩的这首歌都是量身定做的。”

——艾伦·肖沃尔特，2014年

◆“我玩儿着花样，我改变从良，我重新回到不羁的街道上。”选自专辑《十首新歌》中的《千吻之深》(2001)，格雷德·曼科瓦斯摄于1994年。

◆ 光就是这样照进来的。安德鲁·斯塔维奇，摄于1989。

"谈到歌曲的创作——我相信每个人都或多或少借鉴了别人的作品。我不知道。反正我总是带着批判的眼光去听一部作品。我经常会发现，某个人的作品中，有那么一句话，一个词，或者是一种态度，一个瞬间会真正地触动我。相对于整部作品的兴趣来说，我更看重一个人创造这部作品中那个简单，清晰的内核。大多数情况下你会发现，有一种情感，你急于想要抒发出来，而你手头就有打磨了多年的工具——那些能力，才华和技巧，可以帮助你。

这些点子在你的思想中燃烧，你永远不知道这些想法究竟是如何产生又如何破灭的——他们看上去出现和消失地那么不由自主。我们都在以不同的方式燃烧着，用特殊的形式将这一切混乱堆砌出来。对于更高层面的规律我完全摸不到头绪。"

——莱昂纳德·科恩于1975年

《等待奇迹》发行于1992年，莱昂纳德·科恩《未来》的那张专辑中，8年后出现在《奇迹小子》（*wonder boys*）那部电影的原声碟里。现在它依旧是我最喜欢的科恩的歌之一。不过，它之所以在我的音乐生活中如此关键，既因为我当时听到这首歌时的情景，也因为这首歌本身的质量。我先讲一下背景故事：朱莉和我相识，相恋。紧接着，9年中，在经历了两任丈夫，一任妻子，两份事业的终结之后——我们又重新在一起度过了非常美妙的20年，直到我们结婚前一周，她被诊断出了乳腺癌，最终永远离开了我。

我第一次听《等待奇迹》这首歌，是在朱莉去世后的两年：当时是在我刚开始约会的时候，其中一任女友的车里，她正在放《奇迹小子》的原声专辑。

不到一个月的时间，那个女人就变成一段回忆了。可《等待奇迹》这首歌却让我爱上了莱昂纳德·科恩的歌，一直爱到今天。为什么呢？唔，是那种声音，非常深沉，沉到我甚至可以感受到它的颤抖，最重要的是，你可以感受到，这是一个成年人，在唱一首成年人的歌。第一次听的时候我没有听清所有歌词，但也确实记住了其中的几句。

这是一首有尊严的歌，在用一种有尊严的方式演绎着。它阐释着继续生活的价值，尽管——或者说也许正是因为——生活是一场艰难的旅途，穿越眼泪的山谷，最终依旧无可避免地要走向毁灭。上帝啊，这太性感了。（2014）

柯蒂斯·汉森：从第一张专辑开始，我就是莱昂纳德的歌迷了。《洛城机密》和《奇迹小子》是我拍过的电影里，最私人的两部作品。我把音乐和歌曲的选择视作故事讲述的一部分。我更愿意让莱昂纳德·科恩的话语带我去它们带我去过的地方。《等待奇迹》出现的时候，是派对场景，格雷迪那个角色走开，这是全片的转折点，他不再等待，他决定做些什么。奇迹马上就要发生了。（2000）

雅克·阿加萨罗：莱昂纳德·科恩的歌在全世界都很流行，无论老少，穷富，或是社会阶层。他在艺人的圈子里也享有很高的声望，也是世界上被翻唱次数最多的艺人之一。

在上线“档案”这个网站之后，我们想做一个歌曲翻唱的完整名单。20世纪90年代晚期，我们大概估算了一下，翻唱的歌曲数量有两百到三百左右，莱昂纳德也是这么个印象。可事实证明，我们是有多不了解啊！2014年初，我们找到并列出的翻唱曲目多达2760个版本（还有很多尚未确定的）。更多的版本还在以逐渐变快的速度层出不穷——大概每年都有几百个版本。最新更新的名单请见 www. leonardcohenfiles. com/coverlist.php.

来自各个大陆的艺人都曾经翻唱过科恩的歌。其中不乏中国、韩国、印度、日本、伊朗和马达加斯加。这些歌被演绎的形式也数不胜数：朋克、重金属、雷鬼、摇滚、布鲁斯、爵士、乡村……

现在被翻唱最多版本的歌曲是《哈利路亚》，官方发行的多达550首，紧接着是《苏珊》（280首），曾一度霸占榜单长达40年的时间。（2014）

莱昂纳德·科恩：我认为尼尔·哈里森的《苏珊》是第一个翻唱的版本。它出现的比朱迪·柯林斯那版还早。我当时因为知道有人想要翻唱我的歌，简直都惊呆了。通常要是听别人翻唱我的歌，我整个对音乐惯用的那个挑剔的系统就停止工作了。我从来不评判这些翻唱——就是看到有人这么做，会很开心，很满足。我没听过布莱恩·海兰德的《再会，玛丽安》，不过我很喜欢蒂姆·哈德逊的《电线上的鸟》，乔·库克尔的版本我也喜欢。（1985）

雅克·阿加萨罗：据我们所知的致敬专辑也有八十张，这种程度的敬意的表达可真是令人惊讶。可查的完全名单详见 www.leonardcohenfiles.com/ covers. html

这些专辑中几乎所有或大多数歌曲都是科恩的歌，由一个，或多个艺人，或是乐队重新演绎，还经常被翻唱为英语以外的其他语种。比如马切伊·金巴提的第十张专辑，翻唱了六十多首科恩的歌，将莱昂纳德的作品带入了波兰普通大众的视野当中。（2014）

"与莱昂纳德巡演时，最困难的地方就在于他把我宠坏了，都没法跟别人合作了。他对自己世界中的所有人都报以同等的尊重和慈善。对于音乐圈中的人来说，想要与那些混蛋打交道，变得必要的邪恶一些是可以接受的。莱昂纳德完全推翻了这个理论。跟他工作之后，产生的一个很简单的持续性的影响便是我不再愿意与那些混球工作，我因此推掉了不少工作。"

——佩拉·巴塔拉，2014 年

莱昂纳德的"持久力"一直是无数理论讨论的主题：是性感、知性还是哲学性？那些与他近距离工作的人们对他不朽的反响有着自己的见解。

莎朗·罗宾逊：莱昂纳德的音乐和他演绎音乐的方式激发了人们心中的多种情感。从放肆的兴奋到深沉的反思。他的作品之所以如此优秀，有很多因素。其中倾注了大量的工作，更不用说作品本身的创作，还有音乐演绎的方式。莱昂纳德是一位非常慷慨的表演者，每场演唱会都会倾尽全力，乐队也是如此。一群正值事业巅峰的音乐人全都专心于此。莱昂纳德在人员的挑选和演唱会的设计上，都很谨小慎微，正如他对待写作一样。我们有幸收到了很多来自全世界的人们受演唱会所带来的影响，生发出的感人至深的故事。(2014)

佩拉·巴塔拉：在经历了上百场演出之后，我依旧会被他讲故事的样子所打动。有这样一种普遍的观点说(大概因为我也这么认为)，让一个女人真正爱上一个男人要归因于他的故事，以及这些故事讲述的方式……这足以用来解释是什么驱使着这些女人献身于这位谦卑的诗人。

当涉及诗歌与艺术的时候，有两种方法可以为此给出解释。其中一种——往往在谈到科恩的时候也更为常见——就是试图成为这个诗人的缪斯，找到他真正在诗句或歌词中想要表达的含义。我并不是真的在乎莱昂纳德为什么写下某个句子……对于今天的他来说，可能与当时写下这句话的含义完全不同。对于我来说，无限的解读体现在作品给予我的解读的权力，我可以解释对于我来说，它意味着什么，而且只是对于我一个人来说。这种私人化的真实感可以让一首歌——或是一部作品——抑或一幅艺术品随着一个人生命的进化产生不同的意义。当艺术可以私有化的时候，便允许你与它产生共鸣了。(2014)

哈迪·韦伯：我认为莱昂纳德看待女性的眼神是神圣的。当我们听到他的音乐时，我们可以感觉到一种与我们如何在最深层次的认知中了解的自己所产生的联系。莱昂纳德有一双优雅的眼睛，当女人们认为他在为了自己歌唱时，我不认为有任何一个女人可以忍住不兴高采烈地表达自己的感激之情与赞美之意！

人们曾对我说，他们在参加莱昂纳德的演唱会时，感觉自己与他一同踏上了一次情感的旅途。他的歌曲以及歌曲编排的顺序与选择给他们提供了时间与空间，让他们可以有机会去感觉，去悲伤，去高兴，去心怀希望。回家的时候，感觉经历了一场情感上的宣泄。他们既为莱昂纳德所献上的这份礼物，也为拥有自己独特的体验而心怀感激。(2014)

查理·韦伯：每个在舞台上的夜晚都感觉是充满灵性的。来自观众和房间的能量从很多方面充实着这场表演。在最先跟莱昂纳德·科恩参加巡演的时候，我们在舞台上花了很长的时间，去体验在表演期间，来自观众们宣泄出来的情绪。当你体会着如此强烈的人类情绪时，想要表现的不大惊小怪可真不是件容易的事儿！(2014)

其他一些热情的"柯恩党"也为我们从时间顺序上，业内人士的角度给出了额外的内容，来阐释为何科恩在专辑《莱昂纳德·科恩的歌》发行之后，47 年的时间里，依旧还能不断增长着歌迷群体的基数。

◆ “如果这是您的旨意，那我选择沉默不语，而我的声音仍旧平静，如从前一样，我选择沉默不语。”选自专辑《多重立场》中的《如果这是您的旨意》(1984)。照片摄于秃山，于1995年。

◆（上图）《电线上的鸟》纪录片首映式前一晚，在伦敦，摄于 1974 年 6 月。

金·富勒：当我们回顾近 20 年里的莱昂纳德·科恩时，所看到的是一个父亲一般的摇滚偶像。就像是那个众人皆知的杰瑞·加西亚，他成了所有离婚的孩子们都想拥有的父亲，也正是因为这样的吸引力，所有孩子都希望自己能有一个杰瑞这样的父亲。杰瑞所扮演的角色就是所有人都未曾有过的父亲，而当他们看到莱昂纳德·科恩的时候，就是这感觉。他是所有人都未曾有过的父亲。（2013）

艾伦·肖沃尔特：从 60 年代末莱昂纳德·科恩的歌开始吸引歌迷以后，他们中的大多数，根据我并不是很科学的观察，一直到今天都还是他的歌迷。（我打赌科恩失去的粉丝里，相比对他音乐不满而言，可能去世的人更多一些。）那些 90 年代才开始第一次听他音乐的歌迷加入了那些七八十年代开始就一路追随的群体，而像我这种颇为失职的家伙，可能直到 21 世纪以前，都没有什么突然就爱上他音乐的“某个时刻”。从这个总数上来看，减去那些死去的家伙，和极少数因为对他的音乐不满或是本身就自顾不暇的人，加上那些因为朋友和家人的关系参加演唱会，然后就变节成为真正拥趸的人，你就大概能算出这个庞大的数量大概有多少了。长期以来被压抑的对他的需求（毕竟科恩在 2008 年重新上路之前，已经有 15 年没巡演过了），和那些场场售空的演唱会票，看上去就没什么可奇怪的了。

1993 年（2008 年之前，科恩最后一次巡演的时候），除非你是会操作超文本的家伙，否则对于科恩的歌迷来说，网络的存在几乎还没什么影响。可 2008 年，互联网无处不在，甚至科恩那个年龄段的人都可以在网络上轻易跟随他巡演的脚步，查看每场演唱会的评论，甚至在演唱会结束后还没过几个小时，就可以看到那些质量顶级，画面高清的演出视频。（2014）

雅克·阿加萨罗：今天在“科恩档案”（www.leonardcohenfiles.com.）的网站上，有一千多个网页。2002 年，我们还创建了“莱昂纳德·科恩论坛”（www.leonardcohenforum.com），人数一直在持续增长，现在依旧有 2.8 万人注册，并留下 30 万条留言了。这些网站的首页点击量加在一起有 1500 万。随着世界化的加剧，论坛在莱昂纳德的配合和管理下也变得越来越活跃，我们经常能第一个宣布有关于他的消息。

我的档案网站并不是唯一一个致敬莱昂纳德·科恩的，远远不止我这一个。90 年代初期，卡特的网站一直独占鳌头，现在还有其他几个在全世界都很出名的网站，像是玛丽·马祖尔、艾伦·肖沃尔特（网站：DrHGuy）、派翠丝·克劳斯、汤姆·萨吉克等等其他人管理着。（2014）

不过，莱昂纳德·科恩的歌迷们并不仅仅只是以这

◆ 烟熏的人生：正在拍摄詹尼佛·沃恩斯的《我们首先占领曼哈顿》的音乐录像。于 1987 年 4 月。

样的方式集结在一起。

雅克·阿加萨罗：我们从 1998 年起，每隔两年都会组织一次“科恩事件”的歌迷聚会。[1]（地点包括英国的林肯、蒙特利尔、伊兹拉岛、纽约、柏林、埃德蒙顿、克拉科夫、麦迪逊、芝加哥以及都柏林。）除此以外还有很多其他别的聚会。（其中就包括在伊兹拉岛每两年一次的聚会。）最近发明出来的一个聚会叫“莱昂纳德·科恩的行走周末。”每年都会在欧洲的某个地方进行，是有一个非常活跃的歌迷团体发起的。

“科恩事件”的聚会每次都有一个很完整的程序——有专业或业余的人唱他的歌，诵读他的诗，还会播放与他相关的电影，并安排观光行程——不过最重要的还是在于可以跟彼此共度一段时光。来自不同国家，不同阶层的人们，说着不同的语言。这聚会为来自各个不同背景的歌迷提供了无数个机会，让大家可以用最积极的方式参与其中。这些聚会让很多人得到了终身的友谊——甚至还成就了十几段婚姻。（2014）

“有这样一群家人，因为我的作品而相聚在一起。并不一定限制于我的作品之上，他们只是以此参考自己的人生，进行着或有趣、或感人的调情，通信，忏悔与交流。”

——莱昂纳德·科恩，1998 年

[1] 最近的一次聚会在 2016 年 8 月 12 日 -14 日，将在阿姆斯特丹举办，这是他们的第十次聚会，有幸邀请到了莎朗·罗宾逊做一个 20 分钟的表演。所有相关内容都可以通过关注他的档案网站来获取，上面会有每次事件聚会的更新。

◆ 冰冰凉的手持火焰。达西·哈穆雷拍摄的肖像，于 2002 年。

“我总会有这样一种感觉，继续保持现状，如果健康可以允许你这样做的话。而你又足够幸运，有剩余的日子可以随意处置，那就继续保持现在所做的一切。我从来没想过哪里会有一个终点，会有退休或是什么大奖等待着我。”

——莱昂纳德·科恩，1992 年

2014 年底，安排了一张 DVD 的发行，是《爱尔兰现场》，里面还收录了两场 2013 年 9 月份在都柏林的演唱会。足以证明莱昂纳德依旧在“保持现状”。2014 年 1 月，罗斯科·贝克曾提到，他正在忙于准备莱昂纳德·科恩新的录音室专辑，甚至说“或许在年底会有那么一点巡演安排”。所以，值得庆幸的是，我们这位“长跑者”莱昂纳德·科恩依旧在路上，身边站了比以往更多的人，帮他一起举着火把。

◆ 在洛杉矶街头，保罗·佐露摄于2007年。

结束语

在过去的几十年里，我在洛杉矶和好莱坞遇到过几次莱昂纳德。1999 年，我曾经跟他一同坐在一起，看汤姆·威兹在威尔顿剧院的演出。间或，我们还会在费尔法克斯区坎特的熟食店挥挥手。

我们还在好莱坞凯馥酒店莎朗·罗宾逊的演出上碰过面，就在最近一次澳大利亚和新西兰的巡演前不久。我还在威尔谢大道上的一家咖啡馆里与莱昂纳德和他的儿子亚当有过一次短暂邂逅。

2013 年期间，我常去拉其蒙村的时候，在当地一家希腊餐馆看到了他，因为旁边坐了一位非常漂亮的女士，我很识趣地没有上前打扰。没过多久的一个周日，我在拉其蒙村散步。我没有从来自农民市场的那些街边商贩那里挑选新鲜的商品，反而径直走进成·达拉泰餐馆。

我刚要离开，重金属学者兼环境作家、活动家的隆恩·弗莱德就跟我打起了招呼。我们都很担心家乡的空气。头顶上有一种以前从来没有过的看上去很邪恶的雾霾盘旋着，彻底污染了原本充满灵性的洛杉矶天际线。

“你看见莱昂纳德·科恩了吗？”隆恩问我，“他刚走过农民市场的时候，我正站在我朋友克里斯塔的‘异域奶酪摊’旁边，我立刻就注意到他了。过去的两个小时里，我一直在市场里走来走去，让陌生人去关注头顶上那些白色的玩意。今天的天气可是满满的化学味。我直接走到莱昂纳德·科恩面前，说，‘您好，先生，认识您很荣幸’。然后我抬起头说，‘您对这天气怎么看？’他顺着我的目光往上看去，顿了顿说，‘额，还好吧，反正他们也不会往下丢炸弹’。”

1974 年底，我出席一次莱昂纳德对诗人米歇尔·C·福特的采访，就在西好莱坞日落大道的凯悦嘉寓酒店。（当时的采访发表在《洛杉矶免费快讯》1975 年 1 月那期上。）

我为了《旋律制造者》与《好莱坞快讯》的记者贾斯汀·皮尔斯一起等他们结束，我们要在之后一起采访莱昂纳德。在他们马上就要结束采访的时候，碰巧听到了一段令人难忘的对话。

莱昂纳德向福特透露：“我真的不知道一首歌的天才之处到底在哪儿，或是怎样的情感才能创造出那样的作品。我觉得更多情况应该跟食欲差不多：就比如有那么一瞬间，你突然就感觉到了饥饿。我想让我感觉饥饿的东西还没有被创造出来，所以我打算去尝试着做一做。”

我们与莱昂纳德的采访结束之后，他大方地邀请我们坐上他的豪华轿车陪他去洛杉矶市中心的加拿大使馆去一趟，他的护照有点问题需要处理。

在聊了一些披头士、艾伦·金斯伯格、伊兹拉·庞德和一个叫洛尔迦的人的话题之后，我问了莱昂纳德一个关于姑娘们的问题，想知道怎么与她们保持长久的关系。他沉默了一会儿，慢慢地回答说，“恋爱可是很复杂的事。”

贡献者

雅克·阿加萨罗（Jarkko Arjatsalo）：“莱昂纳德·科恩档案网站”（www.leonardcohenfiles.com）以及“莱昂纳德·科恩论坛”（www.leonardcohenforum.com）的建立者和管理人。他同时也负责组织自1998年起，莱昂纳德·科恩每两年一次的“事件聚会。”

佩拉·巴塔拉（Perla Batalla）：歌手兼作曲人，与莱昂纳德·科恩的第一次合作是在1988年，做他的伴唱歌手。1993年巴塔拉发行了首张个人专辑，并于2005年发行了一张莱昂纳德·科恩的致敬专辑《电线上的鸟》。

哈尔·布雷恩（Hal Blaine）：鼓手、打击乐手，已经入驻摇滚名人堂。曾在猫王、水晶合唱团和飞鸟乐队等人的热门专辑中演奏过无数经典作品。

保罗·巴克马斯特（Paul Buckmaster）：编曲家、作曲家及唱片制作人。曾经经手过的作品有大卫·鲍伊的《太空怪人》，以及埃尔顿·约翰的多张专辑。他还曾经为哈利·尼尔森的《没有你》以及卡莉·西蒙的《你太徒劳》担任编曲。滚石乐队的专辑《小偷小摸》和莱昂纳德·科恩的《爱与恨之歌》也都是他的作品。

杰夫·伯格（Jeff Burger）：长期担任杂志编辑，编辑出版了《斯普林斯汀谈斯普林斯汀：演讲与偶遇》（2013）及《莱昂纳德·科恩谈莱昂纳德·科恩：访谈与偶遇》（2014）。

尼克·凯夫（Nick Cave）：20世纪70年代，从生日派对开始了自己音乐创作的生涯。至今为止发行了20多张录音室专辑，包括《陷入爱河》（1994）《船夫的电话》（1997）《推开天空》（2013）。他所出版过的作品包括1989年的小说《混蛋看见天使》和2005年创作的电影剧本《主张》。

弗莱德·凯特罗（Fred Catero）：1962-1972年间，一直在哥伦比亚广播公司（CBS）旗下的哥伦比亚唱片担任录音棚工程师。参与制作了莱昂纳德·科恩的首张专辑。在厂牌工作室的有限时间里，他制作了很多开创性的作品，其中参演的艺人有梅尔·托美、艾瑞莎·富兰克林、芭芭拉·史翠珊以及桑塔纳。80年代，他成立了凯特罗唱片公司，将重心放到赫比·汉考克这样的爵士乐艺术家身上。

朱莉·克里斯坦森（Julie Christensen）：1988年成为莱昂纳德·科恩的伴唱歌手，之后近5年的时间都一直与他在巡演的路上。在莱昂纳德·科恩的纪录片《我是你的男人》中也可以看到她的身影。克里斯坦森的首张个人专辑《爱如驾驶》发行于1996年。紧随其后的另一张专辑是她最出名的作品《灵魂驾驶者》（2000）。

切斯特·克里尔（Chester Crill）：1966-1970年间，是“万花筒”乐队的成员。

朱迪·柯林斯（Judy Collins）：在过去的50年中，已经发行超过35张现场及录音室专辑。柯林斯将莱昂纳德·科恩的《苏珊》《带妆彩排闹剧》翻唱后收录进1966年的专辑《我的生活中》，为他音乐生涯的早期起到了关键的推动作用。

詹姆斯·库欣（James Cushing）：诗人，自1989年起，任教于圣路易斯－奥比斯波县的加州理工大学，教授文学与创意写作。他还在大学的广播台，KCPR-FM担任一档每周播出的，爵士乐和摇滚乐节目的主持。2008-2010年间，一直是圣路易斯－奥比斯波的桂冠诗人。

查理·丹尼尔斯（Charlie Daniels）：是一名音乐家和词曲创作人。他曾经在约翰斯顿监制的鲍勃·迪伦的专辑《纳什维尔的天际线》中演奏，1968-1970年间，与莱昂纳德·科恩一起巡演，并参与了他期间专辑的录制。丹尼尔斯的首张同名个人专辑发行于1971年，到现在为止，录音室专辑已经有30张了。最近一张名为《南方热曲》（2013）。

克里斯·达罗（Chris Darrow）：多种乐器的演奏专家，资深录音艺人、制作人兼音乐出版商。作为万花筒的成员之一，他曾经在莱昂纳德·科恩的首张专辑中演奏过。1972年，发行了第一张个人专辑《艺术家的证明》。2013年，达罗发行了与麦克斯·布达合作的《岛上的女孩》。

克莱夫·戴维斯（Clive Davis）：1967-1973年间，任哥伦比亚唱片公司的总裁。期间将莱昂纳德·科恩签署为旗下艺人。在哥伦比亚唱片之后，又建立了两个新的厂牌：阿里斯塔唱片公司（1975）和J唱片公司（2000）。2000年，入驻摇滚名人堂的非表演者分类中。自2008年以来，一直是索尼音乐娱乐公司的首席创意官。

吉姆·德夫林（Jim Devlin）：20世纪80年代到90年代初，一直是《莱昂纳德·科恩时事通讯》的编辑。从那时起，至今已经写过3本关于莱昂纳德·科恩的书了：《热情万种》（1996）、《这就是你想要的》（1997）、《莱昂纳德·科恩：自己的话》（1998）。在30年的音乐教学生涯之后，于2013年退休。

桑德拉·德瓦（Sandra Djwa）：文学评论家、传记作家，以及加拿大英属的西蒙·弗雷泽大学担任荣誉教授。她的著作包括《专业英语：罗伊·丹尼尔斯的人生》（2002），还因此荣获了皇家社会金牌文学奖（2002）。她最新出版的作品《没有地图的旅程：P.K.佩琪的人生》（2012）荣获了加拿大总督奖非文学奖。

凯瑟·弗洛德（Kathi Flood）：视觉艺术家，洛杉矶常驻的声音演绎表演家。[1]享受游历各地的当代都市生活。美国和欧洲250多场展览中都曾出现过她表演的身影。

金·富勒（Kim Fowley）：自1960年以来，就对摇滚乐产生了重大影响。在他的创作、音乐出版和专辑制作能力下，多达100张白金和黄金唱片都获得了良好的赞誉。作品涵盖的范围之广，既可以从邻家地下车库的私人电台里听到，也可以从小天狼星卫星广播电台这种大公司里有所耳闻。

约翰·哈蒙德（John Hammond）：20世纪流行音乐的领域中杰出的代表人物。20世纪50年代就开始担任哥伦比亚唱片公司的星探，负责发掘培养新人，其中就包括本尼·古德曼、皮特·西格尔、鲍勃·迪伦、艾瑞莎·富兰克林以及莱昂纳德·科恩。他是1986年摇滚名人堂首次入驻仪式的引荐人之一。后于次年7月去世，享年76岁。

柯蒂斯·汉森（Curtis Hanson）：电影导演和编剧。电影作品包括《晃动摇篮的手》（1992）、《洛城机密》（1997），还因此获得奥斯卡最佳改编剧本。之后的作品《奇迹小子》（2000）中，将莱昂纳德·科恩的歌《等待奇迹》收录进了电影原声。

---

[1] spoken Word 是一种基于诗歌的表演类型，早在书写发明之前就已经存在了。有点类似于中国的评书，靠口口相传留存下来。重点放在故事的讲述上，类似于大声的诗歌朗诵，但表演方式更为多样化，包括肢体语言和音乐及各类声音的配合。

罗伯特·英乔迪（Robert Inchausti）：圣路易斯－奥比斯波县加州理工大学的英语教授。共出版过 5 部著作，其中包括：《普通人的无知完美主义》（1991）、《课堂教学》（1993）、《颠覆正统》（2005）。

鲍勃·约翰斯顿（Bob Johnston）：唱片制作人。1964 年从凯普唱片开始制作人的生涯。转年，以行政制作人的身份进入哥伦比亚唱片公司。20 世纪 60 年代到 70 年代早期，很多里程碑似的专辑都是由他制作的：鲍勃·迪伦《重访 61 号公路》（1965）、《无数金发女郎》（1966）、《纳什维尔天际线》（1969），以及西蒙和加芬克尔组合的《寂静之声》（1966）；莱昂纳德·科恩的《来自一个房间的歌》（1969）《爱与恨之歌》（1971）。

吉姆·凯尔特纳（Jim Keltner）：美国鼓手，个人录音室专辑的发行和与鲍勃·迪伦、CSNY 四重唱组合[1]、西蒙和加芬克尔组合一起巡演的成功让他家喻户晓。他还与多位艺人一起录制过专辑：德莱尼 & 邦尼和朋友们、B·B·金、布克琼斯、莱蒙斯朋克乐队、滚石、莱昂纳德·科恩。

丹·凯瑟尔（Dan Kessel）：唱片制作人、词曲作者、出版人、歌手，以及多种乐器的演奏好手。他曾经跟很多艺术家一起录制过专辑：约翰·列侬、菲尔·斯派克特、迪昂、莱昂纳德·科恩、布莱恩·威尔逊、雪儿、金发女郎乐队，莱蒙斯朋克乐队。丹一直处于最初期洛杉矶朋克摇滚圈的前沿。之后还做了贝佛利山“后台咖啡馆”的老板之一。

大卫·凯瑟尔（David Kessel）：是一个多乐器的演奏者，唱片制作人，以及新媒体的早期开拓者。他跟菲尔·斯派克特共同工作了 30 多年时间。大卫是流行文化网站 www.cavehollywood.com 的管理人。

肯尼斯·库伯尼克（Kenneth Kubernik）：与他的兄弟哈维共同合著了《完美阴霾：蒙特利国际流行音乐节插图史》（2011）及《门后的故事：60 年代好莱坞的音乐与电影场景》（2014）。并为哈维的书《梦幻峡谷：月桂谷的魔力与音乐》（2009）担任编辑顾问。他的专题还曾经登载于《洛杉矶时报》、《多样化》、《好莱坞报道》之上。目前他正在撰写天气预报的历史。

穆雷·莱纳（Murray Lerner）：纪录片导演、制片人。曾拍摄过的流行音乐纪录片包括艾萨克·斯坦恩、迈尔斯·戴维斯以及新港民谣音乐节（也还因本片获得了奥斯卡提名）。此外还有：吉米·亨德里克斯、大门乐队、杰斯罗·塔尔、谁人乐队。莱昂纳德·科恩在 1970 年的怀特岛音乐节就是由他拍摄的，DVD 发行于 2009 年。

艾伦·莱特（Alan Light）：《神圣还是残败：莱昂纳德·科恩、杰夫·巴克利及“哈利路亚”的崛起》（2012）一书的作者，《感应与旋转》杂志的主编，此外还经常为《滚石杂志》与《纽约时报》撰文。艾伦与格雷格·奥尔曼曾合著出版过畅销回忆录《我忍受的苦难》，并两次荣获 ASCAP 基金会蒂姆斯·泰勒奖杰出音乐写作奖。

约翰·利绍尔（John Lissauer）：音乐人，唱片制作人。原本是一个交响乐团的演奏乐手兼爵士萨克斯管演奏家。在摇滚乐队犀牛与莱昂·罗素一起巡演的时候，曾经短时间地加入过他们的队伍。在莱昂纳德·科恩的专辑《为旧礼而备的新衣》和《多重立场》中担任制作人，并且为他 1974 年到 1976 年的巡演担任音乐总监。

斯蒂芬·马克思（Steven Marx）：圣路易斯－奥比斯波县加州理工大学退休的英语教授。曾写过三本著作：《反叛时代的青春：文艺复兴时期诗歌的世代斗争》（1984）、《莎士比亚和圣经》（2000）、《加州理工大学之地：场地指南》（2002）。

尼尔·麦克科罗米克（Neil McCormick）：英国报纸《电讯报》的乐评人。

约翰·米勒（John Miller）：贝斯手，音乐协调员。最早因为他在百老汇的作品而为人所熟识。从 1968-1979 年间与埃尔·库伯、蒂姆·巴克利、贝蒂·米勒、路易斯·福瑞及莱昂纳德·科恩等人一起录制过专辑。还与科恩参加过欧洲和美国的巡演。后来成为一名音乐总监，以及一百多场百老汇音乐剧的音乐协调员，其中包括《泽西男孩》和《发胶》。

琼尼·米切尔（Joni Mitchell）：音乐人、歌手、词曲作者、艺术家。1968 年，发行了自己 19 张专辑中的第 1 张《唱给海鸥的歌》。后来达到白金唱片级别的专辑《蓝色》（1971）和《求爱火花》（1974）常被归为最伟大专辑的行列之中。

埃拉·纳达尔（Ira Nadel）：温哥华英属哥伦比亚大学的英语教授以及加拿大皇家学会会员。他创作的莱昂纳德·科恩的自传《多重立场》出版于 1996 年，（2006 年更新再版）。现在他正在撰写菲利普·罗斯的传记。

安德鲁·罗格·奥德汉姆（Andrew Loog Oldham）：唱片制作人，音乐经理人及作家。1963 年发现了滚石乐队，并于 1963-1967 年间担任乐队的经纪人兼制作人。他是广受好评的回忆录作家，2004 年作为非表演人员入驻摇滚名人堂。

托尼·帕尔默（Tony Palmer）：获奖电影、戏剧兼歌剧导演，作家。所执导的音乐纪录片里面包括有关于弗兰克·扎帕的《两百间旅馆》（1971）以及关于 1972 年莱昂纳德·科恩巡演的《电线上的鸟》（1974）。

唐·兰迪（Don Randi）：键盘手兼编曲。好莱坞知名录音棚“打捞队”音乐人中的长期成员。同时也是加州录音棚之城的烤土豆爵士俱乐部老板及融合爵士乐队“探索”的队长。菲尔·斯派克特为他录制了很多张键盘作品的专辑，编曲中不乏杰克·尼奇这种大人物。

安东尼·J·雷诺兹（Anthony J. Reynolds）：音乐人，作者。从 1992-2002 年期间，是英国乐队杰克的成员。发行过个人专辑《纽约》（2004）、《英国民谣》（2007）。2013 年还参与了音乐剧《一小块土地》的首演。他出版过的作品包括《莱昂纳德·科恩：非凡人生》（2011）。

莎朗·罗宾逊（Sharon Robinson）：1979 年，在“战地指挥官科恩”的巡演时，担任伴唱歌手是他们的首次合作。后来又与莱昂纳德紧密合作过专辑《十首新歌》（2001）和《亲爱的希瑟》（2004），2008-2013 年间也一直是他巡演队伍的固定成员。罗宾逊 2008 年发行了自己的首张个人专辑《众人皆晓》。在《奇迹小子》、《天生杀人狂》、《锁不住的天空》、《紧急盯梢令》、《富足之地》等电影的原声中也可以听到她的原创作曲作品。

斯坦·罗斯（Stan Ross）：与大卫·S. 古德共同在洛杉矶创办了传奇录音棚“金星”。从 1950 年一直经营至 1984 年。他于 2011 年 3 月去世。

艾伦·肖沃尔特（Allan Showalter）：受训过的心理医生，天生的硬核音乐爱好者。在命运的安排下，全身心投入的莱昂纳德·科恩死忠粉，建立了网站 1HeckOfAGuy.com 和 DrHGuy.com——著名的科恩网站之一，既搞笑又吸引人，文笔不错，还能给人些启发。

西尔维娅·西蒙斯（Sylvie Simmons）：获奖作家兼摇滚乐记者。出生于伦敦，现住在旧金山。她出版的书包括《尼尔·扬》和《塞尔日·甘斯布》的传记。她最新的一本书是《我是你的男人：莱昂纳德·科恩的人生》（2012），还被 NPR 提名为年度最佳传记。当她不写关于音乐的书时，西尔维娅还喜欢自己写歌，并用尤克里里演奏。

[1] Crosby, Stills, Nash & Young 分别是四个知名摇滚人的姓氏，分别是大卫·克罗斯比、斯蒂文·斯提尔斯、格雷汉姆·纳什，尼尔·扬。

约翰·西蒙（John Simon）：音乐制作人、词曲作者、作曲家和演奏家。作为哥伦比亚唱片制作人，西蒙曾经与莱昂纳德·科恩合作过他的首张专辑。还操刀过老大哥＆持股公司与詹尼斯·乔普林的《廉价恐惧》（1968）、西蒙和加芬克尔组合的《书挡》（1968）以及血汗泪组合的《人子耶稣》（1968）。西蒙还制作过"乐队"乐队的专辑《大粉红的音乐》（1968）及他们的同名专辑《乐队》（1969）。

菲尔·斯派克特（Phil Spector）：专辑制作人、歌曲创作人，主要成就是"音墙"技术的创作。他在20世纪60年代享誉世界，制作了（共同创作）一系列热门单曲，所合作过的艺人包括：水晶合唱团、朗奈特合唱团、正直兄弟乐队、艾克和蒂娜·特纳。1970年披头士的最后一张专辑《顺其自然》也出自他手。1977年他制作了莱昂纳德·科恩的专辑《情圣之死》。

苏珊·薇格（Suzanne Vega）：歌手，词曲创作人。从1985年的同名专辑到2014年的《五芒星女王的领土传奇》，共发行过八张专辑。她最有名的歌曲包括《汤姆的饭馆》及《鲁卡》，均来自她1987年的录音室专辑《孤独站台》。

詹尼佛·沃恩斯（Jennifer Warnes）：格莱美及奥斯卡获奖歌手、词曲创作人、编曲家及唱片制作人。他与莱昂纳德·科恩的首次巡演是在1972年。之后发行过一系列热门单曲，包括《夜晚的好时光》（1977）及《属于我们的地方》（1982）——一首与乔·库克为电影《军官与绅士》合作的二重唱。后来还与比尔·麦德利献声电影《辣身舞》，歌名为《（我拥有过的）生命中的时光》（1987）。她的第8张录音室专辑是向莱昂纳德·科恩致敬的《著名的蓝雨衣》（1987）。

韦伯姐妹（The Webb Sisters）：歌手、乐器演奏家及词曲创作者。查理和哈迪·韦伯是莱昂纳德·科恩2008-2013年巡演乐队中的成员。值得注意的是她们在演唱会中精彩的《如果这是您的旨意》表演。他们发行过3张自己的专辑：《心灵碎片》（2000）、《日光交错》（2006）及《野蛮人》（2011）。现在正在准备第4张专辑的录制，预计2014年发行。

莎伦·薇姿（Sharon Weisz）：音乐圈内的公共关系专家，当了30多年洛杉矶W3公共关系公司的老板。他曾经在1988年莱昂纳德·科恩巡演时担任公关顾问，以支持他的专辑《我是你的男人》。她还（无意中）拍摄了这张专辑的封面照。

鲁丝·R. 维斯（Ruth R. Wisse）：哈佛大学比较文学的教授，马丁·佩雷兹犹太文学教授。

沃伦·赞恩（Warren Zanes）：多重身份的摇滚音乐人。与20世纪80年代的乐队德尔·弗格斯录制过3张专辑。在视觉艺术与文化领域获得了博士学位，并在多所美国大学担任教授。同时他还是摇滚名人堂教育学院的副主席以及斯蒂文·范·赞达的摇滚永存基金会执行董事。

唱片目录

吉姆·德夫林在雅克·阿加萨罗、安迪·琼斯、马尔滕·马萨和汤姆·沙奇克的帮助下，整理完成。

录音室专辑

《莱昂纳德·科恩的歌》（Songs of Leonard Cohen）1967

在纽约哥伦比亚唱片公司录音棚B、C和E录制而成。

制作人约翰·西蒙。

工作人员：
– 莱昂纳德·科恩：演唱，原声吉他
– 吉米·洛夫雷斯：鼓（《再见，玛丽安》）
– 南希·普雷迪：演唱（《苏珊》《再见，玛丽安》《嘿，不该那样说再见》）
– 威利·洛夫：贝斯（《再见，玛丽安》《街头的故事》）。

其他音乐人：
– 万花筒乐队成员：克里斯·达罗，切斯特·克里尔，大卫·林德利和所罗门·菲尔德豪斯。
负责笛子、曼德琳、犹太竖琴、小提琴，以及多种中东乐器（《主人之歌》《冬日女士》《仁慈的姐妹们》《再见，玛丽安》《嘿，不该那样说再见》《街头的故事》《老师们》）。

封面艺术：
– 机器：封面照片

第一面：
Suzanne
《苏珊》
Master Song

《主人之歌》
Winter Lady
《冬天女士》
The Stranger Song
《陌生人之歌》
Sisters Of Mercy
《仁慈的姐妹们》

第二面：
So Long，Marianne
《再见，玛丽安》
Hey，That's No Way To Say Goodbye
《嘿，不该那样说再见》
Stories Of The Street
《街头的故事》
Teachers
《老师们》
One Of Us Cannot Be Wrong
《我们之一不会错》

发行日期：
1967 年 12 月 27 日。（美国，加拿大）
1968 年 2 月。（英国，欧洲）

厂牌及唱片目录编号
美国 / 加拿大 哥伦比亚唱片，CS9533（立体声）

CL2733（单声道）

英国 CBS SBPG 63241（立体声）

CBS BPG 63241（单声道）

发行后的各榜单最高排名
美国 83，加拿大没排行（DNC），英国 13

备注：
所有歌曲均由莱昂纳德·科恩创作。

约翰·哈蒙德是负责最初录音的制作人，后来生病了，由约翰·西蒙代替。录音中因此加入了弦乐的编曲。在美国和加拿大专辑背面的图片《阿尼玛·索拉》（墨西哥的宗教形象）总是被误认成圣女贞德。英国的版本则直接用了大卫·舍曼写的唱片说明以及《苏珊》和《陌生人的歌》的歌词替代了这个图片。

再版 CD 发行于 1990 年，（美国 CK 9533，加拿大 WCK 9533）2001 年（欧洲 SMM 505136 2）。

2007 年，专辑修复后重新发行，并增加了两首附赠曲目。（美国，加拿大，欧洲哥伦比亚唱片 / 传奇唱片 88697 04742 2）专辑说明由安东尼·的库里斯撰写。两首收录的歌为《储藏室》和《无忧无虑的回忆》，都是最早录制期间完成但没有被收录的歌曲，制作人是约翰·哈蒙德。1976 年欧洲巡演的时候，莱昂纳德表演过这两首歌。

2009 年修复唱片版本在美国和加拿大发行（桑德斯音乐公司，LP 5282）。欧洲是 2011 年发行（唱片音乐 MOVLP 326）。

《来自一个房间的歌》（Songs from a Room）1969

录制于田纳西州，纳什维尔的哥伦比亚录音棚 A。

附加录音于巴黎的录音棚完成。（《游击队员》：女生伴唱，手风琴）

制作人鲍勃·约翰斯顿。

工作人员：
– 莱昂纳德·科恩：演唱，原声吉他
– 罗恩·科尼利厄斯：原声电吉他、贝斯、小提琴
– 埃尔金·布巴·福勒：原声吉他、贝斯、班卓琴
– 鲍勃·约翰斯顿：键盘
– 亨利·泽梅尔：犹太竖琴

其他音乐人：
– 手风琴演奏，于巴黎。
– 三个女孩伴唱，于巴黎。

封面艺术：
– 约翰·伯格：封面照片
– 伊拉·弗雷德兰德：封面设计

第一面：
Bird On The Wire
《电线上的鸟》
Story Of Isaac
《艾萨克的故事》
A Bunch Of Lonesome Heroes
《一群寂寞的英雄》
The Partisan
《游击队员》
Seems So Long Ago，Nancy
《好像是很久以前，南希》

第二面：
The Old Revolution
《旧革命》
The Butcher
《屠夫》
You Know Who I Am
《你知道我是谁》
Lady Midnight
《午夜女郎》
Tonight Will Be Fine
《今晚一切都好》

发行日期
1969 年 4 月 7 日。

厂牌及唱片目录编号
美国 / 加拿大 哥伦比亚唱片 9767（立体声）

英国 CBS M 63587（单声道）S63587（立体声）

发行后的各榜单最高排名
美国 63，加拿大 7，英国 2

备注：
所有歌曲均由莱昂纳德·科恩创作。《游击队员》除外（法国版歌词由艾曼纽·德艾斯特尔·德·拉·维格列创作，作曲是安娜·玛丽和黑·扎尔特【英语音译】，这首歌有法语和英语两个演唱版本）。

1990 年出重制的 CD 版本（美国 / 加拿大 CK 9767）以及 1997 年（欧洲 COL CD 63587）。

修复后重新发行的 CD 版本于 2007 年上市，增加了两个附赠曲目（美国 / 加拿大，哥伦比亚唱片 / 传奇唱片 88697 04740 2。英国 88697 04740 2）唱片说明由安东尼·迪科蒂斯撰写。附赠曲目为《像一只鸟》（=《电线上的鸟》）以及《仅此一位》（=《你知道我是谁》）。在 1968 年录制阶段，这两首歌都是由大卫·克罗斯比（CSNY 乐队中的那个克罗斯比。）制作的版本，并没有收录进当时 5 月的那张专辑中。

黑胶版本的重制于 2009 年在美国 / 加拿大发行。（桑德斯唱片 音乐 LP 5283）欧洲发行于 2011 年（黑胶音乐 MOVLP 325）。

《爱与恨之歌》（Songs of Love and Hate）1971

录制于田纳西州，纳什维尔的哥伦比亚录音棚 A。

附加录音于伦敦的三叉戟录音棚完成。

制作人鲍勃·约翰斯顿。

工作人员：
– 莱昂纳德·科恩：演唱，原声吉他
– 罗恩·科尼利厄斯：原声电吉他
– 埃尔金·“布巴”·福勒：原声吉他，贝斯，班卓琴
– 科林·亨利：伴唱
– 鲍勃·约翰斯顿：钢琴
（《再唱一首歌，男孩们》）
– 苏珊·穆萨莫娜：伴唱

其他音乐人：
– 伦敦科罗娜学院的孩子们：童声伴唱（《去年的男人》《带妆彩排闹剧》）。
– 保罗·贝克马斯特：弦乐和小号编曲，乐队指挥。
– 米歇尔·萨尔：弦乐（《去年的男人》）。

封面艺术：
– 约翰·伯格：封面照片
– 亚科特·柯莱特：封面设计

第一面
Avalanche
《雪崩》
Last Year's Man

《去年的男人》
Dress Rehearsal Rag
《带妆彩排闹剧》
Diamonds In The Mine
《矿井中的钻石》

第二面
Love Calls You By Your Name
《爱召唤你，以你之名》
Famous Blue Raincoat
《著名的蓝雨衣》
Sing Another Song，Boys（现场，1970 年）
《再唱一首歌，男孩们》
Joan Of Arc
《圣女贞德》

发行日期
1971 年 3 月 19 日。

厂牌及唱片目录编号
美国 / 加拿大 哥伦比亚唱片 COL C 30103，英国 CBS SBP 473863。

发行后的各榜单最高排名
美国 145，加拿大 DNC，英国 4。

备注：
所有歌曲均由莱昂纳德·科恩创作。

《再唱一首歌，男孩们》的现场录自 1970 年 3 月 31 日的怀特岛音乐节。

最早的黑胶唱片发行于美国，紧接着才在欧洲上市，其中包括一个附有人员名单的小册子。

再版 CD 发行于 1988 年（欧洲 CDCBS 32219）。

修复重置版 CD 发行于 2007 年（美国 / 加拿大 / 欧洲 哥伦比亚唱片 / 传奇唱片 88697 04741 2）唱片说明由安东尼·迪科蒂斯撰写。附赠曲目包括之前于 1968 年底录制专辑《来自一个房间的歌》时没有发行过的《带妆彩排闹剧》。

修复版本的美国 / 加拿大黑胶再版发行于 2009 年（桑德斯唱片 音乐 LP 5284）。欧洲发行（黑胶音乐 MOVLP 036）。

《为旧礼而备的新衣》（New Skin for the Old Ceremony）1974

录制于纽约，声音想法录音棚。

制作人莱昂纳德·科恩，约翰·利绍尔。

工作人员：
– 莱昂纳德·科恩：演唱，原声吉他，犹太竖琴
– 艾米丽·宾迪阁：伴唱
– 杰拉德·钱博雷恩：长号
– 艾琳·迪金斯：伴唱
– 路易斯·福瑞：中提琴
– 拉夫·吉普森：吉他
– 阿尔曼·哈博瑞恩：打击乐
– 詹尼斯·伊恩：伴唱
– 盖尔·坎托尔：伴唱
– 杰夫·莱顿：班卓琴，曼德琳，吉他，小号
– 巴瑞·拉扎洛维兹：鼓和打击乐
– 约翰·利绍尔：木管乐器，键盘，伴唱
– 罗伊·马克沃兹：鼓
– 约翰·米勒：贝斯
– 唐·佩恩：贝斯

封面艺术：
– 特瑞萨·阿尔佛瑞：封面设计

第一面：
Is This What You Wanted
《这是否如你所愿》
Chelsea Hotel #2
《切尔西旅馆 2 号》
Lover Lover Lover
《爱人爱人爱人》
Field Commander Cohen
《战地指挥官科恩》
Why Don't You Try
《你为何不尝试》

第二面：
There Is A War
《一场战争》
A Singer Must Die
《歌手必死》
I Tried To Leave You
《我试过离开你》
Who By Fire
《谁燃于火》
Take This Longing
《接受这渴望》
Leaving Green Sleeves
《离开绿袖》

发行日期
1974 年 8 月 11 日。

厂牌及唱片目录编号
美国哥伦比亚唱片 C 33167 加拿大 KC 33167
英国 CBS 69087

发行后的各榜单最高排名
美国 / 加拿大 DNC，英国 24

备注：
所有歌曲均由莱昂纳德·科恩创作。

在美国 / 加拿大原版专辑的封面上使用的艺术品取自一本有关炼金术的经典《哲人的玫瑰经》当中，该图片被释为“男性与女性精神世界结合的本能”，这部典籍出版于 1550 年。因为太多裸露的肉体引起了很多争议和不满，所以后来专辑的前封与后封都被莱昂纳德不同的黑白照片所取代。在英国，选用的是另一个版本的艺术品（将原来的作品之上加了一对翅膀，以掩盖“触犯女性身体”的裸露）放置于专辑的前封，而原版的艺术品则被缩小后，放到了专辑的后封上。欧洲发行的版本保留了原版的封面。

在封面后面，使用的是《切尔西旅馆 2 号》这个名字，但在 CD 和里面的歌词单上，则印的《切尔西旅馆》。多年以来《切尔西旅馆 2 号》这个名字的使用没有统一的规范，有时被当做《切尔西旅馆》，有时则是《切尔西旅馆 2 号》。第一次《切尔西旅馆》的公开演唱是在 1972 年欧洲的巡演上。

较早版本的《接受这渴望》被称为《钟声》，巴菲·圣 – 玛丽曾经在她 1971 年的专辑《她曾想成为一名芭蕾舞演员》中翻唱过这首歌。

1994 年 CD 版本重新发行（加拿大 CK80207）
1996（欧洲 COL CD 32660）

黑胶版本的重制于 2009 年在美国发行（桑德斯唱片 音乐 LP 5286）。欧洲发行于 2011 年（黑胶音乐 MOVLP 325）。

《情圣之死》（Death of a Ladies' Man）1977

录制于洛杉矶的金星录音棚。

洛杉矶的惠特尼录音棚。

洛杉矶的德文郡之声录音棚。

制作人菲尔·斯派克特

工作人员：
– 莱昂纳德·科恩：演唱
– 哈尔·布莱恩：鼓
– 鲍比·布鲁斯：小提琴
– 坎特·坎多利：小号
– 杰西·艾德·戴维斯：吉他
– 斯蒂夫·道格拉斯：笛子，萨克斯，萨克斯独奏
– 基恩·艾斯特：打击乐
– 泰瑞·吉布斯：打击乐，电颤琴
– 巴里·古德伯格：键盘
– 汤姆·亨斯利：键盘
– 大卫·埃塞克：吉他
– 皮特·乔力：键盘
– 吉姆·凯特纳：鼓
– 丹·凯赛尔：吉他，键盘，合成器，管风琴
– 大卫·凯赛尔：吉他
– “狡猾”皮特·克莱恩诺：滑动踏板吉他
– 麦克·朗：键盘
– 查尔斯·路普：大号
– 比尔·梅斯：键盘
– 唐·门萨：笛子，萨克斯（以及所有小号编曲）
– 杰·米格利尔：萨克斯
– 阿特·芒森：吉他
– 雷·尼坡立坦：大贝斯，电贝司

– 阿尔伯特・帕金森：滑动踏板吉他
– 雷・普勒曼：吉他，贝斯
– 埃米尔・拉诺基亚：打击乐
– 唐・兰迪：键盘
– 杰克・瑞德蒙德：大号
– 鲍勃・罗比泰勒：合成器，编程
– 蒂维拉・罗比泰勒：合成器，"音乐人协调员"
– 菲尔・斯派克特：吉他，键盘，除《我让一个女人等我》《碘》以外所有的旋律编排。
– 鲍勃・泽米帝：打击乐

伴唱：
– 罗妮・布雷克利合唱《真爱了无痕》《碘》《回忆》，布兰达・布莱恩特，比尔・迪亚兹《别勃起着回家》，欧玛・德雷克，鲍勃・迪伦《别勃起着回家》，瓦内特・菲尔兹，盖瑞・加里特，艾伦・金斯伯格《别勃起着回家》，丹・凯瑟尔，大卫・凯瑟尔，克莱蒂・金，谢利・马修斯，菲尔・斯派克特（所有声音编曲），比尔・赛德福德，茱莉亚・提尔曼，欧兰・沃尔特斯，罗娜・维尔拉德

其他音乐人：
– 尼诺・坦普：旋律编排（《我让一个女人等我》《碘》）
– 简・图特和她的小孩子的大学成员。

封面艺术：
– "在一个被遗忘的波利尼西亚餐厅，由流浪匿名摄影师拍摄"：封面摄影
– 约翰・科贝尔卡：艺术总监
– 罗恩・克罗：设计
– 马汀・马查特：菲尔・斯派克特照片摄影
– 比尔・奈吉尔 / 格雷比特：设计

第一面
True Love Leaves No Traces
《真爱了无痕》
Iodine
《碘》
Paper Thin Hotel
《超薄旅馆》
Memories
《回忆》

第二面
I Left A Woman Waiting
《我让一个女人等我》
Don' t Go Home With Your Hard-On
《别勃起着回家》
Fingerprints
《指纹》
Death Of A Ladies' Man
《情圣之死》

发行日期
1977 年 11 月 13 日。

厂牌及唱片目录编号
美国华纳兄弟 BS 3125，加拿大哥伦比亚唱片 PES 90436 英国 S CBS 86042

发行后的各榜单最高排名
美国 / 加拿大 DNC，英国 36
备注：
所有歌词均由莱昂纳德・科恩创作。所有音乐都由菲尔・斯派克特创作。内插页册子的封面部分写着"伊娃・拉・皮埃尔，莱昂纳德・科恩，苏珊"等字眼，里面包含了所有的歌词和相关工作人员的明细。有一些专辑发行的时候用的是黑白的插页，而不是通常上色后的样子。专辑由美国的华纳兄弟发行，因为这是菲尔・斯派克特的老东家。

《碘》和《别勃起着回家》是莱昂纳德重写的早先的版本，最早这两首歌曾经在美国 1975 年 9 月的一次短暂巡演中表演过。

再版 CD 发行于 1985 年（英国 COL 86042）1998 年（美国哥伦比亚唱片 CK 44286）。

美国黑胶再版发行于 2011 年。（四个留胡子的男人公司 4M 813）欧洲发行于 2012 年（黑胶音乐 MOVLP 476）。

《最近的歌》（Recent Songs）1979

录制于加利福尼亚州，好莱坞 A&M 录音棚

制作人莱昂纳德・科恩，亨利・路易。

工作人员：
– 莱昂纳德・科恩：演唱，吉他
– 查尔斯・罗斯科・贝克：贝斯（《在爱中卑微》《我们的孤独女士》《吉普赛人的妻子》以及《烟雾缭绕的人生》）
– 约翰・拜勒泽克雅安：乌得琴（《客人》《窗》《叛徒》以及《吉普赛人的妻子》）
– 厄尔・邓普乐：双簧管（《我们的孤独女士》），英国管（《烟雾缭绕的人生》）
– 詹姆斯・吉尔斯特普：伴唱（《在爱中卑微》）
– 比尔・基恩：电子钢琴（《在爱中卑微》《我们的孤独女士》以及《烟雾缭绕的人生》）
– 拉菲・哈克皮安：小提琴（《客人》《窗》《叛徒》和《吉普赛人的妻子》）
– 格斯・哈德森：雅马哈键盘（《我们的孤独女士》）以及手风琴（《吉普赛人的妻子》）
– 阿伯汉姆・拉伯里尔：贝斯（《客人》《窗》和《叛徒》）
– 约翰・利绍尔：钢琴（《为美人远道而来》）
– 杰瑞米・卢波伯克：弦乐编曲，指挥（《叛徒》和《烟雾缭绕的人生》）
– 艾德・拉斯特嘉尔登：大提琴（《窗》）
– 斯蒂夫・米多尔：鼓（《在爱中卑微》《我们的孤独女士》和《烟雾缭绕的人生》）
– 约翰・米勒：贝斯（《为美人远道而来》）
– 保罗・奥斯特梅尔：萨克斯（《在爱中卑微》）
– 斯蒂芬妮・斯普瑞尔：伴唱（《在爱中卑微》）
– 罗杰・圣.凯纳利：伴唱（《在爱中卑微》）
– 茱莉亚・提尔曼：伴唱（《在爱中卑微》）
– 兰迪・沃德曼：管风琴（《客人》《窗》以及《叛徒》）
– 詹尼佛・沃恩斯：伴唱编曲及伴唱（《客人》），伴唱（《窗》），与莱昂纳德・科恩二重唱（《烟雾缭绕的人生》）
– 米奇・沃特金斯：电吉他（《在爱中卑微》和《我们的孤独女士》）
– 马克辛・沃拉德：伴唱（《在爱中卑微》）

其他音乐人：
– 路易斯・布里瑟诺带领的流浪乐队成员。（《迷失的加拿大人》以及《缺席母马的歌谣》）：
– 路易斯・布里瑟诺、奥古斯汀・斯尔文特、阿曼多・昆特罗、米格尔・桑多沃尔：小提琴
– 乔斯・普雷兹、帕伯罗・桑多沃尔：小号
– 瑞卡多・冈萨雷斯：吉他
– 菲利普・普雷兹：吉他
– 艾瓦拉多・桑多沃尔：吉他

封面艺术：
– 格伦・克里斯滕森：艺术总监
– 丹尼尔・劳伦斯：封面肖像及插图

第一面：
The Guests
《客人》
Humbled In Love
《在爱中卑微》
The Window
《窗》
Came So Far For Beauty
《为美人远道而来》
The Lost Canadian
《迷失的加拿大人》
（Un Canadien Errant）

第二面：
The Traitor
《叛徒》
Our Lady Of Solitude
《我们的孤独女士》
The Gypsy' s Wife
《吉普赛人的妻子》
The Smokey Life
《烟雾缭绕的人生》
Ballad Of The Absent Mare

发行日期
1979 年 9 月 27 日。

厂牌及唱片目录编号
美国 哥伦比亚唱片 PC 36264 加拿大 JC 36264
英国 S CBS 86097

发行后的各榜单最高排名

美国 / 加拿大 DNC，英国 53

备注：
所有歌曲都由莱昂纳德·科恩创作，除了：《为美人远道而来》（他和约翰·利绍尔共同创作，同样也是两人制作了这张专辑）以及《迷失的加拿大人》（Un Canadien Errant）（由安东尼·格林－拉乔尔，一位 19 世纪魁北克的诗人和小说家创作。）. 后面这首歌，莱昂纳德是用法语演唱的。

一些黑胶唱片发行的时候，在里面放置了写有歌词和工作人员的小册子。1987 年，查尔斯·罗斯科·贝克在制作詹尼佛·沃恩斯对莱昂纳德·科恩致敬的专辑《著名蓝雨衣》的时候，还名为 C. 罗斯科·贝克。而 1988 年，为莱昂纳德《我是你的男人》专辑担任制作人的时候，也还只是平庸无奇的他。他是自那以后才发生的改变。

再版 CD 发行于 1990 年（美国哥伦比亚唱片 CK 36264，加拿大哥伦比亚唱片公司 WCK 36264，欧洲 CDCBS 86097）专辑册子中包含了所有歌词及相关工作人员。

欧洲发行于 2012 年（黑胶音乐 MOVLP 311）。

谨以此作品献给："我亲爱的朋友欧文·莱顿，内心世界语言无与伦比的大师。"

《多重立场》（Various Positions）1984

录制于纽约，声音想法录音棚。

制作人约翰·利绍尔。

工作人员：
－莱昂纳德·科恩：演唱，吉他
－理查德·库克斯：鼓
－约翰·克罗多尔：贝斯，伴唱
－罗恩·盖特曼：口琴，伴唱
－肯尼斯·克斯科：小提琴
－约翰·利绍尔：钢琴以及键盘旋律编写，伴唱
－希德·麦克吉尼斯：吉他
－詹尼佛·沃恩斯：合唱

伴唱：
－艾伦·迪金斯，克利西斯·菲斯，拉尼·葛福思，伊冯·路易斯，马雷·米勒，安嘉妮·托马斯

封面艺术：
－莱昂纳德·科恩：宝丽来照片

第一面：
Dance Me To The End Of Love
《与我共舞，至爱的尽头》
Coming Back To You
《回到你身边》
The Law
《法则》
Night Comes On
《黑夜降临》

第二面：
Hallelujah
《哈利路亚》
The Captain
《队长》
Hunter's Lullaby
《猎人的歌谣曲》
Heart With No Companion
《无从依靠的心》
If It Be Your Will
《如果这是您的旨意》

发行日期
1984 年 12 月 11 日（加拿大）
1985 年 2 月（美国 / 欧洲）

厂牌及唱片目录编号
黑胶：美国 通行证公司 PB 6045

加拿大 COL PCC 90728 英国 CBS 26222

CD：美国哥伦比亚唱片 CK 66950

加拿大 WCK 90728，英国 CDCBS 26222

发行后的各榜单最高排名
美国 / 加拿大 DNC，英国 52

备注：
所有歌曲均由莱昂纳德·科恩创作。最初哥伦比亚拒绝在美国地区发行这张专辑，因此，这张专辑最早在美国的发行方是通行证唱片旗下的吉姆厂牌。

《与我共舞，至爱的尽头》的黑白宣传片由多米尼克·艾瑟曼执导，1985 年 1 月播出。这是莱昂纳德·科恩第一次将专辑中所有歌曲的歌词都印到黑胶唱片封面的背后，以及 CD 中的小册子上。

欧洲黑胶版本的重制发行于 2012 年（黑胶音乐 MOVLP 504）。

《我是你的男人》1988

录制于坦普利尔录音棚、蒙特利尔 DMS 录音棚、蒙特利尔录音棚、巴黎摇滚录音棚。后来在洛杉矶补录的部分是在洛杉矶的声音作品，纽约及斯塔街录音棚录制的。

制作人莱昂纳德·科恩（所有曲目）。罗斯科·贝克《我无法忘记》，并共同监制了《爱情无解药》以及《跳支华尔兹》），迈克尔·罗比杜克（共同制作《众人皆晓》以及《我是你的男人》）和让·米歇尔·瑞瑟尔（共同制作《跳支华尔兹》）

工作人员：
－莱昂纳德·科恩：演唱，键盘
－莱昂纳德·科恩：合唱，键盘（《众人皆晓》以及《我是你的男人》），钢琴（《我无法忘记》）
－梅耶·奥索利：合唱（《跳支华尔兹》）
－理查德·贝德特：萨克斯（《爱情无解药》）
－约翰·拜勒泽克雅安：乌得琴（《众人皆晓》）
－汤姆·布里查特林：鼓（《我是你的男人》）
－莱尼·卡斯特罗：打击乐（《我无法忘记》）
－拉里·科恩：键盘（《我无法忘记》）
－维尼·克莱屋塔：鼓（《爱情无解药》《爵士警察》以及《我无法忘记》）
－杰夫·费舍尔：键盘（《爱情无解药》）
－拉菲·哈克皮安：小提琴（《跳支华尔兹》）
－艾芙琳·何贝：合唱（《跳支华尔兹》）
－裘德·约翰斯通：合唱（《我无法忘记》）
－皮特·基斯林克：贝斯（《爱情无解药》）
－"狡猾"皮特·克莱恩诺：夏威夷 吉他（《我无法忘记》）
－迈克尔·罗比杜克：键盘（《众人皆晓》）架子鼓加花（《我是你的男人》）
－鲍勃·斯坦利：吉他（《爱情无解药》）
－安嘉妮·托马斯：合唱（《我们首先占领曼哈顿》《爱情无解药》《我是你的男人》《爵士警察》）
－伊利斯贝斯·瓦莱特：合唱（《跳支华尔兹》）
－詹尼佛·沃恩斯：合唱（《爱情无解药》）合唱（《众人皆晓》《跳支华尔兹》《我无法忘记》以及《歌之塔》）

封面艺术：
－多米尼克·艾瑟曼：内图（CD）
－奥克斯塔拉·帕里斯：护封设计
－莎朗·薇姿：封面照片

第一面：
First We Take Manhattan
《我们首先占领曼哈顿》
Ain't No Cure For Love
《爱情无解药》
Everybody Knows
《众人皆晓》
I'm Your Man
《我是你的男人》

第二面：
Take This Waltz
《跳支华尔兹》
Jazz Police
《爵士警察》
I Can't Forget
《我无法忘记》
Tower Of Song
《歌之塔》

发行日期：
1988 年 2 月 2 日。

厂牌及唱片目录编号
黑胶：美国 / 加拿大 哥伦比亚唱片 FC

44191 英国 CBS 460642 1
CD：美国 / 加拿大 哥伦比亚唱片 CK 44191 英国 CBS 460642 2
MD：哥伦比亚唱片公司 COL 460642 8

发行后的各榜单最高排名
美国 / 加拿大 DNC，英国 48

备注：
除《众人皆晓》（由莱昂纳德·科恩和莎朗·罗宾逊共同创作）、《爵士警察》（由莱昂纳德·科恩和杰夫·费舍尔共同创作）、《跳支华尔兹》（歌词由莱昂纳德·科恩从费德里科·加西亚·洛尔迦的西班牙诗歌《小维也纳华尔兹》翻译而来。）

《跳支华尔兹》最先是为了 1986 年《诗人在纽约》而录制的。对洛尔迦的致敬专辑。《我是你的男人》是之前那个版本的混音版。

所有歌词及工作人员名单均印在黑胶唱片封面背面及 CD 内的小册子上。黑白宣传录像《我们首先占领曼哈顿》由多米尼克·艾瑟曼执导。在 1988 年 1 月初播放。

欧洲黑胶版本再版发行于 2012 年（黑胶音乐 MOVLP 424）。

专辑背面是一对情侣围绕着一个圆形的小标志跳舞："所有这些歌均献给你，D.I."

《未来》（The Future）1992

在洛杉矶多家录音棚录制：图像录音棚，切诺基录音棚，万神殿录音棚，复合录音棚，灵魂之屋录音棚，乡村录音机录音棚，海洋之路录音棚，录音棚 56，以及落日之声录音棚，雅典十一号录音棚，蒙特利尔的希腊及坦普尔录音棚。

制作人莱昂纳德·科恩。所有曲目均由他制作，除了：《真实》《一如既往》以及《塔科马拖车》），约夫·格伦（共同制作《等待奇迹》），斯蒂夫·林塞（《真实》《一如既往》以及另一个担当制作的项目《民主》），琳恩·昂格尔（共同制作《打烊时间》），瑞贝卡·德·马内（共同制作《赞美诗》），比尔·基恩（《塔科马拖车》以及担当共同制作人的作品《轻如微风》）

工作人员：
– 莱昂纳德·科恩：合唱，萨克斯（《轻如微风》）
– 约翰·拜恩斯：合成贝斯（《民主》）
– 佩拉·巴塔拉：伴唱（《打烊时间》）
– 佩吉·布鲁：伴唱（《一如既往》）
– 大卫·坎贝尔：弦乐编曲（《等待奇迹》《真实》和《赞美诗》）以及背景伴唱编曲（《未来》和《赞美诗》）
– 莱尼·卡斯特罗：打击乐（《等待奇迹》《真实》和《赞美诗》）以及手鼓（《未来》和《一如既往》）
– 朱莉·克里斯滕森：伴唱（《打烊时间》以及《民主》）
– 维尼·克莱屋塔：鼓（《民主》）
– 吉姆·考克斯：钢琴（《一如既往》）
– 斯蒂夫·克罗斯：电子合成器（《塔科马拖车》）电子合成器编曲（《轻如微风》）
– 布兰登·菲尔德斯：次中音萨克斯（《一如既往》）
– 迈克尔·斐尼甘：管风琴铺垫（《一如既往》）
– 杰夫·费舍尔：键盘（《民主》）
– 鲍勃·菲尔格：小提琴（《等待奇迹》《打烊时间》以及《轻如微风》）
– 詹姆斯·盖德森：鼓（《真实》）
– 比尔·基恩：电子合成器（《塔科马拖车》），电子合成器编曲（《轻如微风》）
– 鲍勃·格拉博：贝斯（《打烊时间》）
– 雅克林·顾什－菲瑞斯：伴唱（《真实》）
– 艾德·格林：鼓（《一如既往》）
– 丹尼斯·赫林：电吉他（《一如既往》）
– 小保罗·杰克逊：吉他（《真实》）
– 让·强森：伴唱（《一如既往》）
– 兰迪·科博：附加键盘（《民主》）
– 拉·马斯合唱团：合唱团合唱（《赞美诗》）
– 斯蒂夫·林塞：管风琴，沃利策钢琴和电子琴（《真实》）附加键盘（《民主》），管风琴（《一如既往》）
– 斯蒂夫·米多尔：鼓（《未来》和《赞美诗》）
– 鲍勃·梅兹格：原声及电吉他（《未来》《打烊时间》《赞美诗》以及《轻如微风》），夏威夷式电吉他（《真实》）以及贝斯（《赞美诗》）
– 大卫·M 管风琴：伴唱（《民主》）
– 迪恩·帕克斯：曼德琳（《等待奇迹》《民主》），吉他（《民主》和《一如既往》）和横式滑音吉他（《一如既往》）
– 格里格·菲力尼甘：钢琴（《真实》）
– 瓦勒莉·平克斯顿－玛尤：伴唱（《真实》）
– 隆恩·普利斯：次中音萨克斯（《一如既往》）
– 李·斯凯拉：贝斯（《一如既往》）
– 格里格·史密斯：上低音萨克斯（《一如既往》）
– 安嘉妮·托马斯：伴唱（《等待奇迹》）
– 李·R. 索尔伯格：小号，长号，号类乐器编曲（《一如既往》）
– 詹尼佛·沃恩斯：伴唱（《民主》），伴唱及编曲（《轻如微风》）
– 托尼·沃伦：伴唱（《真实》）
– 弗莱迪·华盛顿：贝斯（《真实》）
– 伊丹·莱特：伴唱（《一如既往》）

其他弦乐音乐人：
– 大卫·坎贝尔，罗恩·克拉克，拉里·科伯特，乔·德鲁尼，布鲁斯·杜克夫，唐纳德·费罗恩，贝约·格拉贝迪安，苏西·凯特雅玛，希德·佩琪，丹尼尔·史密斯，托马斯·泰利以及雷蒙德·撒切尔二世

其他合唱歌手：
– 雷森·阿莫特，艾维特·安德鲁斯，琪琪·贝利，婕拉林西娅·班克斯，辛西娅·贝斯，佩拉·巴塔拉，斯蒂夫·巴克利，朱莉·克里斯滕森，拉万·戴维斯，拉莎娜·丹迪，布兰达·伊戈尔，阿拉德里安·艾勒莫尔，波西娅·费宁，吉米·弗兰泽尔，桑亚·格里芬，瑞凡·凯恩，妮萨·拉里，斯蒂芬·莱弗雷，罗斯兰德·帕克，凯文·舒特斯，丹娜·斯特卡德，卡曼·泰雷，特丽莎·沃克，茱莉亚·沃特斯，马克辛·沃特斯，欧兰·沃尔特斯以及蒙娜·丽莎·杨

封面艺术：
– 丹尼尔·劳伦斯：原版蜂鸟插图
– 迈克尔·波蒂特：封面设计

第一面：
The Future
《未来》
Waiting For The Miracle
《等待奇迹》
Be For Real
《真实》
Closing Time
《打烊时间》
Anthem
《赞美诗》

第二面：
Democracy
《民主》
Light As The Breeze
《轻如微风》
Always
《一如既往》
Tacoma Trailer
《塔科马拖车》

发行日期
1992 年 11 月 24 日。

厂牌及唱片目录编号
黑胶：英国 COL 472498 1
CD：美国 / 加拿大 哥伦比亚唱片 CK 53226 英国 COL 472498 2
MD：哥伦比亚唱片公司 COL 472498 3

发行后的各榜单最高排名
美国 / 加拿大 DNC，英国 36

备注：
所有歌曲均由莱昂纳德·科恩创作，除了：《等待奇迹》（莱昂纳德·科恩和莎朗·罗宾逊）；《真实》（由费德里科·奈特制作）还有《一如既往》（欧文·柏林）。所有歌词和工作人员的名单均印在黑胶碟封面背面及 CD 册页中。

最后一首歌是纯音乐，也是整张专辑中唯一一首纯音乐作品。这也是莱昂纳德·科恩整个音乐录制的生涯中，唯一一首既没有体现他作曲才华，也与他歌词创作毫无

关联的一首歌。

《未来》这首歌的彩色音乐录像由柯蒂斯·威佛利兹执导，《打烊时间》这首歌也拍摄了一个黑白宣传录像。（是威佛利兹与时任莱昂纳德科恩的未婚妻瑞贝卡·德·马内共同编辑制作的。）两个宣传片均于1992年底播出。后者还荣获了朱诺最佳录像奖。

欧洲黑胶版本再版发行于2012年。（黑胶音乐MOVLP 503）

献词："在我心中的话还没有说完之前，不料，瑞贝卡肩头上扛着水出来，她走到井边，提水，我对她说，'请求你，给我一些水喝'。她急忙放下肩上的器皿，说道，'请喝，我也会让你的骆驼喝'。然后我喝了，她也给我的骆驼喝了。"——选自《创世纪》24

《十首新歌》（Ten New Songs）2001

在莱昂纳德洛杉矶家中的录音棚（平静生活录音棚）和莎朗·罗宾逊在加州好莱坞家中的录音棚（微小奇迹录音棚）录制的。

制作人莎朗·罗宾逊。

工作人员：
- 莱昂纳德·科恩：演唱
- 莎朗·罗宾逊：声音，编曲，编程

其他音乐人：
- 大卫·坎贝尔：弦乐编曲（《千吻之深》）
- 鲍勃·梅兹格：吉他（《在我的秘密生活中》）

封面艺术：
- 莱昂纳德·科恩：封面照片
- 南希·唐纳德：艺术总监
- 鲍勃·路德维格：封底照片

第一面：
In My Secret Life
《在我的秘密生活中》
A Thousand Kisses Deep
《千吻之深》
That Don't Make It Junk
《这并未让它变垃圾》
Here It Is
《在这呢》
Love Itself
《爱情本身》

第二面：
By The Rivers Dark
《在河流边的黑暗中》
Alexandra Leaving
《亚历山德拉的离去》
You Have Loved Enough
《你已为爱付出太多》
Boogie Street
《不羁的街道上》
The Land Of Plenty
《丰饶之地》

发行日期：
2001年10月9日。

厂牌及唱片目录编号
黑胶：加拿大 哥伦比亚唱片C 85953英国COL 501202 1
CD：美国/加拿大 哥伦比亚唱片COL 501202 2英国COL 501202 2

发行后的各榜单最高排名
美国143 加拿大4，英国26

备注：
所有歌曲均由莱昂纳德·科恩和莎朗·罗宾逊共同创作。《亚历山德拉的离去》是根据希腊诗人康斯坦蒂诺斯·佩特鲁·卡瓦菲斯（1863-1933）的诗歌《上帝抛弃安东尼》创作而成的。

CD小册子中包含歌词和音乐人的名单。拍摄《在我的秘密生活中》彩色录像的导演是弗洛拉·西格曼蒂，因为这个录像获得朱诺奖最佳录像提名。

《千吻之深》是首次演绎的一首老歌的新版本。最早莱昂纳德曾经自己用键盘伴奏着，在阿玛拉·博斯克拍摄的1996年的纪录片《莱昂纳德·科恩：肖像，1996年春》中唱过，同时也在2008-2010年以及2012-2013年的巡演中表演过，那时的《千吻之深》经过了再加工。这次，是莱昂纳德将这首歌当做歌词朗诵出来，并由尼尔·拉森用键盘伴奏。

欧洲黑胶版本再版发行于2009年（黑胶音乐MOVLP 033）。

献词："莎朗，利娜和莱昂纳德共同将此作品献给我们的朋友佐佐木承周禅师。"

《亲爱的希瑟》（Dear Heather）2004

在莱昂纳德洛杉矶家中的录音棚（平静生活录音棚）和莎朗·罗宾逊在加州好莱坞家中的录音棚（微小奇迹录音棚）录制的。

制作人莱昂纳德·科恩（《田纳西华尔兹》），亨利·路易（共同制作《信仰》），莎朗·罗宾逊（《不再游逛》《信》以及《为你而在》），艾德·桑德斯（共同制作《夜莺》），安嘉妮·托马斯（《那一天》，并共同制作《夜莺》），琳恩·昂格尔（《因为》《暗流》《牵牛花》《我们时代的维拉内拉诗》《亲爱的希瑟》《致一位老师》，并共同制作《信仰》）

工作人员：
- 莱昂纳德·科恩：演唱，吉他，犹太竖琴（《那一天》《夜莺》）
- 约翰尼·弗雷迪：鼓（《那一天》《夜莺》）
- 沙拉·卡莫尔：小号（《亲爱的希瑟》）
- 莎朗·罗宾逊：合唱（《不再游逛》《信》《为你而在》）
- 斯坦·萨根特：贝斯（《那一天》《夜莺》）
- 鲍勃·谢普德：次中音萨克斯（《不再游逛》）
- 安嘉妮·托马斯：合唱，钢琴（《那一天》《夜莺》）

仅《信仰》：
- 罗斯科·贝克：贝斯
- 约翰·拜勒泽克雅安：乌得琴
- 比尔·基恩：钢琴
- 拉菲·哈克皮安：小提琴
- 格斯·哈德森：手风琴
- 杰瑞米·卢波伯克：弦乐编曲
- 保罗·奥斯特梅尔：笛子
- 米奇·沃特金斯：吉他

仅《田纳西的华尔兹》：
- 理查德·库克斯：鼓
- 约翰·克罗多尔：贝斯，合唱
- 罗恩·盖特曼：夏威夷吉他，合唱
- 安嘉妮·托马斯：钢琴，合唱
- 米奇·沃特金斯：电吉他，合唱

封面艺术：
- 莱昂纳德·科恩：插画
- 迈克尔·波蒂特：设计
- 安嘉妮·托马斯：照片
- 缇娜·特瑞尔：照片

专辑曲目：
Go No More A-Roving
《不再游逛》
Because Of
《因为》
The Letters
《信》
Undertow
《暗流》
Morning Glory
《牵牛花》
On That Day
《那一天》
Villanelle For Our Time
《我们时代的维拉内拉诗》
There For You
《为你而在》
Dear Heather
《亲爱的希瑟》
Nightingale
《夜莺》
To A Teacher
《致一位老师》
The Faith
《信仰》
Tennessee Waltz（现场，1985）
《田纳西华尔兹》

发行日期
2004年10月26日。

厂牌及唱片目录编号

CD：美国/加拿大 哥伦比亚唱片 CK 92891 英国 CBS 514768 2

发行后的各榜单最高排名
美国 131，加拿大 5，英国 34

备注：
所有歌曲均由莱昂纳德·科恩创作，除了：《信》《为你而在》（莱昂纳德·科恩以及莎朗·罗宾逊）

《那一天》《夜莺》（莱昂纳德·科恩和安嘉妮·托马斯）《田纳西华尔兹》。（由瑞德·斯图尔特和皮威金创作，莱昂纳德·科恩创作了一小段歌词。）CD 小册子中包含歌词和音乐人的名单。

《不再游逛》的歌词是英国诗人乔治·戈登·拜伦的诗歌（1788–1824）。《那一天》是为了纪念 2001 年 9 月 11 日。《我们时代的维拉内拉诗》的歌词取自加拿大诗人 F. R. 斯科特（1899–1985）。《信仰》根据一首古老的魁北克民谣改编，从 1979 年专辑《最近的歌》的录制中，输出的一首歌。最后一首歌是录制于 1985 年 7 月 9 日在瑞士蒙投的演唱会。

安嘉妮·托马斯 在 2006 年之后发行的专辑《蓝色陷阱》中重新翻唱了歌曲《夜莺》（莱昂纳德与她共同创作并制作了这首歌。）莱昂纳德的女儿，洛尔迦·科恩于 2005 年为《因为》录制了彩色录像。

欧洲黑胶版本再版发行于 2012 年（黑胶音乐 MOVLP 502）。并未包含最终的现场曲目。

本专辑仅以"纪念杰克·麦克米兰 1922–2004"（莱昂纳德在加拿大的出版商）。

《老想法》（Old Ideas）2012

在洛杉矶很多家庭录音棚中录音，编辑，混音。其中就包括：平静生活录音棚（莱昂纳德家的），微小奇迹录音棚（莎朗·罗宾逊家的），两词音乐录音棚（帕特里克·莱昂纳德家的），拉丝·诺娃录音棚（尼尔·拉森家的），穿线电报办公室录音棚（迪诺·索罗多家的），以及街边之声录音棚（艾德·桑德斯家的）.

由帕特里克·莱昂纳德制作的有（《回家》《带我去那个地方》《无论如何》以及《来治愈》），安嘉妮·托马斯（《为爱你而疯狂》），艾德·桑德斯（《阿门》《摇篮曲》以及《不同面》，并共同制作了《黑暗》），马克·威尔肯（共同制作《黑暗》），迪诺·索罗多（《班卓琴》）.

工作人员：
– 莱昂纳德·科恩：演唱，原声吉他
– 莱昂纳德·科恩：合唱，原声吉他（《阿门》《为爱你而疯狂》《摇篮曲》），编曲及编程（《阿门》《摇篮曲》《不同面》）
– 乔丹·沙诺夫斯基：吉他（《阿门》）
– 丹娜·格罗佛：合唱及女声伴唱，编曲（《回家》《无论如何》《来治愈》《不同面》）
– 罗伯特·科罗达：小提琴（《阿门》）
– 尼尔·拉森：哈蒙德 B3 风琴，钢琴，合成贝斯，打击乐（《不同面》），短号（《班卓琴》）
– 帕特里克·莱昂纳德：编曲及编程（《回家》《带我去那个地方》《无论如何》《来治愈》）
– 莎朗·罗宾逊：合唱及女声伴唱，编曲（《阿门》《班卓琴》《摇篮曲》），合成贝斯（《阿门》《摇篮曲》）
– 艾德·桑德斯：合唱及男声伴唱，编曲（《摇篮曲》），吉他（《摇篮曲》）
– 贝拉·桑特利：小提琴（《回家》《带我去那个地方》《来治愈》）
– 迪诺·索罗多：《班卓琴》的创作及除了短号以外的所有乐器的演奏。
– 克里斯·瓦比赫：鼓（《阿门》）
– 詹尼佛·沃恩斯：合唱及女声伴唱编曲（《带我去那个地方》）

仅《黑暗》：
统一核心巡演乐队
– 莱昂纳德·科恩：吉他及合唱
– 罗斯科·贝克：贝斯，音乐总监
– 瑞菲尔·班纳德·盖尤：鼓
– 尼尔·拉森：键盘
– 贾维尔·马斯：赞美诗合唱
– 鲍勃·梅兹格：吉他
– 莎朗·罗宾逊：合唱
– 迪诺·索罗多：管风类乐器
– 查理·韦伯：合唱
– 海蒂·韦伯：合唱

封面艺术：
– 莱昂纳德·科恩：封面设计与插图
– 卡兹班·欧兹坎：照片
– 迈克尔·波蒂特：专辑册子

专辑曲目：
Going Home
《回家》
Amen
《阿门》
Show Me The Place
《带我去那个地方》
Darkness
《黑暗》
Anyhow
《无论如何》
Crazy To Love You
《为爱你而疯狂》
Come Healing
《来治愈》
Banjo
《班卓琴》
Lullaby
《摇篮曲》
Different Sides
《不同面》

发行日期
2012 年 1 月 31 日（美国）。
2012 年 1 月 27 日（其他地区）。

厂牌及唱片目录编号
美国/欧洲 哥伦比亚唱片 8869798671 2

发行后的各榜单最高排名
美国 3，加拿大 1，英国 2

备注：
所有歌曲均由莱昂纳德·科恩创作。除了：《回家》《带我去那个地方》《无论如何》《来治愈》（莱昂纳德·科恩和帕特里克·莱昂纳德），《为爱你而疯狂》（莱昂纳德·科恩以及安嘉妮·托马斯）。

在美国和欧洲还发行了黑胶唱片（哥伦比亚唱片 8869798671 1）套装中包含了一张专辑 CD，以及独家限量的版画印刷品。（由莱昂纳德制作）黑胶唱片中印有歌词和音乐人名单，CD 的专辑小册子中也包含了相同内容。

在专辑正式发行之前不久，由 2012 年 1 月 22 日 NPR（美国）和 2012 年 1 月 23 日《卫报》（英国）的在线流媒体上公开播放。

莱昂纳德的统一核心巡演乐队早在专辑正式发售前，就在 2009 年和 2010 年的演唱会上表演过《摇篮曲》和《黑暗》。安嘉妮·托马斯在 2006 年发行的专辑《蓝色陷阱》中包含了她所翻唱版本的《为爱你而疯狂》。在 2012 年和 2013 年莱昂纳德自己的演唱会上，他也曾习惯性地唱了几句这首歌中的内容，同时也包括歌曲《打烊时间》。

《带我去那个地方》的彩色录像于 2012 年播放。导演是艾伦·黑姆斯。

现场专辑

《现场的歌》（Live songs）1973

自 1970 年 8 月到 1972 年 4 月，录制于欧洲的多个地方。
制作人鲍勃·约翰斯顿。

工作人员：
1970 年的歌：
– 莱昂纳德·科恩：合唱，原声吉他
– 罗恩·肯厄里斯：电吉他
– 查理·丹尼尔斯：电贝斯，小提琴
– 艾琳·福勒：合唱
– 艾金·"布巴"·福勒：吉他，班卓琴
– 科林·亨尼：合唱
– 鲍勃·约翰斯顿：原声吉他，口琴

1972 年的歌：
– 莱昂纳德·科恩：合唱，原声吉他

– 罗恩・肯厄里斯：原声和电吉他
– 鲍勃・约翰斯顿：管风琴
– 皮特・马沙尔：立式贝斯和电贝斯
– 大卫・欧・康纳：原声吉他
– 詹尼佛・沃恩斯：合唱
– 唐娜・沃什伯恩：合唱

封面艺术：
–S・B・埃尔罗德：封面照片
– 源于达芬・理查德森的作品（1939–1972）"：专辑封底文字及艺术品

第一面：
Minute Prologue
《一分钟的开场白》（伦敦，3 月 23 日，1972）
Pass ng Through
《穿过》（伦敦，3 月 23 日，1972）
you know who I am
《你知道我是谁》（布鲁塞尔，3 月 16 日，1972）
Birds on the Wire
《电线上的鸟》（巴黎，4 月 18 日，1972）
Nancy
《南希》（伦敦，3 月 23 日，1972）
Improvisation
《即兴创作》（巴黎，4 月 18 日，1972）

第二面：
Story Of Isaac
《艾萨克的故事》
（柏林，4 月 8 日，1972）
Please Don' t Pass Me By（A Disgrace）
《请不要与我擦肩而过（丢脸）》（伦敦，5 月 10 日，1970）
Tonight Will Be Fine
《今晚一切都会好》（怀特岛，8 月 31 日，1970）
Queen Victoria
《维多利亚女王》

发行日期
1974 年 4 月 1 日。

厂牌及唱片目录编号
美国哥伦比亚唱片 KC 31724 加拿大 哥伦比亚唱片 C 31724
英国 / 欧洲 CBS 65224

发行后的各榜单最高排名
美国 156，加拿大 / 英国 DNC

备注：
所有歌曲均由莱昂纳德・科恩创作，除了：《穿过》（理查德・布雷克斯勒，1921–2000），专辑册页上写着"理查德・布雷克斯勒，改编者，莱昂纳德・科恩。"

摄影师 S.B. 埃尔罗德全名：苏珊・埃尔罗德，是莱昂纳德两个孩子，亚当和洛尔迦的母亲。并不是那首歌《苏珊》所说的苏珊（歌中的是苏珊・维达尔）。达芬・理查德森在专辑背面的"创作"被称为"变形创作"。在《爱与恨之歌》和《1970 年怀特岛音乐节现场》两张专辑中，上面标注的是艾琳・福勒（埃尔金・福勒的爱人）的曾用名苏珊・姆斯马诺。詹尼佛・沃恩斯使用的是自己在舞台上的艺名，詹尼佛・沃恩，但没过多久便弃用了这个名字。（沃恩斯是她出生时的本名。）唐娜・沃什伯恩在此没有被标注为合唱人员，尽管在《1970 年怀特岛音乐节现场》这张专辑中，被标注为合唱。

《即兴创作》是根据歌曲《你知道我是谁》的主旋律创作的一首纯乐器演奏的音乐作品。稍长一点的《今晚一切都会好》被收录进包含 3 张黑胶唱片的特辑 70 年代最伟大摇滚音乐节《1971 年怀特岛 / 亚特兰大流行音乐节》（美国 / 加拿大 G3X 30805；英国 / 欧洲 CBS 66311）. 专辑中的最后一首歌《维多利亚女王》与其他作品不同，并不是在观众面前演出时录制的现场歌曲。而是在田纳西州富兰克林的一间小木屋里，用非常基础的家用录音机录制的。（从本质上跟布鲁斯・斯普林斯汀在 1982 年发行的家庭录制专辑《内布拉斯加州》很像。）

1970 年怀特岛音乐节演唱会于之后在 2009 年发行了黑胶唱片 /CD/DVD/ 蓝光碟（详情见相关跨页）。1972 年的巡演由托尼・普拉默录制，并命名为《电线上的鸟》于 1974 年播放。

重制版 DVD 发行于 2010 年（伊索尔德电影公司 TPDVD166）。

1996 年 CD 版本重新发行（加拿大 CK80236 欧洲 CDCBS 65224）。

修复版本美国 / 加拿大黑胶（折页套）重制版本发行于 2009 年（美国桑德斯唱片音乐 LP 5285）。欧洲发行于 2011 年（黑胶音乐 MOVLP 327）。

《科恩现场：莱昂纳德・科恩演唱会》（科恩现场：莱昂纳德・科恩演唱会），1994

自 1988 年到 1993 年，录制于加拿大，美国和欧洲的多个地方。

制作人琳恩・吕格尔和鲍勃・梅泽格。

工作人员：
1988 年的歌：
– 莱昂纳德・科恩：合唱，原声吉他
– 佩拉・巴塔拉：合唱
– 罗斯科・贝克：音乐总监
– 约翰・拜勒泽克雅安：乌得琴，曼德琳
– 朱莉・克里斯滕森：合唱
– 鲍勃・菲尔格：键盘，小提琴
– 汤姆・麦克墨兰：键盘
– 斯蒂夫・米多尔：鼓
– 鲍勃・梅兹格：吉他，夏威夷吉他
– 斯蒂芬・泽拉克尔：贝斯，键盘，小号

1993 年的歌：
– 莱昂纳德・科恩：合唱，原声吉他
– 佩拉・巴塔拉：合唱
– 乔治・克拉德朗：贝斯，合唱
– 朱莉・克里斯滕森：合唱
– 鲍勃・菲尔格：键盘，小提琴
– 比尔・基恩：键盘
– 斯蒂夫・米多尔：鼓
– 鲍勃・梅兹格：吉他，夏威夷式吉他
– 保罗・奥斯特梅尔：萨克斯，键盘

封面艺术：
– 莱昂纳德・科恩：艺术品
– 狄安娜・劳伦斯：蜂鸟的画
– 斯科特・牛顿：照片（奥斯汀城际）
– 迈克尔・波蒂特：《未来》标志设计
– 詹姆斯・沃特尔：标志设计
封面上的一些元素源于尼古拉斯・罗里奇的作品《最后的天使》中的一些细节。

专辑曲目：
Dance Me To The End Of Love
《与我共舞，至爱的尽头》（多伦多，6 月 17 日，1993）
Bird On The Wire
《电线上的鸟》（多伦多，6 月 17 日，1993）
Everybody Knows
《众人皆晓》（温哥华，7 月 29 日，1993）
oan Of Arc
《圣女贞德》（多伦多，6 月 17 日，1993）
There Is A War
《一场战争》（多伦多，6 月 17 日，1993）
Sisters Of Mercy
《仁慈的姐妹们》（多伦多，June 18，1993）
Hallelujah
《哈利路亚》（奥斯汀，10 月 31 日，1988）
I' m Your Man
《我是你的男人》（多伦多，6 月 17 日，1993）
Who By Fire
《谁燃于火》（奥斯汀，10 月 31 日，1988）
One Of Us Cannot Be Wrong
《我们之一不会错》
（圣・塞巴斯蒂安，5 月 20 日，1988）
If It Be Your Will
《如果这是您的旨意》（奥斯汀，10 月 31 日，1988）
Heart With No Companion
《无从依靠的心》（阿姆斯特丹，4 月 19 日，1988）
Suzanne
《苏珊》（温哥华，7 月 29 日，1993）

发行日期
1994 年 6 月 28 日。

厂牌及唱片目录编号
美国哥伦比亚唱片 CK 66327 加拿大 哥伦比亚唱片 CK 80188
欧洲哥伦比亚唱片 COL 477171 2
MD：哥伦比亚唱片 COL 477171 8

发行后的各榜单最高排名
美国 / 加拿大 DNC，英国 35

备注：
所有歌由均由莱昂纳德·科恩创作，除了：《众人皆晓》（莱昂纳德·科恩 和莎朗·罗宾逊）。CD 册页包含所有歌词和音乐人名单。

《与我共舞，至爱的尽头》彩色录像发行于（用了 1993 年 6 月 17 日于多伦多演唱会的音乐）1994 年。

索尼音乐的法国部门发行了 CD 大小的精装书，归于 1997 年的“CD 生活者”系列中（COL 487268-2）。里面除了有 CD 以外，还有一本 48 页的，印满全彩和黑白照片的相片集，以及两个法国记者写的莱昂纳德·科恩的简传。这两位作者是艾伦—盖伊·阿克尼和菲利普·克罗克。

《战地长官科恩：1979 年巡演》（Field Commander Cohen: Tour of 1979）2001

录制于伦敦哈默史密斯剧院，1979 年 12 月 4 日 -6 日，以及布莱顿的穹顶剧院，1979 年 12 月 15 日。

制作人琳恩·昂格尔（基于亨利·路易录制的现场歌曲）

工作人员：
- 莱昂纳德·科恩：合唱，原声吉他
- 约翰·拜勒泽克雅安：乌得琴，曼德琳
- 拉菲·哈克皮安：小提琴
- 莎朗·罗宾逊：合唱
- 詹尼佛·沃恩斯：合唱

旅客乐队：
- 罗斯科·贝克：贝斯
- 比尔·基恩：键盘
- 斯蒂夫·米多尔：鼓
- 保罗·奥斯特梅尔：萨克斯，笛子
- 米奇·沃特金斯：电吉他
- 约翰·伍德：技术人员

封面艺术：
- 南希·唐纳德：艺术总监
- 海泽尔·菲尔德：封面照片，其他乐队照片
- 罗杰·莫尔：旅客乐队的照片

专辑曲目：
Field Commander Cohen
《战地长官科恩》
The Window
《窗》
The Smokey Life
《烟雾缭绕的人生》
The Gypsy’s Wife
《吉普赛人的妻子》
Lover Lover Lover
《爱人爱人爱人》
Hey, That’s No Way To Say Goodbye
《嘿，不该这样说再见》
The Stranger Song
《陌生人的歌》
The Guests
《客人》
Memories
《回忆》
Why Don’t You Try
《你为何不尝试》
Bird On The Wire
《电线上的鸟》
So Long, Marianne
《再见，玛丽安》

发行日期
2001 年 2 月 20 日。

厂牌及唱片目录编号
美国 / 加拿大 哥伦比亚唱片 CK 66210，欧洲哥伦比亚唱片 COL 501225 2

发行后的各榜单最高排名
美国 / 加拿大 DNC，英国 196

备注：
所有歌曲均由莱昂纳德·科恩创作，除了：《回忆》（莱昂纳德·科恩作词，菲尔·斯派克特作曲）。

《战地长官科恩》包含了一小段《朗姆与可口可乐》（由莫瑞·阿姆斯特丹，杰瑞·凯利·苏利文，保罗·格兰朵）中的内容。CD 册页包含所有歌词和音乐人名单。

献词：“仅以此纪念约翰·伍德（1950-1983），旅客乐队的技术人员，‘在参战的前线受伤离世。’我们将永远铭记他的勇气。”

《伦敦现场》（live In London），2009

录制于 2008 年 7 月 17 日，伦敦 O2 体育场。

执行制作人：罗伯特·科瑞；

制作人：爱德华·桑德斯；

共同制作：斯蒂夫·贝克薇姿

工作人员：
- 莱昂纳德·科恩：合唱，原声吉他，键盘
- 罗斯科·贝克：音乐总监，电贝斯，立式贝斯，伴唱
- 瑞菲尔·班纳德·盖尤：鼓及打击乐
- 尼尔·拉森：键盘（包括哈蒙德 B3 风琴）
- 贾维尔·马斯：班杜里亚琴，颂歌，赞美诗合唱，十二弦吉他
- 鲍勃·梅兹格：主音吉他，夏威夷式吉他
- 莎朗·罗宾逊：伴唱
- 迪诺·索罗多：管风乐器，口琴，键盘，伴唱
- 查理·韦伯：伴唱，原声吉他
- 海蒂·韦伯：伴唱，竖琴

封面艺术：
- 洛尔迦·科恩：景物摄影师，图形设计
- 詹姆斯·坎普斯提：景物摄影师
- 迈克尔·波蒂特：图形设计
- 罗伯特·雅戈尔：景物摄影师

光盘一：
Dance Me To The End Of Love
《与我共舞，至爱的尽头》
The Future
《未来》
Ain’t No Cure For Love
《爱情无解药》
Bird On The Wire
《电线上的鸟》
Everybody Knows
《众人皆晓》
In My Secret Life
《在我的秘密生活中》
Who By Fire
《谁燃于火》
Hey, That’s No Way To Say Goodbye
《嘿，不该这样说再见》
Anthem
《赞美诗》
Tower Of Song
《歌之塔》
Suzanne
《苏珊》
The Gypsy’s Wife
《吉普赛人的妻子》

光盘二：
Boogie Street
《不羁的街道上》
（合唱莎朗·罗宾逊）
Hallelujah
《哈利路亚》
Democracy
《民主》
I’m Your Man
《我是你的男人》
Recitation”
《朗诵》（与尼尔·拉森）
Take This Waltz
《跳支华尔兹》
So Long, Marianne

《再见，玛丽安》
First We Take Manhattan
《我们首先占领曼哈顿》
Sisters Of Mercy
《仁慈的姐妹们》
If It Be Your Will
《如果这是您的旨意》
（Performed by the Webb Sisters）
Closing Time
《打烊时间》
I Tried To Leave You
《我试过离开你》
Whither Thou Goest
《无论你去哪》

发行日期
2009年3月31日

厂牌及唱片目录编号
CD：加拿大/欧洲哥伦比亚唱片
8869740502 2
DVD：欧洲哥伦比亚唱片 8869740503 9 和 8869748716 9

发行后的各榜单最高排名
美国76，加拿大7，英国19

备注：
所有歌曲均由莱昂纳德·科恩创作，除了：《众人皆晓》《在我的秘密生活中》《不羁的街道上》（莱昂纳德·科恩 和莎朗·罗宾逊），《跳支华尔兹》（莱昂纳德·科恩创作的歌词，是从费德里科·加西亚·洛尔迦的西班牙诗歌《小维也纳华尔兹》翻译而来。）《朗诵》（莱昂纳德·科恩作词，尼尔·拉森作曲）《无论你去哪》（盖伊·辛格创作，莱昂纳德·科恩编曲）。《朗诵》因为诗歌《千吻之深》而为人所知。

以折页包装的方式发行，CD册子中包含了一篇关于演唱会的报纸评论，（作者约翰·艾兹伍德，《伦敦标准晚报》），以及音乐人名单。DVD的册子中收录了几张不同的照片。

重制版黑胶唱片于2014年在欧洲发行，其中包含了3张黑胶碟（黑胶音乐 MOVLP 1013）。

《1970年怀特岛音乐节现场》（live at the Isle Of Wight 1970），2009

录制于雅富顿农场东边，怀特岛音乐节，8月31日，1970

CD制作人：斯蒂夫·贝克薇姿

DVD制作人及音乐总监：穆里·莱纳
执行制作人：斯蒂夫·贝克薇姿

工作人员：
– 莱昂纳德·科恩：合唱，原声吉他
– 罗恩·肯厄里斯：电吉他
– 查理·丹尼尔斯：电贝斯，小提琴
– 鲍勃·约翰斯顿：管风琴，钢琴，吉他，口琴
– 艾金·“布巴”·福勒：贝斯，班卓琴
– 科林·亨尼：伴唱
– 苏珊·姆斯码农：伴唱
– 唐娜·沃什伯恩：伴唱

封面艺术：
– 曼迪·艾迪佳：制作总监
– 亚当·费伯：制作总监
– 罗利·蒂基特：封面图美化
– 吉姆·玛莎：摄影
– MLF 菲尔姆斯：影片剧照
– 布莱恩·穆迪：摄影（雷克斯特点公司）
– 爱德华·欧·杜瓦德：艺术总监，设计
– 库尔·安德西尔：摄影

专辑曲目：
Bird On The Wire
《电线上的鸟》
So Long，Marianne
《再见，玛丽安》
You Know Who I Am
《你知道我是谁》
Lady Midnight
《午夜女郎》
They Locked Up A Man（Poem）
《他们锁住了一个人》（诗歌）
A Person Who Eats Meat（Poem）
《吃肉的人》（诗歌）
One Of Us Cannot Be Wrong
《我们之一不会错》
The Stranger Song
《陌生人的歌》
Tonight Will Be Fine
《今晚一切都会好》
Hey，That's No Way To Say Goodbye
《嘿，不该这样说再见》
Diamonds In The Mine
《矿井中的钻石》
Suzanne
《苏珊》
Sing Another Song，Boys
《再唱一首歌，男孩们》
The Partisan
《游击队员》
Famous Blue Raincoat
《著名蓝雨衣》
Seems So Long Ago，Nancy
《好像是很久以前，南希》

发行日期
2009年10月20日

厂牌及唱片目录编号
黑胶：美国哥伦比亚/传奇唱片 88697570701
CD/DVD：美国/加拿大 哥伦比亚/传奇唱片 88697570672 欧洲 8869757916 2
蓝光碟： 8869758829 9

发行后的各榜单最高排名
美国/加拿大 DNC，英国169
备注：
所有歌曲均由莱昂纳德·科恩创作，除了：《游击队员》（由A.贝托林斯基、H.扎瑞特、J·罗素制作）。A·贝托林斯基，本名安娜·贝托林斯卡娅（出生于1917年，圣·皮斯伯格），不过，她比较为人所熟知的名字是安娜·玛丽（《来自一个房间的歌》专辑册中有这个名字）。这个特别的三人组还出现在《来自路上的歌》以及《精华的莱昂纳德·科恩》两张专辑中。（2010版），不过，在科恩此前的专辑中并未出现过。莱昂纳德用英语和法语分别演唱了这首歌。他还在1970、1972和1976年的巡演上朗诵过这首诗，还包括1974年演唱会在内的几次即兴创作中。

以折页包装的方式发行，这是他第一次同时发行CD和DVD。

这张专辑最早想用的发行名字是《我悲伤与著名的歌曲：莱昂纳德科恩1970年怀特岛音乐节现场》，但真正发行的时候，抹去了前半部分名字。大部分后来促销的黑胶碟片和CD与DVD依旧使用了原来的标题。

20页的CD专辑册中包含了一篇西尔维娅·西蒙斯写的文章，以及来自音乐总监穆里·莱纳与制作人斯蒂夫·贝克薇姿的笔记，还包括了音乐人名单。DVD的光盘上写着："演唱会影片及纪录片"收录了14首歌中的12首，尽管并不是按照演唱会的顺序收录的。没有被收录进来的两首歌是《你知道我是谁》和《午夜女郎》。DVD还包含了一些采访（录制于2009年），其中有鲍勃·约翰斯顿，朱迪·柯林斯，琼·贝兹和克里斯·克里斯托弗森。

怀特岛音乐节演唱会的一些歌曲还出现在过其他专辑当中：《今晚一切都会好》本来被收录进了特辑70年代最伟大摇滚音乐节《1971年怀特岛/亚特兰大流行音乐节》当中（1971），之后是在《现场的歌》当中出现。《再唱一首歌，男孩们》收录进了专辑《爱与恨之歌》；《苏珊》在《爱的讯息》中。《1970年怀特岛音乐节现场》发行于1995年（CD/VHS/laserdisc）为了庆祝音乐节25周年，2000年发行了演唱会的DVD。

再版黑胶于2009年在欧洲发行（黑胶音乐 MOVLP 005）

《来自路上的歌》（Songs from the Road），2010

在欧洲，US，和加拿大的多个地点录制。时间跨度从2008年10月到2009年11月。

CD制作人：爱德华·桑德斯

共同制作：斯蒂夫·贝克薇姿

执行制作人：罗伯特·科瑞

额外制作人：约翰·万·耐斯特

DVD 制作人及音乐总监：爱德华·桑德斯
共同制作：理查德·埃尔瓦克

执行制作人：斯蒂夫·贝克薇姿和罗伯特·科瑞

工作人员：
– 莱昂纳德·科恩：合唱，原声吉他，键盘
– 罗斯科·贝克：音乐总监，电贝斯，立式贝斯，伴唱
– 瑞菲尔·班纳德·盖尤：鼓，打击乐
– 尼尔·拉森：键盘（包括哈蒙德 B3 风琴）
– 贾维尔·马斯：班杜里亚琴，颂歌，赞美诗合唱，十二弦吉他
– 鲍勃·梅兹格：主音吉他，夏威夷式吉他，伴唱
– 莎朗·罗宾逊：伴唱
– 迪诺·索罗多：管风乐器，口琴，键盘，伴唱
– 查理·韦伯：伴唱，原声吉他
– 海蒂·韦伯：伴唱，竖琴
封面艺术：
– 洛尔迦·科恩：艺术总监，摄影
– 麦克·科里：设计
– 曼迪·艾迪佳：制作总监
– 亚当·费伯：制作总监
– 多兴尼克·艾瑟曼：摄影
– 爱德华·欧·杜瓦德：艺术总监，设计

专辑曲目：
Lover Lover Lover
《爱人爱人爱人》（特拉维，9 月 24 日，2009）
Bird On The Wire
《电线上的鸟》（格拉斯哥，11 月 6 日，2008）
Chelsea Hotel
《切尔西旅馆》（伦敦 / 皇家阿尔伯特音乐厅，11 月 17 日，2008）
Heart With No Companion
《无从依靠的心》（奥博豪森，德国，11 月 2 日，2008）
That Don't Make It Junk
《这并未让它变垃圾》
（伦敦 /O2 体育场，11 月 13 日，2008）
Waiting For The Miracle
《等待奇迹》（圣何塞，加利福尼亚州，11 月 13 日，2009）
Avalanche
《雪崩》（哥森堡，10 月 12 日，2008）
Suzanne
《苏珊》（曼彻斯特，11 月 30 日，2008）
The Partisan
《游击队员》（赫尔辛基，10 月 10 日，2008）
Famous Blue Raincoat
《著名蓝雨衣》（伦敦 /O2 体育场，11 月 13 日，2008）
Hallelujah
《哈利路亚》（柯契拉音乐节，加利福尼亚州殖民地 4 月 17 日，2009）
Closing Time
《打烊时间》（伦敦，安大略湖，5 月 24 日，2009）

发行日期
2010 年 9 月 14 日。

厂牌及唱片目录编号
黑胶：美国哥伦比亚 8869777112 1，欧洲黑胶音乐 MOVLP 193
CD/DVD：美国 / 加拿大 / 欧洲哥伦比亚 / 传奇唱片 8869776839 2
CD：加拿大 / 欧洲哥伦比亚 / 传奇唱片 8869775916 2
蓝光碟：8869775909 9

发行后的各榜单最高排名
美国 112，加拿大 10，英国 68

备注：
所有歌曲均由莱昂纳德·科恩创作，除了：《这并未让它变垃圾》以及《等待奇迹》（莱昂纳德·科恩 和莎朗·罗宾逊）《游击队员》（由 A. 贝托林斯基、H. 扎瑞特、J. 罗素制作，在《1970 年怀特岛音乐节现场》专辑中可以看到详细名单）。《切尔西旅馆》在此是《切尔西旅馆 2 号》。

以折页包装的方式发行。12 页的 CD 专辑册中包含了一篇莱昂·维斯莱特尔写的文章，以及制作人艾德·桑德斯为所有歌曲写的标注。同样包含所有音乐人的名单。

DVD 包含附赠内容：一个名为《后台速写》的短片（22 分钟有彩色和黑白的录像片段），是由洛尔迦·科恩拍摄的。其中包含了乐队成员和技术人员的采访，以及一些排练和演唱会现场的片段等等。

《弗雷德里克顿现场》（live In Fredericton）2012

在加拿大新不伦瑞克省弗雷德里克顿的弗雷德里克顿剧院拍摄，于 2008 年 5 月 11 日。

工作人员：
统一核心巡演乐队
– 莱昂纳德·科恩：主唱，吉他，键盘
– 罗斯科·贝克：音乐总监，电贝斯，立式贝斯，伴唱
– 瑞菲尔·班纳德·盖尤：鼓，打击乐
– 尼尔·拉森：键盘
– 贾维尔·马斯：班杜里亚琴，颂歌，赞美诗合唱，十二弦吉他
– 鲍勃·梅兹格：主音吉他，夏威夷式吉他
– 莎朗·罗宾逊：伴唱
– 迪诺·索罗多：管风乐器，口琴，键盘，伴唱
– 查理·韦伯：伴唱，吉他
– 海蒂·韦伯：伴唱，竖琴

封面艺术：
– 洛尔迦·科恩：封面摄影
– 迈克尔·波蒂特：图形设计
– 罗伯特·雅戈尔：封底摄影

第一面：
Dance Me To The End Of Love
《与我共舞，至爱的尽头》
In My Secret Life
《在我的秘密生活中》
Heart With No Companion
《无从依靠的心》

第二面：
Bird On The Wire
《电线上的鸟》
Who By Fire
《谁燃于火》

发行日期
2012 年 4 月 21 日及 2012 年 1 月 6 日。

厂牌及唱片目录编号
黑胶：哥伦比亚 8869196115 7

发行后的各榜单最高排名
美国 / 加拿大 / 英国 DNC

备注：
所有歌曲均由莱昂纳德·科恩创作，除了《在我的秘密生活中》（莱昂纳德·科恩和莎朗·罗宾逊）.

2012 年 1 月 6 日，加拿大报纸《渥太华市民》上提供了一个时效为 24 小时的 MP3 版本的下载链接，包含了 5 首歌的一个迷你专辑。

该专辑的黑胶版本就发行了一天，是在 2012 年 4 月 21 日，来纪念唱片店日。

弗雷德里克顿现场是 2008 年巡演的开场演唱会——莱昂纳德从 1993 年 7 月之后，第一次重新回归舞台。自那以后，一共在加拿大、欧洲、澳大利亚、新西兰和美国开了 247 场演唱会，最后于 2010 年 12 月 11 日结束于拉斯维加斯。在 2012 年 1 月发行第 12 张录音室专辑《老想法》之后，莱昂纳德和乐队于 2012 年 8 月又重新踏上了巡演之路，此后在加拿大、欧洲、澳大利亚、新西兰、和美国又开了 125 场演唱会，最终在 12 月 21 日，结束于新西兰的奥克兰。2012-2013 年之间的巡演演唱会，至今没有发行过正式的专辑。

合辑

《莱昂纳德·科恩精选集》(The Best of (US/Canada)/Greatest Hits UK/Europe)

发行于1976年1月1日。
黑胶：美国COL JC 34077，加拿大ES90334，英国CBS 69161
MD：COL 032644 8
榜单：美国/加拿大DNC，英国88

第一面：
Suzanne
《苏珊》
Sisters Of Mercy
《仁慈的姐妹们》
So Long，Marianne
《再见，玛丽安》
Bird On The Wire
《电线上的鸟》
Lady Midnight
《午夜女郎》
The Partisan
《游击队员》

第二面：
Hey，That's No Way To Say Goodbye
《嘿，不该这样说再见》
Famous Blue Raincoat
《著名蓝雨衣》
Last Year's Man
《去年的男人》
Chelsea Hotel #2
《切尔西旅馆2号》
Who By Fire
《谁燃于火》
Take This Longing
《接受这渴望》

备注：
所有歌曲均由莱昂纳德·科恩创作，除了：《游击队员》(由A.贝托林斯基、H.扎瑞特、伯纳德制作，尽管在其他专辑中，有时候会包含艾曼纽·德·艾斯特尔·德·拉·维基瑞亚与J.罗素的名字。有时候，写伯纳德是因为它是艾曼纽·德·艾斯特尔·德·拉·维基瑞亚的化名，不过没有什么一定之规，人员名单中总在变。)莱昂纳德为专辑选的歌曲，并写了封套说明。有一些黑胶碟发行的时候，其中一面有三首歌顺序错了。

再版CD发行于1998年(加拿大WCK 34077)，1989年在欧洲发行过(欧洲COL 32644)，1990年则是美国(美国CK34077)。

重制版黑胶碟在2010年发行于欧洲(黑胶音乐MOVLP 124)。

《再见，玛丽安》(So Long，Marianne)

首次发行于1989年，之后不规律地间隔着在世界范围内陆续发行。

美国COL 460500 2，欧洲CBS 460500 2，英国COL 983319 2，澳大利亚COL 471144 2

榜单：DNC

专辑曲目：
Who By Fire
《谁燃于火》
So Long，Marianne
《再见，玛丽安》
Chelsea Hotel
《切尔西旅馆》
Lady Midnight
《午夜女郎》
Sisters Of Mercy
《仁慈的姐妹们》
Bird On The Wire
《电线上的鸟》
Suzanne
《苏珊》
Lover Lover Lover
《爱人爱人爱人》
Winter Lady
《冬天女士》
Tonight Will Be Fine
《今晚一切都会好》
The Partisan
《游击队员》
Diamonds In The Mine
《矿井中的钻石》

备注：
所有歌曲均由莱昂纳德·科恩创作，除了：《游击队员》(由A.玛丽和H.扎瑞特制作，关于这首歌的具体人员名单可详见专辑《莱昂纳德·科恩精选集》)。几个国家发行的专辑封面照片都是不同颜色的莱昂纳德的肖像照。此处收录的《切尔西旅馆》就是《切尔西旅馆2号》。磁带版本发行(CBS 466209 4)的时候收录了额外的四首歌：《你知道我是谁》《这是否如你所愿》《我试过离开你》《请不要与我擦肩而过(丢脸)》(现场，1970)。

这是许多由CBS发行的黑胶唱片演唱会"精选专辑"中最值得注意的一张。尤其是在20世纪70年代晚期和80年代之间，欧洲发行的专辑当中。(比如法国、德国和意大利)还被收录进"顶级流行音乐家"系列和"黄金时代的聚光灯"系列当中。其中最为人所熟知的歌曲《再见，玛丽安》最早发行于1983年的黑胶唱片中，当时所发行的版本是"慢速掌握版本"收录于"明星之音"的合辑当中。(CBS回忆/明星之音合辑296 947-270)，早于1989年发行的再版CD。

《更多莱昂纳德·科恩精选集》(More Best of)

发行于1997年10月7日。

CD：美国/加拿大COL CK 68636，英国CBS 488237 2

MD：488237 8

榜单：美国DNC，加拿大90，英国82

专辑曲目：
Everybody Knows
《众人皆晓》
I'm Your Man
《我是你的男人》
Take This Waltz
《跳支华尔兹》
Tower Of Song
《歌之塔》
Anthem
《赞美诗》
Democracy
《民主》
The Future
《未来》
Closing Time
《打烊时间》
Dance Me To The End Of Love
《与我共舞，至爱的尽头》(现场，1993)
Suzanne
《苏珊》(现场，1993)
Hallelujah
《哈利路亚》(现场，1988)
Never Any Good
《从来不好》
The Great Event
《伟大的事件》

备注：
所有歌曲均由莱昂纳德·科恩创作，除了：《众人皆晓》(莱昂纳德·科恩和莎朗·罗宾逊)，《跳支华尔兹》(莱昂纳德·科恩创作的歌词，是从费德里科·加西亚·洛尔迦的西班牙诗歌《小维也纳华尔兹》翻译而来)。

这张专辑的发行是为了庆祝莱昂纳德自1967年起，签约哥伦比亚唱片公司30周年。最后两首歌是新录制的，以前从未公开发行过。不过《从来不好》的样带版本曾经由比利·瓦伦丁在阿玛拉·博斯克拍摄的1996年的纪录片《莱昂纳德·科恩：肖像，1996年春》中唱过。

专辑中的最后一首其实算不上是真正的歌。那是莱昂纳德用电脑组合成的声音，全部都是合成器的效果。(这也反映出他对电脑和科技的一味兴趣所在。)而音乐则是将贝多芬的钢琴27奏鸣曲第2乐章(月光)倒着播放出来的！

此张专辑是“为了纪念维克多R.科恩1926–1994”（莱昂纳德的姐夫）。

《精华的莱昂纳德·科恩》（The Essential of leonard cohen）

发行于2002年10月22日。

美国COL C2K 86884（翻唱），加拿大TV2K 86884，英国COL 497995 2

榜单：美国/加拿大DNC，英国70

光盘一：
Suzanne
《苏珊》
The Stranger Song
《陌生人的歌》
Sisters Of Mercy
《仁慈的姐妹们》
Hey，That's No Way To Say Goodbye
《嘿，不该这样说再见》
So Long，Marianne
《再见，玛丽安》
Bird On A Wire
《电线上的鸟》
The Partisan
《游击队员》
Famous Blue Raincoat
《著名蓝雨衣》
Chelsea Hotel #2
《切尔西旅馆2号》
Take This Longing
《接受这渴望》
Who By Fire
《谁燃于火》
The Guests
《客人》
Hallelujah
《哈利路亚》
If It Be Your Will
《如果这是您的旨意》
Night Comes On
《黑夜降临》
I' m Your Man
《我是你的男人》
Everybody Knows
《众人皆晓》
Tower Of Song
《歌之塔》

光盘二：
Ain' t No Cure For Love
《爱情无解药》
Take This Waltz
《跳支华尔兹》
First We Take Manhattan
《我们首先占领曼哈顿》
Dance Me To The End Of Love
《与我共舞，至爱的尽头》（现场，1993）
The Future
《未来》
Democracy
《民主》
Waiting For The Miracle
《等待奇迹》
Closing Time
《打烊时间》
Anthem
《赞美诗》
In My Secret Life
《在我的秘密生活中》
Alexandra Leaving
《亚历山德拉的离去》
A Thousand Kisses Deep
《千吻之深》
Love Itself
《爱情本身》

备注：
所有歌曲均由莱昂纳德·科恩创作，除了：《游击队员》（由A.玛丽和H.扎瑞特制作，关于这首歌的具体人员名单可详见专辑《莱昂纳德·科恩精选集》）。《众人皆晓》《等待奇迹》《在我的秘密生活中》《亚历山德拉的离去》《千吻之深》《爱情本身》（莱昂纳德·科恩和莎玥·罗宾逊），《跳支华尔兹》（莱昂纳德·科恩创作的歌词，是从费德里科·加西亚·洛尔迦的西班牙诗歌《小维也纳华尔兹》翻译而来）。《电线上的鸟》（Bird on a Wire）就是指歌曲《电线上的鸟》（Bird on the wire）。专辑册子中包含音乐人名单、照片等等。还有一篇由匹克·莱尔写的文章。

2008年8月，再版发行的时候，加入了一张附赠碟，作为《精华的莱昂纳德·科恩3.0限量版》（哥伦比亚/传奇唱片 8869730996 2）。附赠碟中包含了下面几首歌：《好像是很久以前，南希》《爱召唤你，以你之名》《歌手必死》《情圣之死》（科恩/斯派克特），《叛徒》《在河流边的黑暗中》（科恩·罗宾逊），《信》（科恩·罗宾逊）.

没有附赠碟的再版发行于2010年9月，专辑曲目的编排稍有变化（哥伦比亚/传奇唱片 8869777364 2）。其中四首歌《陌生人的歌》，《与我共舞，至爱的尽头》（现场，1993），《亚历山德拉的离去》，《爱情本身》被《与我共舞，至爱的尽头》（专辑版本），《不羁的街道上》（科恩/罗宾逊），《信》（科恩/罗宾逊），《田纳西华尔兹》（现场，1985）（瑞德·斯图尔特/皮威金，由莱昂纳德·科恩额外加了一段歌词）所取代。莱昂纳德在专辑封面和第一张光碟上的照片，在这张专辑发行的时候给印颠倒了。

《MOJO出品：莱昂纳德·科恩的入门》（MOJO presents … An introduction to Leonard Cohen）

发行于2003年9月22日。

美国/英国 哥伦比亚唱片 512852 2
榜单：DNC

光盘一：
Suzanne
《苏珊》
Sisters Of Mercy
《仁慈的姐妹们》
One Of Us Cannot Be Wrong
《我们之一不会错》
The Old Revolution
《旧革命》
Seems So Long Ago，Nancy
《好像是很久以前，南希》
Bird On The Wire
《电线上的鸟》
Joan Of Arc
《圣女贞德》
Famous Blue Raincoat
《著名蓝雨衣》
Diamonds In The Mine
《矿井中的钻石》
Chelsea Hotel #2
《切尔西旅馆2号》
I Tried To Leave You
《我试过离开你》
Who By Fire
《谁燃于火》
Iodine
《碘》

光盘二：
The Smokey Life
《烟雾缭绕的人生》
Dance Me To The End Of Love
《与我共舞，至爱的尽头》
Hallelujah
《哈利路亚》
If It Be Your Will
《如果这是您的旨意》
I' m Your Man
《我是你的男人》
Take This Waltz
《跳支华尔兹》
Tower Of Song
《歌之塔》
Light As The Breeze
《轻如微风》
The Gypsy' s Wife
《吉普赛人的妻子》（现场，1979）
That Don' t Make It Junk
《这并未让它变垃圾》

备注：
所有歌曲均由莱昂纳德·科恩创作，除了：《碘》（莱昂纳德·科恩作词，菲尔·斯派克特作曲）；《跳支华尔兹》（莱昂纳德·科恩创作的歌词，是从费德里科·加西亚·洛尔迦的西班牙诗歌《小维也纳华尔兹》翻译而来），以及《这并未让它变垃圾》（莱昂纳德·科恩和莎朗·罗宾逊）。

专辑册中包含音乐人名单，照片等，还有一篇西尔维娅·西蒙斯写的短文/专辑注释。

《精选集》(Greatest Hits)

发行于2009年7月13日。

英国哥伦比亚 8869755613 2

榜单：英国 29

专辑曲目：
Suzanne
《苏珊》
So Long，Marianne
《再见，玛丽安》
Sisters Of Mercy
《仁慈的姐妹们》
Famous Blue Raincoat
《著名蓝雨衣》
Everybody Knows
《众人皆晓》
Waiting For The Miracle
《等待奇迹》
Who By Fire
《谁燃于火》
Chelsea Hotel #2
《切尔西旅馆2号》
Hey，That's No Way To Say Goodbye
《嘿，不该这样说再见》
Bird On The Wire
《电线上的鸟》
A Thousand Kisses Deep
《千吻之深》
The Future
《未来》
Closing Time
《打烊时间》
Dance Me To The End Of Love
《与我共舞，至爱的尽头》
First We Take Manhattan
《我们首先占领曼哈顿》
I'm Your Man
《我是你的男人》
Hallelujah
《哈利路亚》

备注：
是1975年所发行的版本的扩充与升级版。

所有歌曲均由莱昂纳德·科恩创作，除了：《众人皆晓》《等待奇迹》。本专辑中的《千吻之深》也被缩短到了3分24秒（原来的版本有7分42秒），与1975年发行的专辑册页内容基本一致。包含了音乐人名单，和所有的歌词。还放了一些额外的照片，但没有收录当时莱昂纳德为专辑歌曲写的注解。

盒装

《歌与诗》(Songs and Poems)

发行于1980年，澳大利亚。
黑胶：S4BP 220602
包含前4张发行的录音室专辑，其中专辑册子中放了一些黑白照片，以及所有歌曲的歌词。

《歌与诗》(Songs and Poems)

发行于1981年，北欧
黑胶：CBS 66373
包含前4张发行的录音室专辑，其中专辑册子中放了一些黑白照片，以及所有歌曲的歌词。

《加拿大广播电台合集》(The CBS Collection)5张CD。

发行于2008年6月30日。
英国/欧洲哥伦比亚唱片 8869731272 2
包括专辑《莱昂纳德·科恩的歌》(1967)，《多重立场》(1984)，《我是你的男人》(1988)，《未来》(1992)，以及《十首新歌》(2001)4张专辑。专辑册中包含所有专辑的音乐人名单和照片。《塔科马拖车》在《未来》专辑的人员名单中被误列了两遍。而《一如既往》则忘记放了。每张专辑都放在了一个单独的折页夹中，是原版专辑的重制版本。

《哈利路亚：莱昂纳德·科恩专辑精选》(Hallelujah：The Essential of leonard cohen Album Collection)8张CD。

发行于2009年。
北欧索尼音乐娱乐公司 8869761557 2
收录了他最早发行的前8张录音室专辑。从《莱昂纳德·科恩的歌》(1967)到《我是你的男人》(1988)。赠送的曲目收录了前3张修复版录音室专辑(2007年)。12页的专辑册子中有一篇亨科·哈弗斯德写的文章（荷兰语），照片，和歌曲制作人员名单（并不包括音乐人名单）等。

《完整录音室专辑合集》(The Complete Studio Albums Collection)11张CD。

发行于2011年10月10日。
美国/加拿大/欧洲 哥伦比亚传奇唱片 8869796177 2
收录了他最早发行的前11张录音室专辑。从《莱昂纳德·科恩的歌》(1967)到《亲爱的希瑟》(2004)，每一张都进行了修复。赠送的曲目并没有收录前3张修复版录音室专辑(2007年)。每张专辑都放在了一个单独的折页夹中，是原版专辑的重制版本。专辑册子中包含音乐人名单，照片等等。还有一篇有匹克·莱尔写的文章。

《完整哥伦比亚唱片合集》(The Complete Columbia Albums Collection)18张CD

发行于2011年10月11日
美国/加拿大/欧洲 哥伦比亚传奇唱片 8869787184 2
收录了他最早发行的前11张录音室专辑。从《莱昂纳德·科恩的歌》(1967)到《亲爱的希瑟》(2004)，以及前6张现场专辑，从《现场的歌》(1973)到《来自路上的歌》(2010)，每一张都做了修复(《伦敦现场》[2009]占了两张CD)。赠送的曲目并没有收录前3张修复版录音室专辑(2007年)。《精选专辑》也并没有被收录其中。每张专辑都放在了一个单独的折页夹中，是原版专辑的重制版本。专辑册子中包含音乐人名单、照片等。还有一篇有匹克·莱尔写的文章。

7英寸和12英寸的黑胶单曲迷你专辑及CD单曲专辑

这部分记录并不完全，没有将所有宣传、样带，以及再版或补发专辑收录其中。

除非特别声明，所有美国/加拿大发行的专辑都由哥伦比亚唱片公司发行。所有英国/欧洲/澳大利亚发行的专辑都有CBS公司发行。日本发行的专辑是CBS/索尼音乐。除非特别声明，所有单曲均为7英寸黑胶碟。大部分在英国/欧洲发行的7英寸黑胶碟单曲都有带图片的封套。只有很少几个国家的专辑封套上，会出现不同的图。所有12英寸黑胶碟单曲，迷你专辑和CD单曲都有图片封套。唯一一首在2008年美国公告牌榜单和英国前40榜单上均有优秀成绩的曲目为《哈利路亚》。

《1968》
《苏珊》/《再见，玛丽安》(英国/欧洲 3337)
《再见，玛丽安》/《嘿，不该这样说再见》(加拿大 C4 2785)

《1969》
《苏珊》/《老师们》(希腊 301323)
《电线上的鸟》/《好像是很久以前，南希》(英国/欧洲 4245)
《游击队员》/《电线上的鸟》(欧洲 4262)
《游击队员》/《苏珊》(欧洲 4651)

《1971》
《圣女贞德》/《矿井中的钻石》(英国/欧洲 7292)
《再见，玛丽安》/"Pajaro En El Alambre"(翻译：《电线上的鸟》)

（西班牙 7522）

这首西班牙单曲于 2007 年在美国 / 欧洲发行（索尼 LC02523）用以宣传第 1 张修复版专辑。

《1972》

《苏珊》/《电线上的鸟》（英国 / 欧洲 8353）

《花村》（EP）：《仁慈的姐妹们》/《冬日女士》/《陌生人的歌》（美国 7684；英国 9162）

《花村》（EP）：《冬日女士》/《仁慈的姐妹们》/《陌生人的歌》（欧洲 7684）

《陌生人的歌》/《仁慈的姐妹们》（德国 7762）

《1973》

《穿过》（现场，1972）/《南希》（现场，1972）（美国 45852；欧洲 1544）

《1974》

《电线上的鸟》（现场，1972）/《今晚一切都会好》（现场，1970）（英国 2494）

《电线上的鸟》（现场，1972）/《南希》（现场，1972）（英国 8140）

《爱人爱人爱人》/《谁燃于火》（英国 / 欧洲 2699）

《1975》

《今晚一切都会好》/《你为何不尝试》（德国 S 3524）

《1976》

《苏珊》/《谁燃于火》（西班牙 3938）

《苏珊》/《接受这渴望》（英国 / 欧洲 S 4306）

《我必须彻夜舞蹈吗》（现场，1976）/《屠夫》（现场，1976）（欧洲 4431）

专辑中的这两首歌从来没在任何莱昂纳德·科恩的专辑中公开发表过。

《1977》

《回忆》/《别勃起着回家》（英国 / 欧洲 S 5882）

《真爱了无痕》/《我让一个女人等我》（英国 / 欧洲 6095）

《真爱了无痕》/《碘》（美国华纳兄弟 8527）

《1979》

《客人》/《迷失的加拿大人》（Un Canadien Errant）"（欧洲 S 7938）

《1983》

莱昂纳德·科恩（EP）：《电线上的鸟》/《午夜女郎》/《圣女贞德》/《苏珊》/《嘿，不该这样说再见》/《超薄旅馆》（英国 7SR 5022）

《1985》

《与我共舞，至爱的尽头》/《法则》（英国 6052）

《与我共舞，至爱的尽头》/《回到你身边》（欧洲 A4895）

《与我共舞，至爱的尽头》/《如果这是您的旨意》（日本 07SP 873）

《哈利路亚》/《法则》（欧洲 A4918）

在 2008 年英国圣诞排行榜上，莱昂纳德版本的《哈利路亚》实际排名是 36，很显然是因为亚历山德拉·伯克的翻唱版本，毕竟他当时的翻唱夺得了冠军。在她赢得英国电视节目《X 音素》之后，这个单曲成为有史以来女歌手单曲的最畅销专辑。后来，杰夫·巴克利版本的翻唱夺得第 2。上一次同一首歌占据排行榜第 1 第 2 位置的情况发生在 1957 年，汤米·夏威夷与盖伊·米切尔共同演绎的《演唱布鲁斯》。第 3 个版本的《哈利路亚》由凯特·沃格乐翻唱，也在同一时间上榜。这意味着，同一首歌在同一时期占据了总榜单的 4 个位置。

《1986》

《跳支华尔兹》（莱昂纳德·科恩）/《一个罗马神》（安哲罗·布兰杜里）/《谋杀》（佩佩与露西亚）（欧洲 650210 7）

这张单曲发行的时候，是与洛尔迦的致敬专辑《诗人在纽约》一起销售的。莱昂纳德主演了这首歌的宣传视频，在西班牙格拉纳达的一个房子周围和屋中取景。洛尔迦就出生于此地。这张单曲一经发行，便成为西班牙歌曲排行榜榜首，后来，这首歌的全新混音版出现于莱昂纳德 1988 年的专辑《我是你的男人》中。加入了额外的合唱和配乐。

《1987》

《我们首先占领曼哈顿》/《仁慈的姐妹们》/《电线上的鸟》/《苏珊》（欧洲：12 英寸黑胶 651352 6，CD 单曲 651352 2）

《1988》

《我们首先占领曼哈顿》/《电线上的鸟》/《苏珊》（欧洲：12 英寸黑胶 651352 6）

《我们首先占领曼哈顿》/《仁慈的姐妹们》（英国 / 欧洲 651352 7）

《爱情无解药》/《爵士警察》/《嘿，不该这样说再见》/《再见，玛丽安》（英国：12 英寸黑胶 651599 6，CD 单曲 651599 2）

《爱情无解药》/《爵士警察》（英国 / 澳大利亚 651599 7）

《我是你的男人》/《切尔西旅馆 2 号》/《谁燃于火》（荷兰：12 英寸黑胶，651522 6，CD 单曲 651522 2）

《我是你的男人》/《切尔西旅馆 2 号》（欧洲 651522 7）

《众人皆晓》/《游击队员》（荷兰 6528817）

《1989》

《我们首先占领曼哈顿》/《苏珊》/《再见，玛丽安》（英国 迷你 CD 单曲 654565 3）

《我无法忘记》/《嘿，不该这样说再见》（荷兰 654734 7）

《1992》

《打烊时间》/《众人皆晓》（欧洲 658760 7）

《打烊时间》/《众人皆晓》/《哈利路亚》（美国 CD 单曲 658760 2）

《打烊时间》/《等待奇迹》/《爱情无解药》/《我们首先占领曼哈顿》（欧洲 CD 单曲 658942 2）

《民主》/《我们首先占领曼哈顿》/《我是你的男人》（美国 CD 单曲 44K 74778）

欧洲发行版本的《民主》CD 单曲包含了一首专辑同名曲的广播版本。（659402 1）

《1993》

《未来》/《真实》（US/ 欧洲 CD 单曲 658948 1）

《未来》/《真实》/《爱情无解药》（US/ 欧洲 CD 单曲 658948 2）

《打烊时间》/《我们首先占领曼哈顿》/《著名蓝雨衣》/《冬日女士》（英国 CD 单曲 659299 2）

《打烊时间》单曲专辑硬盒版中包含了四张专辑照片，是为纪念“科恩 1993 年皇家阿尔伯特音乐厅的演出。”

《1994》

《与我共舞，至爱的尽头》（现场，1993）/《我是你的男人》（现场，1993）（美国 CD 单曲 660724 1）

《1997》

《从来不好》/《苏珊》（现场，1993）（欧洲 CD 单曲 665072 1）

《从来不好》/《苏珊》（现场，1993）/《众人皆晓》（西班牙 CD 单曲 665072 2）

《2012》

《哈利路亚》（莱昂纳德·科恩）/《哈利路亚》（杰夫·巴克利）（哥伦比亚 / 传奇 / 黑胶音乐 MOV 7017）

2012 年，11 月 23 日，这张单曲作为“排行榜金曲合集”于唱片店日发行。同时也为了支持艾伦·莱特关于这首歌的那本书《神圣还是残败》的出版。（纽约：心房图书，2012）。

多个艺人及嘉宾参演：

这部分包括的是有莱昂纳德·科恩参与录制在内的，与其他人一起合作作品的专辑，或是其他单独的艺人专辑中，有他作品的名单。

1967 年

《蒙特利尔六诗人》（Six Montreal Poets）
莱昂纳德在其中朗诵了自己的八部作品：《致威尔夫和他的房子》《牧羊人旁》《诗》《情人》《麻雀》《警告》《年老》《挽歌》
黑胶：民谣唱片及服务有限公司，FL 9805.
1991 年由史密森尼公司发行再版磁带（史密森尼民谣之路 09085）。同张光盘上的其他诗人有：路易斯·杜德克，A.M. 克莱医，欧文·莱顿，F.R. 斯科特以及 J.M. 史密斯。莱昂纳德为了纪念 F. R. 斯科特而创作的《我们时代的维拉内拉诗》收录于 2004 年的专辑《亲爱的希瑟》中。

1966 年

《加拿大诗人 1》（Canadian Poets 1）
莱昂纳德朗诵了自己的七首诗歌：《我在这里做什么》《你有爱人》《入眠》《风格》《两个去睡了》《一切完好》《这些英雄》。
双黑胶唱片：加拿大诗人 1，加拿大广播公司（专辑封套上没有音乐编码）。
其他专辑中出现的诗人有：厄利·布莱尼、乔治·宝沃林、欧文·莱顿、格温多琳·麦克尤恩、约翰·纽沃夫、阿尔弗雷德·普罗迪以及菲利斯·韦伯。

1976

《厄尔·斯克拉格斯滑稽剧周年特别版：卷 1》（The Earl Scruggs Revue Anniversary Special：Volume 1）
莱昂纳德参与合唱了歌曲《穿过》（合作艺人：琼·贝兹、巴菲·圣塔－玛丽、音色拖沓的杰克·埃略特以及指针姐妹乐队。）
黑胶：美国哥伦比亚唱片 PC 33416，加拿大哥伦比亚唱片 KC 33416，英国 / 欧洲 CBS 80821
2005 年发行重置版 CD：格塔 CD021（由索尼 BMG 音乐公司授权）。
歌曲由理查德·布雷克斯勒创作，专辑上的音乐人名单中写着"R. 布雷克斯勒 －编曲：莱昂纳德·科恩 ."其他参与专辑的音乐人有：罗恩·肯厄里斯、查理·丹尼尔斯、鲍勃·约翰斯顿，后者参与了莱昂纳德的专辑制作及巡演。

1986

《诗人在纽约》（Poetas en Nueva York / Poets in New York）
《跳支华尔兹》
黑胶：西班牙（Poetas en Nueva York）CBS 450307 1；北欧 / 英国（Poets in New York）CBS 450286 1
CD：Poetas en Nueva York COL 477773 2 Poets in New York CBS 450286 2
专辑中所有作品均录制于 1987 年——是弗雷德里克·加西亚·洛尔迦逝世 50 周年的日子。《跳支华尔兹》是莱昂纳德·科恩从费德里科·加西亚·洛尔迦的西班牙诗歌《小维也纳华尔兹》翻译而来。专辑中收录了所有歌曲的歌词，以及洛尔迦卡斯蒂利亚语和英语两个版本的诗歌原作。其他参与专辑制作的人有：刘易斯·拉什、安哲罗·布兰杜里、多诺万和派克斯弟·安迪昂。

1987

詹尼佛·沃恩斯：《著名的蓝雨衣》（Famous Blue Raincoat）
《圣女贞德》（与詹尼佛·沃恩斯的二重唱）
黑胶：美国赛普拉斯唱片 661 111–1，加拿大阁楼唱片 LAT 1227，英国赛普拉斯唱片 PL90048
CD：美国私人音乐唱片 01005–82092–2，加拿大阁楼唱片 ACD 1227，英国赛普拉斯唱片 PD90048
同时发行了 12 英寸黑胶单曲，c/w：《我们首先占领曼哈顿》/《著名蓝雨衣》（赛普拉斯录音 PT 49710）
（同致敬部分跨页）

1988

《王子基金音乐会》（The Prince's Trust Rock Gala）
《歌之塔》（1988 年 6 月 6 日，伦敦，现场）
录像：欧洲 MSD V9122
DVD 再版于 1999 年（作为《王子基金音乐会第三卷》发行）：德国 TDK DV–PTRU88
专辑中收录的并不是歌曲的完整演奏版，而是经过编辑后缩减的 4 分钟版本。莱昂纳德在其中还演奏了键盘，伴唱是朱莉·克里斯滕森和佩拉·巴塔拉。其他参与这两场演唱会的音乐人有：皮特·加百列、菲尔·柯林斯、埃尔顿·约翰、艾瑞克·克拉普顿以及马克·诺弗勒。

1990

是（不是）乐队［was（not was）］：《你还好吗？》（are you okay ？）
《艾维斯的劳斯莱斯》（主唱）
黑胶：欧洲 / 英国丰塔纳 846 351 1
CD：美国苣唱片 F2 21778，欧洲 / 英国丰塔纳 / 表音符号唱片 846 351 2
歌曲由大卫和唐·沃斯创作，伊基·波普是伴唱之一。

1992

《诡异的梦魇：明格斯的沉思》（Weird Nightmare：Meditations on Mingus）
莱昂纳德朗诵了查理·明格斯的歌词《死亡的寒冷》，配以明格斯的音乐，收录进了迪尔曼达·格拉斯的《月食》之中。
CD：美国哥伦比亚 CK 52739，欧洲哥伦比亚 472467 2
哈尔·华纳制作了这张专辑，并将他为莱昂纳德·科恩策划的致敬演唱会《为美人远道而来》带入公共视野之中。（详情见致敬跨页内容）.

1993

保罗·谢佛和摇滚乐的派对男孩：《世界上最危险的派对》（Paul Shaffer & the Party Boys of Rock ' n' Roll：The World' s Most Dangerous Party）
莱昂纳德在其中《1999》那首歌中说了几个字。
双 CD：美国 SBK 唱片 K2 89786
《1999》是普林斯的歌，1982 年，最早发行时，出现于同名专辑当中。
保罗·谢佛是美国电视节目大卫·莱特曼深夜秀的驻场乐队主唱，莱昂纳德在 1993 年 2 月初，参加了同一档节目，演唱了歌曲《未来》，专辑中出现的其他歌手包括：托尼·班内特、乔安·杰特、艾伦·尼维勒。希德·麦克吉尼斯负责演奏吉他，他也曾经在 1976 年，跟莱昂纳德一起参加过欧洲巡演，并在专辑《多重立场》中演奏。（1984）。

埃尔顿·约翰：《二重唱》（Elton John：Duets）
《生来注定失败》（与埃尔顿·约翰的二重唱）
双黑胶：英国火箭唱片 518 478 1
CD：美国 MCA 唱片 MCAD 10926，加拿大 MCASD 10926，英国 / 欧洲火箭唱片 518 478 2
促销装"CD 单曲特别盒装版"中，也在每个 CD 的封套上分别标着二重唱曲目。
歌曲的创作人是泰德·达芬（1943）而且还是 1962 年厂牌雷·查尔斯旗下比较畅销的一张单曲。本专辑中其他参与二重唱的歌手还有小理查德、塔米·沃乃特以及格拉德斯·奈特。

《典藏之音》（vintagve voice）
莱昂纳德朗读 1966 年出版的《美丽失败者》中的选段。
促销装磁带的制作方是复古图书，发行于 1993 年秋天，纽约。
磁带中的其他艺人有丽塔·多美、格劳瑞亚·耐勒、马克·莱纳以及迈克尔·欧达杰——他是《莱昂纳德·科恩》（多伦多：麦克米兰 & 斯图尔特，1970）的作者，这是第一本探讨研究莱昂纳德小说和诗歌的作品。

1994

《罕见的直播卷一》（Rare on Air，Volume One）
莱昂纳德朗读了自己的"诗歌"
CD：猛犸象唱片 MR0074–2
1993 年 11 月，录制于洛杉矶的 KCRW 录音棚。在《晨间电感》节目中，与克里斯·多利达斯的一次采访时的录像。后来于12月3日播出。《诗歌》这首诗是那天节目当中朗读的六首诗歌之一。“我听到一个男人”是这首诗歌的开场白。最早出版于1956年的《让我们比拟神话》。专辑还包括了多莉·艾莫丝、马克·伊哈姆以及约翰·凯尔的声音。

《西藏度亡经》（The Tibetan Bcok of the Dead）
在这个长达95分钟，分为两部分的电影中，莱昂纳德担任的是旁白的角色。这是NHK公司（日本），米斯特瑞尔电影（法国）以及NFB电影公司（加拿大）合拍的一部作品。本书对历史进行了解读，并体现了与现代之间的关联。最早于1994年12月在加拿大电视台播出。
DVD：水源传媒 WSP773

1996
《美国诗歌》（The United States of Poetry）
莱昂纳德朗读了他自己的歌词《民主》
录像：原版PBS特辑，名为《美国诗歌》由KOED图书录像公司发行。
CD：原声专辑的CD发行于1996年，由水星唱片/大嘴巴唱片发行，314 532 139-2.（里面有作者朗诵的37首诗歌，音乐创作人托马·丹迪。）
PBS电视塔于1996年2月到3月期间，将《美国诗歌》分为了一个五部分的节目，陆续播出。莱昂纳德朗诵的部分出现在第三集的开头，题为《美国梦》。

《用他们自己的声音：一个世纪的录制诗集》（In Their Own Voices：A Century of Recorded Poetry）
莱昂纳德朗读了他自己的歌词《埃塞克的故事》（出自他1969年的录音室专辑《来自一个房间的歌》中）。
4张CD盒装：美国WEA/大西洋/犀牛唱片 R2 72408
这个作品的发起人是瑞贝卡·普瑞森，他连同艾瑞卡·琼和艾尔·扬一起写了专辑内的说明。其他在专辑中朗诵自己作品的诗人有罗伯特·福斯特、e.e.库明斯、罗伯特·罗威尔、艾伦·金斯伯格以及西尔维娅·普拉斯。

2006
《致敬保罗·西蒙》（Hommage à Paul Simon /Tribute to Paul Simon）
莱昂纳德朗诵保罗·西蒙的歌词《寂静之声》
CD：梦想和音乐 唱片 766937105 2
这首歌最早的版本发行于1966年西蒙和加芬克尔的同名专辑《寂静之声》中。其他被归入这张致敬专辑的音乐人还有埃尔维斯·卡斯特罗、吉姆·科迪、科林·詹姆斯和阿瑞纳·玛法特。莱昂纳德的作品在附赠曲目中。

《我是你的男人》［I'm Your Man（电影和CD原声）］
《歌之塔》（与U2一起表演）
CD：美国 潮流预告唱片 B0007169-02，英国 潮流预告唱片 0602517024083
DVD：狮门唱片 LG93896
（同致敬部分跨页）

2007
菲利普·格拉斯/莱昂纳德·科恩《渴望之书》（Philip Glass / Leonard Cohen：Book of Longing）
莱昂纳德朗诵了自己《渴望之书》中的诗歌。
双CD：橙山音乐 OMM0043
《渴望之书》出版于2006年，是一本包含诗歌、图画和散文集的合集。格拉斯自己选择了要用的部分，并配上合适的背景音乐。在之后2007年，他同莱昂纳德用提前录制的伴唱，开始了现场表演的巡回，期间所经之处包括多伦多（世界巡演的首站）、芝加哥、斯坦福、加的夫、伦敦和惠灵顿。

赫比·汉考克：《河流：琼尼的信件》（Herbie Hancock，River：The Joni Letters）
莱昂纳德朗诵了琼尼·米切尔《丛林线》的歌词。
双黑胶：美国 潮流唱片 0602517468344
CD：美国 潮流唱片 B0009791-02，欧洲 潮流唱片 B0602517448261
这首歌最早收录于琼尼·米切尔1975年的专辑《嘶嘶作响的夏日草坪》。这张对琼尼·米切尔的致敬专辑赢得了2008年格莱美年度最佳专辑奖——是爵士乐专辑中唯二获得此项殊荣的作品。（第一张获得这个奖项的专辑是斯坦·格兹与乔奥·吉尔伯特的《盖兹/吉尔伯托1965》）其他参与这张致敬专辑的音乐人有诺拉·琼斯、蒂娜·特纳和琼尼·米切尔本人。

2008
《出生血统：致敬朱迪·柯林斯》（Born to the Breed：A Tribute to Judy Collins）
莱昂纳德朗诵了朱迪·柯林斯《既然你问了》的歌词。
CD：美国 野花唱片 WFL 1313
这首歌的最初版本发行于1967年朱迪·柯林斯的专辑《野花》当中。（里面还包括了莱昂纳德的另外3首歌曲的翻唱版本《仁慈的姐妹们》《牧师》以及《嘿，不该这样说再见》）。其他参与致敬专辑制作的音乐人有：克利西斯·海德、吉米·韦伯、鲁弗斯·韦恩赖特以及韦伯姐妹。（后者在2008-2013年莱昂纳德的巡回演唱会上一直担任伴唱嘉宾。）

精选致敬专辑

1987
詹尼佛·沃恩斯：《著名的蓝雨衣》（Famous Blue Raincoat）

黑胶：美国 赛普拉斯唱片 661 111-1，加拿大 阁楼唱片 LAT 1227，
英国 赛普拉斯唱片 PL90048
CD：美国 私人音乐唱片 01005-82092-2，加拿大 阁楼唱片 ACD 1227，英国 赛普拉斯唱片 PD90048

第一面：
First We Take Manhattan
《我们首先占领曼哈顿》
Bird On The Wire
《电线上的鸟》
Famous Blue Raincoat
《著名的蓝雨衣》
Joan Of Arc（莱昂纳德·科恩二重唱）
《圣女贞德》

第二面：
Ain't No Cure For Love
《爱情无解药》
Coming Back To You
《回到你身边》
Song Of Bernadette
《伯纳黛特之歌》
A Singer Must Die
《歌手必死》
Came So Far For Beauty
《为美人远道而来》

备注：
《圣女贞德》作为华纳出品的12英寸黑胶单曲专辑《我们首先占领曼哈顿》的补充曲目发行。（赛普拉斯唱片 PT 49710）
专辑于2007年再版发行了修复版本的20周年纪念版，其中包含了四首之前从未公开发行过的曲目：《黑夜降临》《舞台马匹的民谣》《如果这是您的旨意》《圣女贞德》（演唱会现场版）
同时还发行了一个3张碟的盒装版本（限量/编号版）转速45转的黑胶，附赠了一张额外的单曲黑胶碟，收录了《歌手必死》（样带）（火炬之光/思科音乐 CLP7060-45）

1991
《我是你的粉丝》（I'm Your Fan）

CD：美国 大西洋唱片 7 82349-2，加拿大 东西唱片 CD75598，
欧洲 东西唱片 9031-77598-2

第一面：
Who By Fire - The House of Love
《谁燃于火》——爱之屋乐队

Hey, That's No Way To Say Goodbye – Ian McCulloch
《嘿，不该这样说再见》——伊恩・迈克库洛奇
I Can't Forget – Pixies
《我无法忘记》——小精灵乐队
Stories Of The Street – That Petrol
《街上的故事》——扎特・帕特罗
Emotion Bird On The Wire – The Lilac Time
《电线上的鸟》——丁香时代乐队

第二面：
Suzanne – Geoffrey Oryema
《苏珊》——杰佛瑞・欧伊玛
So Long, Marianne – James
《再见，玛丽安》——詹姆斯
Avalanche IV – Jean-Louis Murat
《雪崩》——让 – 路易斯・穆莱特
Don't go home with your hard on – David McComb & Adam Peters
《别勃起着回家》——大卫・麦克坎布 & 亚当・皮特斯

第三面：
First We Take Manhattan – R.E.M.
《我们首先占领曼哈顿》——R.E.M 乐队
Chelsea Hotel – Lloyd Cole
《切尔西旅馆》——劳埃德・科尔
Tower Of Song – Robert Forster
《歌之塔》——罗伯特・福斯特
Take This Longing – Peter Astor
《接受这渴望》——皮特・阿斯托
love leave no trace – Dead Famous People
《真爱了无痕》——死去名人乐队

第四面：
I'm Your Man – Bill Pritchard
《我是你的男人》——比尔・普利特查德
A Singer Must Die – Fatima Mansions
《歌手必死》——法提玛・曼森斯
Tower Of Song – Nick Cave and the Bad Seeds
《歌之塔》——尼克・凯夫于坏种乐队
Hallelujah – John Cale
《哈利路亚》——约翰・凯尔

备注：
Produced by the French music magazine Les Inrockuptibles, editor Christian Fevret.

由法国杂志《法国摇滚杂志》制作发行，编辑克里斯蒂安・菲伍艾特。

1995

《歌之塔》（Tower of Song）

CD：美国/加拿大 A&M 唱片 31454 0259 2 英国 A&M 唱片 540 259-2

专辑曲目：
Everybody Knows – Don Henley
《众人皆晓》——唐・亨利
Coming Back To You – Trisha Yearwood
《回到你身边》——特瑞莎・伊尔伍德
Sisters Of Mercy – Sting with the Chieftains
《仁慈的姐妹们》——斯汀与酋长乐队
Hallelujah – Bono
《哈利路亚》——波诺
Famous Blue Raincoat – Tori Amos
《著名蓝雨衣》——多莉・艾莫丝
Ain't No Cure For Love – Aaron Neville
《爱情无解药》——亚伦・纳维尔
I'm Your Man – Elton John
《我是你的男人》——埃尔顿・约翰
Bird On A Wire – Willie Nelson
《电线上的鸟》——威利・尼尔森
Suzanne – Peter Gabriel
《苏珊》——皮特・加百列
Light As The Breeze – Billy Joel
《轻如微风》——比利・乔尔
If It Be Your Will – Jann Arden
《如果这是您的旨意》——珍・亚顿
Story Of Isaac – Suzanne Vega
《艾萨克的故事》——苏珊・薇格
Coming Back To You – Martin Gore
《回到你身边》——马汀・格尔

备注：
原本计划 1994 年为了庆祝莱昂纳德 60 岁生日而发行，但直到次年才得以上市。美国 CD 版本的专辑封面同样使用了《束缚的灵魂》那个形象（一个被铁链束缚的女人，被火焰包围，目视着天空）。此形象最早是 1967 年，用于莱昂纳德首张录音室专辑《莱昂纳德・科恩的歌》的背面。

2004

《朱迪・柯林斯唱莱昂纳德・科恩：民主》
CD：艾丽卡 / 犀牛唱片 8122-76510-2

专辑曲目：
Democracy（重新录制版本）
《民主》
Suzanne（1966）
《苏珊》
A Thousand Kisses Deep
《千吻之深》（重新录制版本）
Hey, That's No Way To Say Goodbye（1967）
《嘿，不该这样说再见》
Dress Rehearsal Rag（1966）
《带妆彩排闹剧》
Priests（1967）
《牧师》
Night Comes On（重新录制版本）
《黑夜降临》
Sisters Of Mercy（1967）
《仁慈的姐妹们》
Story Of Isaac（1968）
《艾萨克的故事》
Bird On The Wire（1968）
《电线上的鸟》
Famous Blue Raincoat（1971）
《著名蓝雨衣》
Take This Longing（1976）
《接受这渴望》
Song Of Bernadette（现场，1999）
《伯纳黛特之歌》

备注：
这张专辑与朱迪・柯林斯早前发行的莱昂纳德・科恩的歌曲都放到一起，并加入了 3 首新录制版本的歌曲。

2006

《我是你的男人》［（我是你的男人）电影及 CD 原声］
CD：美国 潮流预告 B0007169-02，英国 0602517024083
DVD：狮门 LG93896

专辑曲目：
Tower Of Song – Martha Wainwright
《歌之塔》——玛莎・温莱特
Tonight Will Be Fine – Teddy Thompson
《今晚一切都会好》——泰迪・汤普森
I'm Your Man – Nick Cave
《我是你的男人》——尼克・凯夫
Winter Lady – Kate McGarrigle, Anna McGarrigle, Martha Wainwright
《冬日女士》——凯特・麦葛瑞格，安娜・麦葛瑞格，玛莎・温莱特
Sisters Of Mercy – Beth Orton
《仁慈的姐妹们》——贝丝・欧顿
Chelsea Hotel #2 – Rufus Wainwright
《切尔西旅馆 2 号》—— 鲁弗斯・伟恩莱特
If It Be Your Will – Antony
《如果这是您的旨意》—— 安东尼
I Can't Forget – Jarvis Cocker
《我无法忘记》——贾维斯・库克尔
Famous Blue Raincoat- The Handsome Family
《著名蓝雨衣》—— 俊美之家乐队
Bird On A Wire – Perla Batalla
《电线上的鸟》—— 佩拉・巴塔拉
Everybody Knows – Rufus Wainwright
《众人皆晓》—— 鲁弗斯・伟恩莱特
The Traitor – Martha Wainwright
《叛徒》——玛莎・温莱特
Suzanne – Nick Cave, Julie Christensen, Perla Batalla
《苏珊》——尼克凯夫，朱莉・克里斯滕森，佩拉・巴塔拉
The Future – Teddy Thompson
《未来》——泰迪・汤普森
Anthem – Perla Batalla, Julie Christensen
《赞美诗》—— 佩拉・巴塔拉，朱莉・克里斯滕森

Tower of Songs – Leonard Cohen and U2
《歌之塔》—— 莱昂纳德·科恩与U2乐队

备注：
所有歌曲都录制于哈尔·维尔纳制作的《为美人远道而来：莱昂纳德·科恩歌曲之夜》的演出现场：作为布莱顿音乐节的演出之一，2004年5月于布莱顿圆顶剧场（英国）表演。2005年1月又以悉尼音乐节的一部分在（澳大利亚）悉尼歌剧院表演。而《歌之塔》的合唱录制于纽约，2005年5月，莱昂纳德·科恩与U2合唱，伴唱安嘉妮。

DVD影片（由利安·兰森执导）主要针对悉尼歌剧院的演唱会。本片的特色在于额外的歌曲收录和排练花絮，以及"与莱昂纳德·科恩的对话"。

2007
佩拉·巴塔拉：《电线上的鸟》（Perla Batalla：Bird on the Wire）
CD：莫楚达音乐 25346 90882

专辑曲目：
If It Be Your Will
《如果这是您的旨意》
Seems So Long Ago，Nancy
《好像是很久以前，南希》
Coming Back To You
《回到你身边》
Dance Me To The End Of Love
《与我共舞，至爱的尽头》
（合唱 Bill Gable）
So Long，Marianne
《再见，玛丽安》
Came So Far For Beauty
《为美人远道而来》
Ballad Of The Absent Mare《缺席母马的歌谣》
（合唱 戴维·伊达尔戈）
Famous Blue Raincoat
《著名蓝雨衣》
Bird On The Wire
《电线上的鸟》
Suzanne《苏珊》
（合唱 艾娃·巴塔拉－曼恩）

备注：
其中几首歌的伴唱是朱莉·克里斯滕森。她和巴塔拉从1988年到1993年的巡演过程中，一直是莱昂纳德的伴唱歌手。并且参与了专辑《未来》以及致敬专辑与电影《我是你的男人》。

汇编注释

我最可靠及重要的信息来源如下：

www.leonardcohenfiles.com
包含了所有录音室专辑，现场专辑，致敬专辑，单曲的完全名单。（其中有促销版本，样带，封套图片，磁带版本等等。）还包括限量版，再版，致敬版本，带图专辑，录像，DVD和其他所有有关莱昂纳德·科恩参与录制的八十多部专辑作品，录制内容（包含电视，电台，电影，诗歌，采访和纪录片等等内容）及更多其他作品。

同时，还列出了其他一些很棒的网址：

www.leonardcohencroatia.com
录像，名单，以及很多关于莱昂纳德·科恩的专辑和话题，尤其《亲爱的希瑟》（2004）和《老想法》（2012）这两张专辑。

www.maartenmassa.be
所有专辑（及更多其他作品）当中收录歌曲的钢琴、吉他和弦。还包括2008–2010年期间演唱会的固定名单。

www.webheights.net/speakingcohen
文章，分析，观点，采访记录，专辑和演唱会乐评，所有歌的歌词等等。

www.discogs.com
几乎收录了其他别的网站没有涵盖的零散资料。

扩展阅读

莱昂纳德·科恩出版作品完全名单

1956

《让我们比拟神话》*Let Us Compare Mythologies*
多伦多：连接出版社（麦吉尔诗歌系列）。诗集。由麦克兰德 & 斯图尔特再版于 1966 年。2007 年由哈珀·柯林斯出版社出版了 1956 年版本的原版副本。（子品牌：爱步图书）

1961

《尘世香盒》*The Spice-Box of Earth*
多伦多：麦克米兰 & 斯图尔特出版公司。诗集。

1963

《至爱游戏》*The Favourite Game*
伦敦：赛克和沃尔伯格出版公司。小说。直到 1964 年才在美国出版（维京出版社）。加拿大出版于 1970 年（麦克米兰 & 斯图尔特出版公司）

1964

《献给希特勒的花》*Flowers for Hitler*
多伦多：麦克米兰 & 斯图尔特出版公司。诗集。

1966

《美丽失败者》*Beautiful Losers*
多伦多：麦克米兰 & 斯图尔特出版公司。小说。
《天堂寄生者》*Parasites of Heaven*
多伦多：麦克米兰 & 斯图尔特出版公司。诗集。

1968

《精选诗集：1956-1968》*Selected Poems：1956-1968*
多伦多：麦克米兰 & 斯图尔特出版公司。前 4 本诗集的选集。缩编版出版于英国，1969 年，乔纳森·凯普出版社。

1972

《奴隶的能量》*The Energy of Slaves*
多伦多：麦克米兰 & 斯图尔特出版公司
纽约：维京出版社。诗集。

1978

《情圣之死》*Death of a Lady’s Man*
多伦多：麦克米兰 & 斯图尔特出版公司 / 伦敦 & 纽约：维京出版社。诗集 & 散文。

1984

《怜悯之书》*Book of Mercy*
冥想，祈祷文，赞美诗。

1993

《陌生人的音乐：精选诗集与歌曲》*Stranger Music：Selected Poems and Songs*
多伦多：麦克米兰 & 斯图尔特出版公司
纽约：万神殿图书。
歌词，诗歌的精选集，其中包括了一些作品的再创作——尤见《情圣之死》中的作品。

2006

《渴望之书》*Book of Longing*
多伦多：麦克米兰 & 斯图尔特出版公司
纽约：哈珀·柯林斯。
诗歌，艺术品，线条画。

2011

《诗歌与歌》*Poems and Songs*
纽约：兰登书屋（人人图书馆，口袋诗集）摘自莱昂纳德职业生涯中所有诗歌与歌词。

2012

《十五首诗歌》*Fifteen Poems*
纽约：兰登书屋（人人图书馆，口袋诗集）取自莱昂纳德职业生涯中所有诗歌，配了 24 幅他画的插图。电子书。

关于莱昂纳德·科恩的部分书籍

杰夫·伯格：《莱昂纳德·科恩谈莱昂纳德·科恩：访谈与偶遇》
芝加哥：芝加哥评论出版社，2014。

吉姆·德夫林：《莱昂纳德·科恩：热情万种》
伦敦：文库出版社，1996。

吉姆·德夫林：《莱昂纳德·科恩：自己的话》
伦敦：文库出版社，1998。

艾伦·莱特：《神圣还是残败：莱昂纳德·科恩、杰夫·巴克利及“哈利路亚”的崛起》
纽约：心房图书，2012。

埃拉·纳达尔：《莱昂纳德·科恩：艺术中的人生》
多伦多：ECW 出版社，1994。

埃拉·纳达尔：《多重立场：莱昂纳德·科恩的人生》
多伦多：加拿大兰登书屋，1996（2006 再版）。
伦敦：布鲁姆斯伯里集团，1997。
奥斯汀，德州：德州大学出版社，2007。

迈克尔·翁达杰：《莱昂纳德·科恩》
多伦多：麦克米兰 & 斯图尔特出版公司，1970。

哈利·拉斯基：《莱昂纳德·科恩的歌》
奥克维尔，安大略湖：莫萨卡出版社，2001 & 2010。
伦敦：纪念品出版社，2010。

安东尼·雷诺兹：《莱昂纳德·科恩：非凡人生》
伦敦：文库出版社，2010。

史蒂芬·斯考比：《莱昂纳德·科恩》
温哥华：道格拉斯·麦金泰尔出版社，1978。

西尔维娅·西蒙斯：《我是你的男人：莱昂纳德·科恩的人生》
多伦多：麦克米兰 & 斯图尔特出版公司，2012。
纽约：哈珀·柯林斯出版社，2012。
伦敦：乔纳森·凯普出版社，2012。

部分相关网站

线上的钻石：莱昂纳德·科恩自己的话
www.leonardcohen-prologues.com

好一个家伙：另一个莱昂纳德·科恩的网站
1heckofaguy.com

莱昂纳德·科恩：莱昂纳德·科恩官网
www.leonardcohen.com

莱昂纳德·科恩：如何成为一名诗人（包含科恩合唱档案馆）
www.maartenmassa.be

莱昂纳德·科恩资料整合
www.webheights.net/cohenconcordance

莱昂纳德·科恩档案
www.leonardcohenfiles.com

莱昂纳德·科恩论坛
www.leonardcohenforum.com

说道科恩：致敬莱昂纳德·科恩和他的语言
www.webheights.net/speakingcohen

"你越老，你越孤单，你所需要的爱也就越深。"

——佐佐木承周

"一吻之深的爱。"

——莱昂纳德·科恩